W0083911

JESPER JUUL

ELTERN
COACHING

JESPER JUUL

ELTERN COACHING

Gelassen erziehen

Aus dem Schwedischen von Kerstin Schöps

BELTZ

*Die Namen der Teilnehmerinnen und Teilnehmer
wurden geändert und die im Buch abgebildeten
Personen sind frei ausgewählt.*

Titel der schwedischen Originalausgabe:
FORÆLDRECOACHING MED JESPER JUUL by Jesper Juul
© Jesper Juul und Anna-Maria Stawreberg, 2009
Published by agreement with Leonhardt & Hoier Literary
Agency A/S, Copenhagen
Das Werk erschien erstmals 2009 bei Norstedts Förlag, Stockholm

Wichtiger Hinweis
Die im Buch veröffentlichten Ratschläge wurden mit größter Sorgfalt und nach
bestem Wissen von den Autoren erarbeitet und geprüft. Eine Garantie kann
jedoch weder vom Verlag noch von den Verfassern übernommen werden. Die
Haftung der Autoren bzw. des Verlages und seiner Beauftragten für Personen-,
Sach- oder Vermögensschäden ist ausgeschlossen. Wenn Sie sich unsicher sind,
sprechen Sie mit Ihrem Arzt oder Therapeuten.

Das Werk und seine Teile sind urheberrechtlich geschützt. Jede Nutzung in anderen als den gesetzlich zugelassenen Fällen bedarf der vorherigen schriftlichen
Einwilligung des Verlages. Hinweis zu § 52 a UrhG: Weder das Werk noch seine
Teile dürfen ohne eine solche Einwilligung eingescannt und in ein Netzwerk
eingestellt werden. Dies gilt auch für Intranets von Schulen und sonstigen Bil-
dungseinrichtungen.

www. family-lab.de
www. family-lab.at
www. family-lab.ch
www. jesperjuul.com
www.liliput-lounge.de

www.beltz.de

1. Auflage 2011

Alle Rechte der deutschsprachigen Ausgabe
© 2011 Beltz Verlag, Weinheim und Basel
Umschlaggestaltung: www.anjagrimmgestaltung.de, Stephan Engelke (Beratung)
Umschlagabbildung: © plainpicture/apply pictures
Abbildungen Innenteil: © iStockphoto: S. 36 oliwkowygaj, S. 49, 129 jarenwicklund,
S. 57 Yobro10, S. 77 gertfrik, S. 90 Bolot, S. 105 msderrick, S. 219 JKristoffersson, S. 233
LattaPicture; © Getty Images: S. 165 Colin Barker; © Plainpicture: S. 199 Ute Mans
Satz und Herstellung: Nancy Püschel
Druck und Bindung: Beltz Druckpartner, Hemsbach
Printed in Germany

ISBN 978-3-407-85920-4

VORWORT

WILLENSSTARKE KINDER

ELTERNCOACHING mit JESPER JUUL

DIE ELTERNROLLE

ELTERNCOACHING mit JESPER JUUL

ALLTAGSCHAOS

ELTERNBEZIEHUNGEN

BÜCHER & DVDS

VORWORT

Als der dänische Familientherapeut Jesper Juul bei unserer Zeit-schrift „Wir Eltern" anfragte, ob wir Interesse an einer Serie über Elterncoaching hätten, hatten wir keine Vorstellung davon, was für ein durchschlagender Erfolg das werden würde. Der Plan war, dass Familien ihre unterschiedlichsten Probleme schildern sollten und ihnen Hilfe angeboten wird.

„Wir Eltern", *Vi föräldrar,* ist das größte und älteste Elternmaga-zin in Schweden und natürlich kannten und schätzten wir Jesper Juuls umfassende Fähigkeiten seit Langem. So beschlossen wir, oh-ne Zögern loszulegen. Wir lancierten also eine Anfrage in unserer Zeitschrift, in der wir Familien suchten, die Hilfe benötigen.

Natürlich wussten wir, dass es in unserem Land in jeder Stadt, in jedem Stadtteil und in jeder Straße Familien gibt, die jeden Tag mit den unterschiedlichsten Konflikten zu kämpfen haben. Was wir allerdings nicht voraussehen konnten, war die Flut von Mails, die uns verzweifelte, traurige, deprimierte, aber in vielen Fällen auch hoffnungsvolle Eltern schickten. Drei Jahre lang haben wir Hunderte von Familiengeschichten gehört, manchmal handelte es sich um kleine Alltagskonflikte, manchmal um größere und schwerwiegendere Probleme. Am liebsten hätten wir allen Famili-en die Möglichkeit gegeben, Jesper Juul zu treffen und Hilfe zu be-kommen. Aber aus verständlichen Gründen waren wir gezwungen, uns zu beschränken. In Absprache mit Jesper Juul haben wir also versucht, Familien auszuwählen, bei denen wir vermuteten, dass sie von einem Treffen profitieren würden. Außerdem entschieden wir uns für Familien mit Problemen, mit denen in unseren Augen viele zu kämpfen haben.

Vor jedem Coachingtermin habe ich, Anna-Maria Stawreberg, mit den Eltern telefoniert und eine umfassende Mailkorrespondenz geführt. Ich informierte sie darüber, dass wir vorhatten, ihre Geschichte in der Zeitschrift zu veröffentlichen, sie aber anonym bleiben würden. Außerdem erfuhren sie, dass ihre Kinder sehr gerne bei dem Treffen dabei sein dürfen. Und dann kamen die Familien. Einige von ihnen kamen von sehr weit her, andere hatten nur eine kurze Anfahrt. Meistens fanden unsere Treffen im großen Konferenzraum der Redaktion in Stockholm statt, aber einige Coachings wurden auch nach Malmö oder Göteborg verlegt.

Vor den Terminen hatte Jesper Juul bereits den Brief der Eltern gelesen, in dem sie ihr Problem schilderten, bei dem sie Hilfe benötigten. Danach begann das eigentliche Coaching. Einige der Mütter und Väter waren sehr nervös, andere die Ruhe selbst.

Manchmal war der Geräuschpegel im Raum enorm hoch, was meistens daran lag, dass die Kinder fröhlich mit den Sachen spielten, die wir bereitgestellt hatten. Manchmal war es fast gespenstisch still, die Kinder saßen schweigend am Tisch und zeichneten, während die Eltern unter großer Anstrengung versuchten, den Familienkonflikt zu beschreiben. Gelegentlich gab es Streit, häufig Tränen. Manchmal herrschte eine eisige Stimmung, in anderen Fällen brachen sich leidenschaftliche Gefühle Bahn. Bei den meisten Gesprächen hielten sich Tränen und Lachen die Waage.

Allen Familien war gemeinsam, dass sie ihr Problem bewältigen wollten und seit Langem die unterschiedlichsten Lösungsversuche unternommen hatten.

Jedes Coaching nahm etwa zwei Stunden in Anspruch. Nur Jesper unterhielt sich mit den Familien, ich war lediglich Beisitzerin, machte Notizen und nahm das Gespräch auf Band auf. Jedes Mal wieder war ich beeindruckt, wie schnell Jesper auf den Kern des Problems zu sprechen kam. Mithilfe weniger Fragen gelangte er auf die richtige Spur. Natürlich war er dabei auch auf die Eltern angewiesen, die ihm die Richtung weisen mussten. „Stimmt das so, wie ich es formuliere?", „Könnt ihr euch darin wiedererkennen?", hakte er nach und meistens nickten die Eltern eifrig.

Eine häufig von den Eltern gestellte Frage lautete: „Soll mein Kind wirklich mit dabei sein und alles mit anhören können?" Und immer antwortete Jesper: „Ja, Kinder nehmen keinen Schaden davon, ihren Eltern dabei zuzusehen, wie sie versuchen, mit einer schwierigen Situation zurechtzukommen." Manchmal konnte man die Beteiligung der Kinder registrieren, obwohl sie sich ganz still verhielten. Das wilde Spiel wurde auf einmal leiser, je länger das Gespräch andauerte. Die Kinder wurden ruhiger und für Jesper war das ein untrügliches Zeichen dafür, dass ihnen gefiel, was sie hörten. Auf diese Art und Weise zeigten sie ihre Zustimmung. Das konnte man ganz deutlich ablesen, sogar an kleineren Kindern, die noch nicht sprechen konnten und den genauen Wortlaut der Unterhaltung auch gar nicht verstanden. Kinder besitzen Antennen für die Stimmungen im Raum, sie spüren, dass Mama und Papa sich mit einem Mann unterhalten und versuchen, wieder Ordnung ins Leben zu bekommen.

In den Follow-up-Gesprächen zeigte sich häufig, dass die Kinder weit mehr begriffen hatten, als ihre Eltern vermuteten. So sagte ein kleiner Junge, der während der gesamten Coachingsitzung mit dem Rücken zu uns gesessen und gespielt hatte, ganz lakonisch zu seinen Eltern, die sich in aller Ruhe mit ihm unterhalten wollten: „Ihr findet also, dass wir es genauso machen sollen, wie Jesper gesagt hat?"

Wer schon Bücher von Jesper Juul gelesen hat, weiß, wie groß sein Respekt Kindern gegenüber ist. Nie ist bei ihm die Rede von irgendwelchen Bestrafungs- oder Belohnungssystemen wie dem stillen Stuhl oder dem Punktesammeln. Seine Haltung ist vielmehr, dass Kinder es in den allermeisten Fällen ihren Eltern recht machen wollen. Und wenn ein Kind um sich tritt, ist es häufig ein Anzeichen dafür, dass es mit einer bestimmten Situation nicht zurechtkommt, sein Unbehagen aber nicht in Worte fassen kann.

Wer miteinander spricht, kommt weiter, behauptet Jesper. Und dabei ist es gar nicht so entscheidend, dass das Kind jedes einzelne

Wort versteht, das seine Eltern sagen. In den meisten Fällen genügt es, dass es erkennt, wie sehr sich Mama und Papa darum bemühen, das Zusammenleben zu erleichtern. „Redet mit eurem Kind, als würdet ihr mit einem Freund sprechen", mahnt Jesper und meint damit, dass die Eltern den pädagogischen Unterton über Bord werfen und sich stattdessen darauf konzentrieren sollen, ihre wahren und aufrichtigen Gefühle zu zeigen. Auf diese Authentizität kommt er oft zu sprechen. Es gibt keinen Mutter- oder Vatermantel, der jedem passt. Nur weil man Eltern geworden ist, verändert sich nicht die eigene Persönlichkeit, und man muss auch nicht anders sprechen oder gar denken, nur weil die Familie größer geworden ist.

Im Laufe der Jahre haben wir viele Leserbriefe erhalten. Die meisten waren enorm positiv, viele haben ihre eigenen Probleme in den Beispielen wiedererkannt und wollten ihre persönliche Version erzählen. Andere hatten das Bedürfnis, den Familien Mut zuzusprechen und Jesper Juul für seinen Rat zu danken. Aber es gab auch kritische Stimmen, die Jespers Verhalten den Eltern gegenüber in einigen Fällen zu hart fanden.

In vielen der Coachingsitzungen hatte Jesper Juul einen der Elternteile dazu aufgefordert, Verantwortung für die eigenen Wünsche zu übernehmen. Sich seiner Wünsche klar zu werden und sie in einer Weise zu formulieren, dass der Partner sie verstehen kann. „Aber das habe ich doch schon tausendmal gesagt!", beschwerte sich zum Beispiel ein Elternteil im Laufe des Gesprächs. „Sag es noch einmal, aber anders! Sag, was du haben willst!", forderte Jesper Juul dann auf. Und siehe da, beim 1001. Mal ging dem Partner endlich ein Licht auf. „Ich habe nie verstanden, dass du es so gemeint hast!"

Manchmal hätte ich persönlich – und wie sich anhand der Leserbriefe zeigte, die unsere Redaktion überschwemmten, ging es auch anderen Lesern so – mir gewünscht, Jesper Juul hätte sich die eine oder andere Seite mal zur Brust genommen, sie oder ihn richtig durchgeschüttelt und gesagt, sie sollten sich zusammenreißen und endlich erwachsen werden. Als ich ihn darauf ansprach, erklärte er mir, dass es so nicht funktionieren würde. Manchmal sei es einfacher, den Partner so anzunehmen, wie er ist, statt vergebens zu versuchen, ihn oder sie zu ändern. Man kann einen Menschen nicht verändern, und die Wirklichkeit so zu akzeptieren, wie sie nun einmal ist, sei leichter zu ertragen, als ewig in einer Traumwelt zu leben.

In diesem Buch können Sie 18 Familien bei ihren Gesprächen mit Jesper Juul begleiten. Seine Gedanken zum Thema Familie und Zusammenleben bieten aber keine schnellen Lösungen. Wer glaubt, dass ein Coaching aus 20 Punkten besteht, die uns zu einem harmonischen Familienleben verhelfen, oder dass es uns ein tägliches, fünfzehnminütiges Übungsprogramm offeriert, wie wir Geschwisterkämpfe vermeiden, der irrt sich gewaltig. Jesper Juuls Gedanken sind weitaus komplexer. Sie setzen sich in erster Linie aus gesundem Menschenverstand und seinem großen Respekt den Kindern gegenüber zusammen. Aber sie führen auch zu Aha-Erlebnissen („Ach so, man muss also nicht mit seinem Dreijährigen in Babysprache reden!"). Ich habe Jesper Juul gebeten, seine Gedanken zu den Problemen aufzuschreiben, die immer wieder in den Coachingsitzungen auftauchten. Diese Texte stehen jeweils am Ende eines Kapitels.

Die Tatsache, dass seine Ratschläge eben nicht von der Sorte „Drei Wege, um seinen sechsjährigen Bettnässer zu heilen" oder Ähnliches sind, machen sie umso lesenswerter. Ich kann Ihnen garantieren, dass Sie in jedem der Coachingbeispiele etwas für sich finden, ganz unabhängig davon, ob Sie Eltern eines sechsjährigen Bettnässers, eines den Schlaf verweigernden Säuglings, einer trotzigen Dreijährigen oder eines traurigen Achtjährigen sind.

Anna-Maria Stawreberg, Stockholm

WILLENSSTARKE KINDER

ELTERN COACHING

mit JESPER JUUL

Muss ein Baby wirklich so wild sein?

Hanna und Michael sind die Eltern von Nina, 9 Monate.

Nina, 9 Monate alt, ist sehr quirlig, sie ist den ganzen Tag in Bewegung, aber jetzt können die Eltern nicht mehr. Das Zusammenleben ist in einen fortwährenden Kampf und Streit ausgeartet, und Hanna und Michael entfernen sich immer weiter voneinander.

Hanna und Michael sind schon seit 15 Jahren ein Paar. Man spürt sofort, dass die beiden eine liebevolle Beziehung haben, sie sitzen beim Coaching eng aneinandergeschmiegt. Aber sie sagen auch gleich vor Beginn der Sitzung, dass sie in großer Sorge sind, in welchem Ausmaß ihre lebhafte und anstrengende Tochter Nina ihre Partnerschaft beeinflusst.

Sie streiten immer häufiger, und zu Hause dreht sich alles mittlerweile nur noch um Nina, damit sie sich wohlfühlt und ruhiger wird. Als die Familie zum Elterncoaching kommt, hatten sie seit neun Monaten keine Nacht mehr durchgeschlafen. Nina schläft maximal ein paar Stunden am Stück, sowohl tagsüber als auch nachts.

Jesper: Ich würde gerne mehr von Nina und eurem gemeinsamen Leben ...

Hanna: Sie bestimmt einfach alles in unserem Leben. Sie ist sehr energisch und schläft nur insgesamt zehn oder elf Stunden pro Tag. So ist es, seit sie auf der Welt ist. Es dauert sehr lange, bis sie endlich eingeschlafen ist, sie schläft höchstens ein paar Stunden am Stück, dann wacht sie wieder auf, und mir bleibt nichts anderes übrig, als sie zu stillen, damit sie wieder einschläft. Sonst kann es passieren, dass sie stundenlang quengelt.

> Sie bestimmt einfach alles in unserem Leben.
> **HANNA**

Hallo!

Ein paar Worte zu uns: Wir sind beide Anfang dreißig. Als unsere Tochter endlich geboren wurde, waren wir schon seit 15 Jahren ein Paar. Wir haben lange versucht, ein Kind zu bekommen. Sie war so ein heiß ersehntes Wunschkind! Und wir waren so gut vorbereitet!

Aber dieses kleine Mädchen entpuppte sich als ein eigensinniges kleines Wesen, schon von Geburt an. Sie hat einen unglaublich starken Willen und war überhaupt nicht so, wie wir uns ein Baby so vorgestellt hatten ...

Sie will nur gestillt werden, schläft nicht viel und weigert sich, allein in ihrem Bettchen zu schlafen. Sie hat sehr große Probleme mit dem Einschlafen und dem Durchschlafen.

Leider muss man sagen, dass sie an unserer Beziehung zehrt. Als Nina siebeneinhalb Monate alt war, hatte Hanna fast einen Nervenzusammenbruch. Sie hatte keine Kraft mehr, zu stillen und als Nuckelstation zu fungieren, sie wollte nicht mehr mit ihrer Tochter in einem Bett schlafen und hatte genug davon, immer wach zu sein und keinen Schlaf zu bekommen. Nina will, dass die ganze Zeit etwas los ist, sonst ist sie nicht auszuhalten. Sie ist früh dran in ihrer Entwicklung, darum passieren dauernd neue Sachen, in rasender Geschwindigkeit.

Mittlerweile sind neun Monate vergangen und wir beide sind als Paar ziemlich auseinandergedriftet. Wir verbringen keine Zeit zu zweit, wir essen noch nicht einmal zusammen. In unserem Leben muss sich etwas ändern. Wir möchten zusammenbleiben, gute Eltern und Vorbilder sein, liebevoll sein und alles richtig machen.

Wir streiten viel vor unserer Tochter und werden laut, obwohl wir das gar nicht wollen. Wir haben doch so lange darauf gewartet, Eltern zu werden. Hanna ist ohne Vater und Vaterfigur aufgewachsen, für sie ist der Zusammenhalt der Familie ungeheuer wichtig. Wir wollen das hier unbedingt! Wir hätten es so gut zusammen, wenn wir nur Hilfe bekämen! Aber manchmal wollen wir am liebsten aufgeben, wir haben keine Kraft mehr, zu kämpfen. Wir hoffen so, dass Jesper Juul uns helfen wird.

Mit freundlichen Grüßen
Hanna und Michael

Tagsüber will sie überhaupt nicht schlafen, nur wenn wir mit ihr im Kinderwagen spazieren gehen. Zu Hause schläft sie überhaupt nicht. Außer uns um ihre Betreuung zu kümmern, schaffen wir gar nichts. Dazu kommt noch, dass sie immerzu getragen werden will. Sie weint und will, dass dauernd etwas passiert.

Michael: Sie ist ungeheuer energisch. Wahrscheinlich haben wir sie zu sehr verwöhnt, weil wir sie die ganze Zeit herumgetragen haben. Beim Kinderarzt haben sie uns gesagt, dass sie ein sehr intensives Kind ist, und das können wir nur bestätigen.

Jesper: Womit füttert ihr zu?

Hanna: Brei, Püree und tagsüber Gekochtes. Die Brust will sie tagsüber kaum. Eigentlich nur abends und nachts. An sich wollte ich nur noch morgens und abends stillen, aber sie lässt nicht locker. Und am Ende gebe ich nach und stille sie doch in der Nacht.

Jesper: Ihr wisst also, dass sie satt ist, wenn sie ins Bett soll?

Hanna: Ja.

Jesper: Ihr habt geschrieben, dass sie seit ihrer Geburt ein eigensinniges kleines Wesen ist. Könnt ihr mir dafür ein paar Beispiele geben?

Hanna: Wenn ich mich mit Freundinnen und ihren Babys getroffen habe, hatten die ihre Kinder im Arm und haben geschmust. So war das mit Nina nie. Die hatten richtige kleine Babys …

Michael: Nina hat sich nie in unseren Arm gekuschelt. Sie ist die ganze Zeit in Aktion. Sie hat nie einfach nur bei uns gelegen und mit uns geschmust.

Hanna: Schon mit fünf oder sechs Wochen wollte sie immer auf dem Arm getragen werden und mit dabei sein. Sie war nie wie ein kleines Baby. Von Geburt an unglaublich willensstark. Darum ist es ihr wohl auch gelungen, hier die Führung zu übernehmen, obwohl wir fest entschlossen waren, dass es so niemals werden würde. Aber wir wissen nicht, wie wir wieder ans

> Nina hat sich nie in unseren Arm gekuschelt. Sie ist die ganze Zeit in Aktion.
> MICHAEL

Steuer kommen können. Nichts ist so geworden, wie wir es uns vorgestellt haben.

Jesper: Ist sie so auch mit anderen Menschen?

Hanna: Wenn um sie herum was los ist, sitzt sie ruhig und zufrieden daneben und sieht zu. Aber andere finden das ja auch lustig, wenn sie so aktiv ist. Natürlich ist es schön, wenn ein Kind quirlig ist, aber es ist anstrengend, wenn es immerzu die ganze Aufmerksamkeit einfordert.

Jesper: War sie schon einmal mit anderen Erwachsenen mehrere Stunden am Stück zusammen, ohne dass ihr in der Nähe wart?

Michael: Ja, absolut.

Hanna: Deine Eltern haben doch vor Kurzem etwa vier Stunden auf sie aufgepasst, aber da mussten sie die ganze Zeit mit ihr herumlaufen. Sie hält die Leute wirklich auf Trab.

Jesper: Und was passiert, wenn man das nicht will?

Michael: Dann weint sie und wird wütend.

Hanna: Sie zerrt am Hosenbein, krabbelt hinter einem her. Manchmal muss man ja einfach was anderes machen, Essen kochen zum Beispiel, aber dann zieht sie sich an unseren Beinen hoch und zieht daran, kippt um und schlägt sich den Kopf. Darauf heben wir sie hoch und trösten sie, dann setzen wir sie wieder auf den Boden und sofort schreit sie. Man kann sich mit nichts anderem beschäftigen, sie hält sich wirklich am Hosenbein fest. Wir haben ja versucht, sie nicht weiter zu beachten …

Michael: Also, beim Essenkochen geht das ja gerade noch. Aber wenn man zwischen Kühlschrank und Arbeitsfläche hin- und herlaufen muss, das geht einfach nicht. Sie krabbelt einem hinterher, klammert sich fest, und dann muss man sie wieder auf den Boden setzen …

Hanna: Wir haben es wirklich versucht.

Michael: Wir setzen sie zurück auf den Fußboden, aber dann wird sie so wütend und schreit.

Hanna: Sie krabbelt einem die ganze Zeit hinterher.

Jesper: Ihr sagt beide, dass ihr es wirklich versucht habt, was genau habt ihr denn versucht?

Hanna: Sie nicht zu beachten.

Michael: Sie mit etwas anderem zu beschäftigen, sie mit Spielsachen abzulenken.

Hanna: Sie auch ab und zu einfach schreien zu lassen. Aber dann versucht sie trotzdem, hinter uns herzukommen, stolpert und stößt sich. Sie weint, wird hochgenommen, und dann fängt alles von vorne an. Aber das größte Problem ist der fehlende Schlaf. Alles wird noch anstrengender, wenn sie nicht gut geschlafen hat. Das zehrt an den Kräften.

Jesper: Und was habt ihr da versucht?

Hanna: Sie war gerade fünf Wochen alt, da haben wir es mit Anna Wahlgrens DurchschlafBuch und ihrer Schlafkur versucht. Aber das hat nicht funktioniert, darum haben wir ein bisschen gewartet und es erneut probiert, aber da hat es auch nicht geklappt. Als sie sieben Monate alt war, haben wir es noch mal versucht. Dann hat es funktioniert.

Michael: Für ein paar Wochen ... Eine Zeit lang hat sie fast die ganze Nacht durchgeschlafen.

Hanna: Aber dann ist irgendwas passiert. Dieser Reim, den man aufsagt und an den sie sich erinnern soll, das funktionierte einfach nicht. Sie wurde nur wütend und hörte uns auch gar nicht mehr zu, sondern weinte nur immer lauter und lauter.

Michael: Jetzt sind wir wieder da, wo wir angefangen haben.

Hanna: Manchmal schreit sie zwei Stunden am Stück. Und dann halten wir es nicht mehr aus und nehmen sie doch hoch.

Jesper: Und wie ist das, wenn sie nicht allein in ihrem Bett schläft, sondern bei euch? Wacht sie dann auch alle zwei Stunden auf?

Hanna: Ja.

Jesper: Und wie ist sie dann drauf? Ist sie aufgekratzt und geht es ihr gut?

Hanna: Ja, sie ist aufgekratzt, stellt sich hin und ist wach. Weil sie nicht so viel Schlaf benötigt, ist sie hellwach, obwohl sie manchmal nur eine halbe Stunde geschlafen hat. Auch tagsüber ist sie total aufgedreht nach nur fünf Minuten Schlaf.

Michael: Power naps sind ihre Spezialität. Sie schläft knapp eine Stunde und ist dann stundenlang wach. Das ist unglaublich.

Jesper: Was sagt denn der Kinderarzt?

Michael: Ich erinnere mich daran, dass unsere Ärztin erzählt hat, sie hätte schon einmal so ein Kind kennengelernt. Das werde ich nie vergessen, ihr ist außer Nina noch ein anderes Kind begegnet, das so war. Ich weiß ja nicht, mit wie vielen Kindern sie schon zu tun gehabt hat. Ein bisschen Normalität kann ja nicht schaden.

Hanna: Immer, wenn wir ihr von Nina erzählen, bekommen wir zu hören: „Das überrascht mich nicht, mit so einer wie Nina weiß man ja nie." Das hilft uns überhaupt nicht weiter …

Michael: Es wäre so schön, sich mit anderen Eltern austauschen zu können. Die beim Kinderarzt sagen nur, dass uns nichts anderes übrig bleibt, als uns daran zu gewöhnen. Gleichzeitig klingt das aber so, als sollten wir Nina die Kontrolle überlassen. Aber wir wollen nicht, dass sie unser ganzes Leben bestimmt.

(Jesper betrachtet Nina lange und ausgiebig. Sie ist in ihr Spiel mit einem Schlüsselbund versunken, der auf dem Tisch liegt. Doch kurz darauf verliert sie das Interesse und beginnt zu quengeln.)

Hanna: Ist sie ein schwerer Fall?

Jesper: Sie hat tatsächlich sehr viel Energie, aber das Beste ist immer, ein Kind zu behandeln, wie man einen Erwachsenen behandelt. Versucht doch, das nächste Mal vorher zu sagen, was ihr vorhabt, zum Beispiel: „Jetzt ziehen wir uns gleich an." Und dann zieht ihr sie an. „In einer halben Stunde gehen wir raus, aber bis dahin musst du angezogen sein." Das ist keine Demokratie, sondern Diplomatie. Sie ist „sehr bei sich", und auch mo-

> 66
> Versucht doch, das nächste Mal vorher zu sagen, was ihr vorhabt, zum Beispiel: „Jetzt ziehen wir uns gleich an". Und dann zieht ihr sie an.
> JESPER

torisch scheint sie mir weiter zu sein als die meisten Kinder ihres Alters.

Hanna: Sie war bei allem sehr früh, auch motorisch.

Michael: Wir haben kein anderes Kind, mit dem wir sie vergleichen können.

Hanna: Wir versuchen, uns an feste Zeiten zu halten, um Routinen zu entwickeln, zum Beispiel die Einschlafroutine. Und auch wenn sie nicht schläft, halten wir uns an diese Zeiten und Routinen, damit sie sich daran gewöhnt. Aber wenn wir mal einen ganzen Tag unterwegs sind, schläft sie keine Minute und ist den vollen Tag über wach, sie schläft einfach nicht ein. Es funktioniert immer nur nach demselben Muster: eine Weile zu Hause sein, dann spazieren gehen. Zu Hause schläft sie nur, wenn man vorher mit ihr spazieren gegangen ist.

Michael: Sie hat große Probleme, wenn etwas Neues passiert.

(Nina quengelt und windet sich im Stuhl.)

Jesper: Sie hat unglaubliche Augen, die sind wie Parabolantennen und registrieren alles … Wenn Eltern mir erzählen, dass sie nicht mehr weiterwissen und alles versucht haben, ist es für mich sehr schwer, Ratschläge zu geben, weil ich keinen Alltag miterlebt habe. Kinder können einen starken Willen haben und man soll dem auch nicht immer nachgeben, auf der anderen Seite muss man aber auch als Eltern stark sein und zu sich selbst sagen können: „Wir wissen, was wir wollen.“

Ich finde es keine gute Idee, ein Kind nachts alleine liegen und zwei Stunden schreien zu lassen. Das ist nicht gut, weder für die seelische noch die sonstige Entwicklung. Tagsüber ist das etwas anderes.

Hanna: Die Leute sagen immer, wie lustig unsere Tochter ist. Aber dann sollen die mal bitte nachts um drei bei uns vorbeikommen.

Michael: Es sind alle herzlich willkommen, bei uns eine Nachtschicht einzulegen … Ich glaube, wenn das mit dem Schlafen klappt, lösen sich viele Sachen von selbst. In der Zeit, in der sie durchgeschlafen hat, hat sie gut gegessen und dann ging auch alles andere besser. Sie war ruhiger, hat nicht so viel geweint. Wenn das Schlafen funktioniert, dann wird sich auch das andere von allein weiterentwickeln. Wir müssen es nur schaffen, dort wieder anzuknüpfen. Aber wenn sie nachts um vier schreit, dann gibt man eben nach. Nachts ist es so viel schwerer, konsequent zu sein.

Hanna: Auf der anderen Seite wollen wir auch nicht, dass sie so lange am Stück schreit.

Michael: Wir haben diese 5-Minuten-Methode ausprobiert, doch das fühlte sich nicht gut an. Es war eine Tortur, sie fünf Minuten schreien zu lassen.

Jesper: Es gibt zwei Situationen, in denen diese Methode ganz gut funktionieren kann. Die eine davon ist, wenn die Eltern so stark verunsichert sind, dass ihnen diese Methode für ein paar Tage Sicherheit gibt. In den Fällen, in denen die Unsicherheit der Eltern sich auf das Kind übertragen hat, kann es von Nutzen sein, die 5-Minuten-Methode ein paar Nächte lang auszuprobieren. Aber wenn nach zwei, drei oder maximal vier Nächten keine Besserung eintritt, ist sie nicht geeignet. Die andere Situation ist die, wenn das Schlafverhalten zu einer schlechten Gewohnheit geworden ist. Doch auch da gilt, wenn nach zwei, drei oder maximal vier Nächten keine Besserung eintritt, ist die Methode nicht geeignet.

Hanna: Wir haben viel darüber diskutiert, dass wir uns ganz sicher sein müssen, wenn wir eine bestimmte Methode anwenden, sonst spürt sie unsere Unsicherheit.

Michael: Und da spielt es fast keine Rolle, welche Methode man da anwendet, solange man einigermaßen davon überzeugt ist, dass sie funktioniert. Vielleicht sollten wir die 5-Minuten-Methode nicht noch einmal versuchen, aber die Anna-Wahlgren-Schlafkur könnten wir noch mal ausprobieren. Natürlich ist das nicht die einzige, die es gibt, aber die Hauptsache ist, dass wir uns entscheiden … Außerdem ist sie so liebevoll. So, wie es jetzt ist, dauert das Zubettbringen viel zu lange.

Jesper: Nina ist aktiv, aber nicht hyperaktiv. Sie ist nicht auf eine nervöse Art und Weise aktiv.

Michael: Ja, sie ist auch nicht unruhig, sondern nur wahnsinnig wachsam. Wenn sie irgendwo ein Geräusch hört, muss sie es sofort untersuchen. Sie will immer mit dabei sein. Ist die ganze Zeit in Action.

Hanna: Sie ist unglaublich neugierig.

Michael: Genau genommen sind das alles positive Eigenschaften. Uns tut es auch so leid, dass wir das alles nur anstrengend finden. Sie ist eigensinnig und ausdauernd – eigentlich begrüßenswert; sie liebt es, andere Menschen kennenzulernen – wie wunderbar, dass sie so sozial ist. Das sind alles wunderbare Eigenschaften, und doch sind sie für uns nur belastend.

Jesper: Verhält sie sich anders, je nachdem, mit wem von euch sie zusammen ist?

Michael: Nein, das spielt keine Rolle.

Hanna: Deine Mutter, die viele Enkelkinder hat, ist nicht so wild darauf, auf Nina aufzupassen. Die anderen Enkelkinder waren so viel umgänglicher. Nina hat einen Cousin, der ein Jahr älter ist als sie. Der hat immer nur still auf dem Boden gesessen und sich mit sich selbst beschäftigt. Nina würde sie niemals über Nacht nehmen. Und meine Mutter, die jahrelang in Kinderkrippen gearbeitet hat, hat ebenfalls gesagt, dass sie nicht vielen Kindern wie Nina begegnet ist. Obwohl sie auch sagt, dass sie gute Eigenschaften hat. Aber sie weiß genau, wie hart es ist, Ninas Eltern zu sein.

Jesper: Hat sie eine Theorie zu Nina?

Hanna: Nein, sie sagt nur, dass Nina sehr früh entwickelt ist.

Jesper: Ich habe den Eindruck, dass sich daran auch nicht viel ändern lässt. Sie ist, wie sie ist, sie reagiert nicht auf irgendetwas

> **Nina ist aktiv, aber nicht hyperaktiv. Sie ist nicht auf eine nervöse Art und Weise aktiv.**
> JESPER

von außen. Ich glaube, sie ist schon so auf die Welt gekommen... Was passiert denn, wenn ihr so richtig wütend auf sie werdet?

Hanna: Das kommt ja leider oft vor. Dann wird sie traurig und fängt an zu weinen.

Michael: Und dann wird alles nur noch schlimmer. Und wir bedauern es sofort.

Jesper: Aber sie wirkt nicht frustriert auf mich. Klar, sie ist frustriert, wenn sie nicht bekommt, was sie will, aber es ist keine Frustration, die sie antreibt.

Michael: Meinst du, dass wir das eigentlich nicht negativ sehen sollen? Dass es etwas Positives ist?

Jesper: Genau, aber sie hat mehr Energie, als ihr guttut.

Hanna: Ihr fällt es so unglaublich schwer, zur Ruhe zu kommen.

Michael: Darum kann sie auch so schlecht einschlafen.

Jesper: In gewisser Hinsicht zeigt sie Stresssymptome. Ich glaube, das Einzige, was ihr tun könnt, ist, euch um eure Beziehung und euch selbst zu kümmern.

Hanna: Wir versuchen sie schon ab und zu woanders unterzubringen, das tun wir schon. Aber über Nacht will sie keiner nehmen.

Michael: Na ja, du hast sie ja auch die ganze Zeit voll gestillt. Und als wir mit dem Zufüttern angefangen haben, setzte bei ihr sofort diese Trennungsangst ein. Seitdem dauert es noch länger, sie abzugeben.

Hanna: Sie hatte so eine Phase, als sie fünf Monate alt war. Da durfte sie keiner auch nur ansehen. Ich glaube, das Problem ist, dass niemand sie über Nacht nehmen will, wir aber unbedingt mal eine Nacht durchschlafen müssten. Einmal ausschlafen.

Michael: Aber das mit dem Stresssymptom finde ich interessant. Vielleicht sollten wir versuchen, ein bisschen das Tempo zu drosseln, damit sie ruhiger werden kann.

Jesper: Habt ihr es schon einmal mit Babymassage versucht?

> „Ich glaube, das Einzige, was ihr tun könnt, ist, euch um eure Beziehung und euch selbst zu kümmern.
> JESPER

23

Hanna: Ich habe das versucht, aber sie kann nicht still liegen. Sie will sich hinsetzen und nicht mitmachen.

Jesper: Das Wichtigste in so einer Situation ist, dass die Eltern ausgeschlafen sind. Wie sorgt ihr dafür, dass ihr genügend Schlaf bekommt?

Michael: Wir wechseln uns ab mit dem Zubettbringen und dem Nachtdienst. Aber wir wachen ja beide auf, wenn sie schreit. Der Schlaf ist also bei uns beiden gestört. Und wenn wir sie weggeben, ist das auch keine Lösung. Wir wollen ja, dass sie lernt, hier bei uns einzuschlafen.

Hanna: Wir möchten, dass sie es schön findet, zu schlafen.

Michael: Wir möchten, dass sie sich geborgen fühlt, aufwachen kann und es dann schafft, wieder einzuschlafen. Sie soll sich sicher fühlen und wissen, dass wir da sind.

Jesper: Nina ist ein ganz besonderes ...

Hanna: Jesper, sieh sie dir jetzt mal an, sie sitzt mit dem Rücken zu uns auf dem Boden und spielt. Würden wir aber jetzt aufstehen, würde sie sofort reagieren. Sie beobachtet alles.

Jesper: Ist es das Gleiche, wenn ihr es ganz offen macht und sagt: „So, jetzt gehen wir"?

Michael: Ja, dann würde sie sofort hinterherkrabbeln.

Hanna: Sie war nie besonders wild auf ihre Babysitterin oder ihren Lauflernwagen, so wie das andere Kinder sind.

Jesper: Ich würde mir aufrichtig wünschen, dass ich euch eine magische Formel überreichen könnte. Unter Umständen aber kann die Tatsache, dass wir uns unterhalten haben, schon einen Effekt zeigen.

Michael: Du hast ein paar Dinge angesprochen, die wir ausprobieren werden. Es fühlte sich schon gut an, dass du gesagt hast, sie ist, wie sie ist, und eben nicht hyperaktiv. Das klingt irgendwie positiv.

Jesper: Wichtig ist, dass ihr konsequent bleibt. Dass ihr weiterhin Nein sagt. Es ist spannend, zu beobachten, dass sie die ganze

Zeit mit uns in Kontakt steht, sie bekommt ganz genau mit, was wir tun und reden.

Michael: Es tut mir gut, wenn du das so sagst.

Jesper: Ja, aber es ist auch wirklich positiv.

Jesper Juuls Tipps für Hanna und Michael

- Kümmert euch auch um euch selbst! Es passiert schnell, dass man sich im Alltagschaos aus den Augen verliert.
- Sorgt für Entlastung, ob durch Familienangehörige oder andere Menschen, denen ihr vertraut. Um neue Kraft zu tanken, muss man ab und zu etwas zu zweit erleben. Teilt euch die Nächte so auf, dass ihr beide Schlaf bekommt.
- Versucht, so konsequent wie möglich zu sein.
- Bereitet das Kind zeitig genug auf die Aktivität vor, die ansteht: sich anziehen, rausgehen und so weiter. Einige Kinder brauchen einen längeren Vorlauf als andere.

RÜCKBLICK

Hanna: Als wir nach Hause fuhren, wirbelten die Fragen nur so in unseren Köpfen herum. Wir hatten so viele Dinge zu besprechen. Obwohl Jesper Juul uns keine Paketlösung für unser Problem angeboten hatte, fühlten wir uns von ihm verstanden. So war es uns bisher kein einziges Mal ergangen, wenn wir zum Beispiel beim Kinderarzt waren und um Hilfe gebeten haben. Es war schön, dass er gesagt hat, Nina sei speziell, aber dass mit ihr alles stimmt!

Wir hatten keine großen Erwartungen, wir hatten uns nicht getraut, auf Hilfe zu hoffen. Aber wir sind erleichtert nach Hause gefahren. Vor allem, weil Jesper Juul meinte, Nina sei aktiv, aber nicht hyperaktiv. Wir hatten den Eindruck, dass er sich viele Gedanken gemacht und uns und Nina genau beobachtet hat, um unsere Situation zu verstehen.

Als wir wieder zu Hause waren, sind wir erst einmal alle krank geworden, Grippe und Magen-Darm-Infekt, und hatten keine Kraft, seine Ratschläge zu befolgen. Aber wir sind fest entschlossen, einiges auszuprobieren. Ich habe zum Beispiel aufgehört, Nina nachts zu stillen, und seitdem schlafen wir besser. Vor dem Treffen mit Jesper Juul hatten wir keine Kraft, aber danach fassten wir den Entschluss. Es waren drei harte Nächte. Danach wurde es immer besser und besser! Wir hatten seitdem einige Nächte, in denen wir alle 6 – 8,5 Stunden am Stück geschlafen haben!

Wir haben auch versucht, härter mit Nina zu sein, aber das hat nicht funktioniert. Sie gibt nicht nach, sondern schreit stattdessen nur noch lauter.

Und wir bekamen viele Ratschläge, die sich auf uns beide bezogen, und haben uns jetzt für einen Partnerschaftskurs angemeldet. Wir wollen dafür sorgen, mehr Zeit zu zweit zu haben. Einen Abend in der Woche nur für uns beide. Wenigstens ein paar Stunden in der Woche.

Ella hat ständig Wutausbrüche

Annika und Peter sind die Eltern von Ella, 3,5 Jahre, und Julia, 1 Jahr.

Ella ist ein schwieriges Mädchen, das schon sehr früh entwickelt ist. Ihre Launen beherrschen die gesamte Familie. Mama Annika wird von Schuldgefühlen geplagt, weil sie so große Schwierigkeiten mit ihrer Tochter hat. Jesper stellt schnell fest, dass in seinen Augen Ella ein sogenanntes „autonomes Kind" ist.

Als Annika und Peter Jesper Juul um Hilfe und um das Elterncoaching baten, war die Situation in ihrer Familie schon ziemlich verzweifelt. Seit der Geburt ihrer kleinen Schwester Julia regierte Ella die Familie mit eiserner Hand.

Die Familie hat im vergangenen Jahr versucht, sowohl bei Kinderärzten als auch beim Personal in der Kindertagesstätte Hilfe zu bekommen. Psychologen gaben ihnen mehrere Tipps, aber keiner davon hat Wirkung gezeigt. Annika und Peter haben sich immer mehr voneinander entfernt und darum eine Paartherapie begonnen.

Der gesamten Familie geht es schlecht, aber vor allem Annika plagen große Schuldgefühle, weil es ihr immer schwerer fällt, Ella in den Arm zu nehmen. Ihr Verhältnis zu ihrer älteren Tochter ist kompliziert.

Annika: Ich habe die verschiedensten Ratschläge von den Psychologen bekommen. Einer davon war, dass ich mehr Zeit zu zweit mit ihr verbringen soll. Wir haben das versucht, aber es führte zu nichts. Trotzdem unternehmen wir immer noch Sachen nur mit ihr allein. Ich habe das Gefühl, dass wir wirklich alles ausprobiert haben. Am Ende war der Psychologe kurz davor, aufzugeben, glaube ich. Auch er hatte den Eindruck, alles versucht zu

27

haben. Und dass nichts geholfen hat. Sie sind uns sogar entgegen-gekommen und haben unseren Betreuungsbedarf im Kindergar-ten für Ella erhöht. Das nehmen wir nach wie vor in Anspruch.

Jesper: Und was sagen sie im Kindergarten?

Peter: Sie sagen, dass sie für ihr Alter schon sehr weit ist. Dass sie schon sehr gut sprechen kann. Vor Kurzem hat sie zum Beispiel einen Pilz aus Ton geformt, der wirklich toll aussieht. Sie macht Sachen, die kein anderes Kind macht. Sie ist sehr kreativ.

Hallo!

Hier kommt ein Notruf einer Familie, die dringend Hilfe benötigt, mit unserer Tochter und uns als Eltern. Nachdem wir etwa ein Jahr lang zwischen Hoffnung und Verzweiflung hin- und hergependelt sind, habe ich jetzt beschlossen, dass ich mich unbedingt an dich und dein Expertenwissen wenden muss.

Ella, dreieinhalb Jahre alt, ist unsere älteste Tochter, sie ist sehr launisch und hat einen ausgeprägten Willen. Sie hört überhaupt nicht auf uns, sondern straft uns mit Nichtachtung und schließt die Augen oder geht einfach weg. Sie sagt auch deutlich, dass sie nicht vorhat, zu gehorchen, und beschimpft vor allem ihre Mutter mit bösen Worten, „doofe, blöde Mama“ und anderes. Sie bekommt mehrmals am Tag unfassbare Wutausbrüche, schreit, tritt um sich und schlägt alle Familienmitglieder.

Wir haben unseren Betreuungsbedarf in der Kita erhöht, weil ich, die mit der kleinen Schwester Julia in Elternzeit bin, keine Kraft mehr habe. Ich habe eine Therapie angefangen, um zu lernen, eine bessere Mutter zu werden.

Die Situation ist aber auch für unsere Beziehung, also die der Eltern, kritisch geworden. Seit einem Jahr machen wir eine Paartherapie. Mein Herz zerbricht vor Traurigkeit, denn ich liebe mein Kind, aber ich mag sie nicht so, wie sie ge-worden ist oder eben wie wir sie haben werden lassen.

Lieber Jesper, wir bitten dich, hilf uns dabei, unserer Tochter Ella zu helfen!

Annika

Jesper: Alles in allem ist also nicht so viel passiert?

Annika: Nein, nur dass Ella größer geworden ist und noch besser sprechen kann.

Jesper: Wie war die Schwangerschaft mit ihr?

Annika: Ich war sehr nervös. Bevor ich Ella bekam, hatte ich eine Eileiterschwangerschaft und mit Ella mehrere Blutungen.

Peter: Wir waren oft im Krankenhaus, um alles überprüfen zu lassen.

Jesper: Es ist häufig so, dass Kinder, die eine schwere Schwangerschaft erleben mussten, sich zu starken Persönlichkeiten entwickeln, denn sie mussten sich ja durchbeißen, um zu überleben.

Annika: Dann kam sie auf die Welt und hatte vier Monate lang Koliken und schrie und schrie. Es war unmöglich, sie zu beruhigen. Da hat es angefangen, meinst du, Peter, oder?

Peter: Das war eine anstrengende Zeit, wir waren kein gut eingespieltes Team. Wir waren müde und hatten keine Reserven. Sie brüllte, überall und immer. Man konnte mit ihr nicht Auto fahren, da gab es am meisten Theater.

Jesper: Könntet ihr mir ein paar Beispiele nennen, so genau wie möglich?

Peter: Wenn ich einkaufen fahre, will Ella unbedingt mit. Wenn ich dann losfahre, will sie doch nicht mehr mit. Dann ist nichts richtig, wir müssen anhalten und aussteigen, damit wir uns in Ruhe unterhalten können. Sie schreit und brüllt wie am Spieß.

Annika: Uns wurde geraten, sie festzuhalten. Aber das geht gar nicht. Dann gerät sie in Panik.

Peter: Das ist so furchtbar. Jetzt muss sie in ihr Zimmer gehen, bis sie sich wieder beruhigt hat. Da herrscht Krieg. Und so ist das mit fast allem: Zähneputzen, Abendessen … Man kann nicht mit ihr reden.

Jesper: Wie war das am Anfang, in ihrem ersten Lebensjahr? Hatte sie das Bedürfnis nach physischem Kontakt?

> „Kinder, die eine schwere Schwangerschaft erleben mussten, entwickeln sich häufig zu starken Persönlichkeiten, denn sie mussten sich ja durchbeißen, um zu überleben.
> **JESPER**

> „Da herrscht Krieg. Und so ist das mit fast allem: Zähneputzen, Abendessen … Man kann nicht mit ihr reden.
> **PETER**

29

Annika: Nein, sie ist nie besonders schmusig gewesen. Sie schmust gerne mit ihren Omas, aber nicht mit uns ...

Jesper: Ja, das ist auch was anderes. Wie sah ihr Gesicht aus, als sie zur Welt kam? War es schon reif und fertig, also nicht so wie ein Baby, sondern eher wie ein Kind?

Peter: Diese Anfangszeit haben wir irgendwie vergessen ...

Jesper: Der Grund, warum ich frage, ist der, dass ich über Kinder forsche, über die noch nicht so viel geschrieben worden ist, denen ich aber schon häufig begegnet bin. Ich nenne sie „autonome Kinder“. Wenn sie zur Welt kommen, haben sie oft schon so einen reifen Gesichtsausdruck. Aber auch nicht immer.

Eine Mutter, mit der ich darüber sprach, formulierte einmal ganz explizit, was das Charakteristische an diesen Kindern ist. Sie hat eine neunjährige Tochter, die autonom ist: „Ich habe noch drei weitere Kinder, die ich liebe, aber dieses Kind lässt sich einfach nicht lieben.“ Die Mutter versuchte, ihrer Tochter ihre Liebe zu geben, aber erhielt nie etwas zurück. „Ich kann ihr meine Liebe nicht geben.“

Es ist sehr gut, dass ihr vermieden habt, in einen Machtkampf zu geraten. Denn das ist eigentlich unmöglich mit diesen Kindern. Sie lassen sich nicht korrumpieren. Man kann ihnen auch nicht drohen oder sie bestechen. Sie besitzen eine außergewöhnlich stark ausgeprägte Integrität.

Ganz generell lässt sich sagen, um ein Bild zu benutzen, dass Kinder Nahrung brauchen: in Form von Fürsorge, Erziehung, Liebe. Den meisten Kindern kann man das einfach vorsetzen. Autonomen Kindern dagegen muss man diese Nahrung auf dem Buffet präsentieren, damit sie sich davon nehmen können, wann immer sie wollen. Nach meiner Erfahrung bedienen sie sich früher oder später am Buffet. Aber sie müssen die Konditionen bestimmen dürfen. Sie müssen sich davon nehmen dürfen, weil *sie* es wollen, nicht weil Mama das will oder Papa sonst traurig wird.

> **Kinder brauchen Nahrung: in Form von Fürsorge, Erziehung, Liebe. Den meisten Kindern kann man das einfach vorsetzen. Autonome Kinder dagegen benötigen diese Nahrung vom Buffet, damit sie sich davon nehmen können, wann immer sie wollen.**
> **JESPER**

(Während sich Jesper, Annika und Peter unterhalten, sitzt Ella bei ihnen und zeichnet, scheinbar vollkommen unbeteiligt am Geschehen. Aber man sieht, dass sie das Gespräch genau verfolgt.)

Jesper: Es ist gut, dass das Mädchen uns genau zuhört. Diese Neunjährige, von der ich eben erzählt habe, sie hörte uns auch genau zu, obwohl sie total unbeteiligt wirkte. Ihrer Mutter sagte ich: „Ich weiß, du hast mit deiner Tochter 10.000 Mal darüber gesprochen. Aber jetzt kannst du dich dazu entschließen, ihr noch ein einziges Mal zu sagen, was du dir wünschst, und danach nie wieder." Das tat die Mutter. In der Sekunde, in der sie ihrer Tochter ihren Wunsch mitgeteilt hatte, stand das Mädchen auf und schmiegte sich an sie. Dann vergingen drei Tage. Schließlich kam sie zu ihrer Mutter und fragte: „Willst du mir meine Haare bürsten?", als wäre es das Natürlichste auf der Welt. Die Mutter hatte noch nie die Haare ihrer Tochter bürsten dürfen. Aber das Mädchen hatte eine Entscheidung getroffen. Diese Kinder wollen selbst bestimmen.

Ich liebe diese Kinder. Sie lassen sich nicht manipulieren. Sie sind vollkommen bei sich, aber dadurch natürlich auch ab und zu sehr einsam. Das ist der Preis dafür, so wie Ella zu sein.

Ich sage keineswegs, dass Ella die Familie in ihrer Hand haben soll. Aber mit diesen Kindern muss man anders sprechen, nicht wie mit einer Dreieinhalbjährigen, sondern wie mit einer Fünfunddreißigjährigen. Zum Beispiel kann man Folgendes sagen: „Ich will, dass du das hier machst. Du darfst es machen, wann du willst, aber ich will, dass du es machst." Und dann muss man Distanz schaffen, weggehen und den Kontakt unterbrechen. Diese Kinder haben eine schreckliche Allergie gegen Pädagogik. Sie wollen nicht manipuliert werden. Man muss bei ihnen darum sehr klar und deutlich den eigenen Willen formulieren und dann den Kontakt unterbrechen.

> „Diese Kinder haben eine schreckliche Allergie gegen Pädagogik.
> JESPER

Annika: Stimmt, denn wenn wir sie bitten, etwas zu tun, sagt sie sofort Nein. Aber morgens schaffen wir es eben nicht, es anders zu machen.

Jesper: Ich verstehe, das schafft man auch nicht in allen Situationen! Man kann ihr natürlich auch sagen: „Ich weiß, dass *du* jetzt nicht willst, aber *ich* will." Und dann gehen. Wenn du mit deinem Mann so sprechen würdest, wie wir meistens mit unseren Kindern sprechen, dann würde er total durchdrehen! „Hör auf damit, ich mache die Dinge, wann ich will, wann es mir passt!", oder: „Ich weiß genau, was ich zu tun habe, und ich werde es auch machen, aber nicht, weil du es mir sagst ..."

Alle Kinder wollen es ihren Eltern eigentlich recht machen und ihnen geben, was sie haben wollen. Wir setzen zwar immer voraus, dass Kinder das nicht wollen, aber in Wirklichkeit wollen sie es. Dass ihnen immer Intentionen unterstellt werden, ist hart, sie haben ja keine Möglichkeit, ihre wirklichen Absichten zu beweisen. Wir gehen einfach davon aus, dass sie nicht das Richtige tun: „Wenn ich nicht im Raum bleibe, würdest du es niemals richtig machen. Du tust es nur, weil ich hierbleibe und dich kontrolliere." Man benötigt einen sehr gut entwickelten Wortschatz, um sich dagegen zu wehren. Für ein Kind ist es sehr schwer, sich gegenüber einem Erwachsenen zu erklären.

Seht euch Ella an, wie zufrieden sie wirkt. Was ihr tun könnt, ist Folgendes: In ein paar Tagen setzt ihr euch mit Ella zusammen und sprecht mit ihr. Erklärt ihr, was ihr entschieden habt. „Erinnerst du dich daran, dass wir diesen dänischen Mann getroffen haben? Wir wollen gerne deine Mama und dein Papa sein. Wir wollen, dass es dir in dieser Familie gut geht, und werden versuchen, unser Verhalten zu ändern. Das wird nicht leicht werden. Aber wir wollen es versuchen, und du darfst gerne protestieren, wenn es uns nicht glückt."

Warum weinst du, Annika, weißt du, warum du jetzt weinst?

> **Alle Kinder wollen es ihren Eltern eigentlich recht machen und ihnen geben, was sie haben wollen. Wir setzen zwar immer voraus, dass Kinder das nicht wollen, aber in Wirklichkeit wollen sie es.**
> **JESPER**

Annika: Wir waren Ella gegenüber bestimmt sehr oft ungerecht, wir haben sie einfach nicht verstanden. Aber ich weiß nicht, warum ich weinen muss.

Jesper: Kann es eventuell sein, dass du als Kind so warst wie Ella?

Annika: Ich war ein sehr energisches Kind, aber meine Mutter war hart und hat uns physisch bestraft. Ich habe lange daran geknabbert.

Jesper: Dann verstehe ich auch, warum du weinen musst. Es wäre wunderbar gewesen, wenn deine Eltern dasselbe zu dir gesagt hätten, was ihr beide bald zu Ella sagen werdet. Ich glaube, ihr werdet heute schon bemerken, dass Ella sich entspannt. Die meisten autonomen Kinder kommen sehr gut im Kindergarten zurecht oder wenn sie mit anderen Kindern spielen. Aber sie reagieren allergisch auf pädagogisches Süßholzraspeln. Sie ist kein „Din-Norm-Kind", wie wir das nennen, kein gut funktionierendes „Ikea-Kind". Aber sie ist sehr intelligent, darum wird sie vermutlich in der Schule keinen Krieg führen müssen.

Annika: Ja, wir haben uns auch schon Gedanken über die Schulzeit gemacht.

Jesper: Ihr Motiv ist, dass sie *will* und selber kann. Neun von zehn Pädagogen würden ihr Grenzen setzen. Aber das sollte man bei Kindern in solchen Situationen nicht machen. Das Wichtigste für Ella ist, dass sie klare persönliche Ansagen erhält und ihr danach eine Pause eingeräumt wird. Sonst verliert sie ihre Würde. Dabei geht es aber nicht darum, dass sie die Macht über alles bekommt!

Annika: Bestrafen ist also nicht sinnvoll?

Jesper: Kinder wie Ella benötigen keine Strafen. Es geht vielmehr darum, dass man ihr sagt: „Ich bin dabei, zu lernen, wie ich mich verhalten muss, damit es dir gut geht." Dann muss sie nicht so viel Energie darauf verwenden, ihren Willen durch-

> Sie ist kein „DIN-Norm-Kind", wie wir das nennen, kein gut funktionierendes „IKEA-Kind".
> JESPER

zusetzen. „Okay, ich habe verstanden, dass du nicht mit zum Einkaufen kommen willst. Ich hoffe, dass du deine Meinung ändern kannst." Und dann solltet ihr den Kontakt unterbrechen.

Peter: Wenn Ella ihre kleine Schwester haut, dann gehe ich zu ihr und schimpfe sie aus und Ella erwidert: „Ich mag sie nicht."

Jesper: Dann antworte doch das nächste Mal: „Ich mag das nicht, wenn du so etwas sagst, aber ich verstehe, was du damit meinst: Deine kleine Schwester nervt dich." Sag ihr: „Aber sie ist jetzt bei uns und wird viele Jahre lang in unserer Familie leben, darum gehe lieber aus dem Zimmer, wenn es dir so geht."

Peter: Sie sagt so etwas oft.

Jesper: Na ja, ihr geht es auch nicht gut damit. Das ist kindliche Logik. Frage sie: „Gibt es etwas, das du jetzt haben willst und heute noch nicht bekommen hast?" Kinder müssen auch lernen, ihre Wünsche genau auszudrücken!

Peter: Da würde sie antworten, dass sie Eis will, und das bekommt sie aber nicht.

Jesper: Das ist in Ordnung, dass sie nicht immer das bekommt, was sie haben will! Ihr könntet dann antworten: „Julia ist fantastisch, aber Himmel, kann sie manchmal anstrengend und nervig sein! Man bekommt keinen Schlaf, man hat nie seinen Ruhe..." Es ist wichtig, dass Kinder erfahren, dass auch Erwachsene solche Gefühle haben. Denn so, wie es jetzt ist, glaubt Ella doch, dass mit ihren Gefühlen etwas nicht stimmt.

Peter: Beim Elterngespräch im Kindergarten haben sie uns gesagt, dass wir wohl manchmal vergessen, dass Ella ein Kind ist. Dass wir sie mehr wie ein Kind behandeln sollen.

Jesper: Darüber würde ich mir keine Gedanken machen. Ich würde sogar das genaue Gegenteil sagen.

(Julia fängt an zu weinen, weil Ella ihr ein Spielzeug weggenommen hat.)

Annika: Wie soll ich mich deiner Meinung nach in so einer Situation verhalten? Normalerweise würde ich ihr das Spielzeug sofort wegnehmen ...

Jesper: Ich würde einen Augenblick warten. Nicht in Ordnung ist es, wenn man sagt: „Dass du aber auch immer ..." Auf der anderen Seite muss auch Ella lernen, dass sie nicht jeden Konflikt bis zum Ende austragen muss.

Annika: Ich habe schon im Kreißsaal gewusst, wie es werden würde. Ella ignorierte mich, und ich hatte das Gefühl, sie verloren zu haben. Ich habe mich oft gefragt, ob ich Ella wirklich leiden kann. Ich liebe sie schon, aber das muss ich doch auch.

Jesper: Ella ist nicht verkehrt. Auch an eurer Beziehung zueinander ist nichts verkehrt. Sie ist nur nicht besonders romantisch. Sie ist sehr realistisch, und es ist ganz offensichtlich deine Stärke, Annika, dass du nicht Mutter *spielen* kannst. Und das ist Ellas Glück, denn wenn du Gefühle hast, dann sind die immer authentisch und warm.

Annika: Ich bin selbst auch nicht dieser Schmusetyp, bin ich nie gewesen.

Jesper: Auf dich und Ella bezogen ist das ein großer Vorteil.

Peter: Du meinst also, wir sollten sagen: „Ella, gleich geht es ans Zähneputzen. Sag Bescheid, wenn du so weit bist"? Gestern Abend zum Beispiel saßen die Mädchen im Wohnzimmer und haben Fernsehen geschaut. Ich habe gesagt: „Du darfst fernsehen, bis das Programm zu Ende ist, und dann gehst du ins Bett." Das hat funktioniert, das war ein Kompromiss.

Jesper: Ja, das ist eine Möglichkeit, ihr zu zeigen, dass sie einen Platz in der Familie hat, dass es aber auch noch drei andere Personen gibt, die Platz benötigen. Worauf man vorbereitet sein muss, wenn man so ein Mädchen wie Ella hat, ist, dass Kritik von außen kommt. Auf die kann man antworten: „Ja, so ist sie, so ist sie schon immer gewesen, seit ihrer Geburt. Unser Fehler war, dass wir versucht haben, sie zu ändern, wir haben alles versucht, damit sie so wird wie alle anderen."

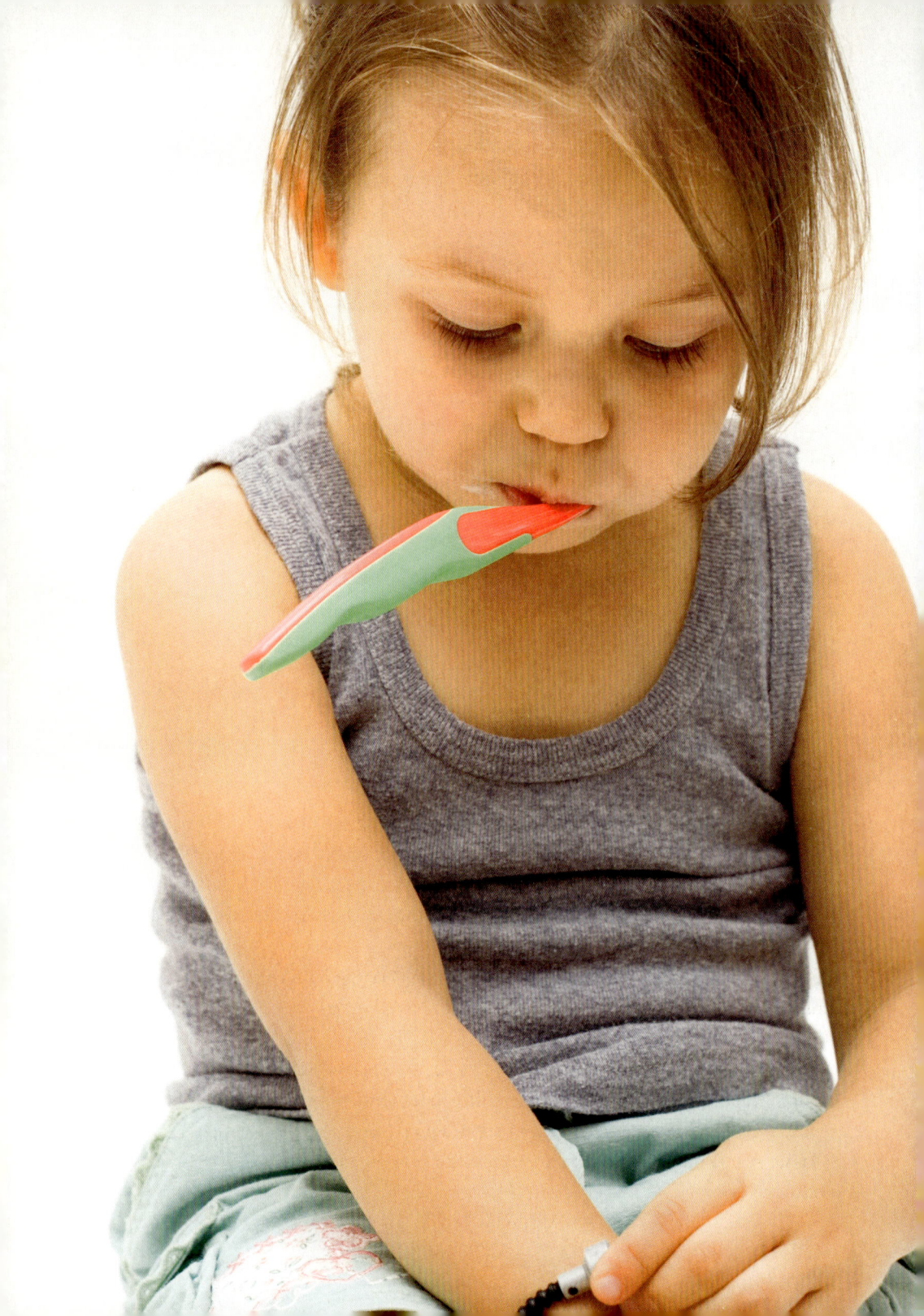

Annika: Ja, wir haben schon einige Kommentare zu hören bekommen.

Jesper: Das wird besser werden, wenn ihr Sprachvermögen sich weiterentwickelt.

Annika: Sie liebt Kleider und will immer selbst bestimmen, was sie anzieht.

Jesper: In diesem Punkt, finde ich, könntet ihr Ella vollkommen freie Hand gewähren. „Von morgen an darfst du ganz allein entscheiden, was du anziehst. Ich helfe dir gerne, wenn du das möchtest, oder ich kann sagen, was ich schön finde, aber du darfst selbst bestimmen."

Wenn sie sich dann für etwas total Abwegiges entscheidet, also vielleicht für ein Kleidungsstück, das für Sonne und 30 Grad gedacht ist, aber draußen tobt ein Schneesturm, dann könnt ihr sagen: „Weißt du, ich glaube, es wird doch sehr kalt heute, darum packe ich dir eine Tasche mit warmen Sachen. Die kann dir deine Erzieherin dann anziehen, wenn du frierst."

Eure Tochter will kein Baby sein. Stell dir vor, dir würde jemand sagen, was du anziehen sollst!

Wenn Kinder ins Trotzalter kommen, sollte man das feiern: „Jippije, du willst! Kannst du das selbst, dann kann ich in der Zwischenzeit meine Zeitung lesen!" Oder: „Okay, das wird spannend. Sag Bescheid, wenn du meine Hilfe benötigst." Und dann zieht ihr euch zurück.

Peter: Ich glaube, wir sind gerade in dieser Phase. Ella will sich unbedingt selbst anziehen, aber sie kann es noch nicht, und das frustriert sie.

Jesper: Ich finde, ihr solltet am Samstag eine kleine Party veranstalten, wenn ihr mit ihr redet. Eine kleine Zeremonie, um ihr deutlich zu machen, dass ihr euch ab jetzt ändern wollt. Denn Ella hat sich auch schuldig gefühlt. Das wird für sie sehr befreiend sein.

> " Wenn Kinder ins Trotzalter kommen, sollte man das feiern: „Jippije, du willst! Kannst du das selbst, dann kann ich in der Zwischenzeit meine Zeitung lesen!"
> JESPER

Jesper Juuls Tipps für Annika und Peter

- Bietet dem Kind eure Liebe und Zärtlichkeit wie auf einem Buffet an: Macht ihr klar, dass eure Fürsorge immer zur Verfügung steht, wenn sie etwas davon haben will. Zwingt sie nicht zu Umarmungen oder anderen Dingen.
- Sprecht mit ihr, als wäre sie wesentlich älter, als sie tatsächlich ist.
- Versucht, nicht pädagogisch zu klingen, wenn ihr mit eurem Kind redet. Seid authentisch und sprecht in der „Ich-Form": „Ich will, dass du dich anziehst, du kannst das machen, wann du willst, aber ich will, dass du es tust." Auf diese Weise muss das Kind nicht kapitulieren, sondern hat das Gefühl, sie stellt die Bedingungen.
- Setzt euch in Ruhe mit ihr zusammen und erläutert ihr, dass ihr alles tun wollt, damit sie sich in eurer Familie wohlfühlt, und dass ihr lernen wollt, ihre Eltern zu sein.
- Versucht nicht, sie zu manipulieren. Macht stattdessen klare Ansagen.
- Wählt eure Streitthemen mit Bedacht: Einige sind es nicht wert, darüber zu diskutieren. Und vermeidet einen Machtkampf mit ihr!
- Wenn eure Umwelt Kommentare gibt, seid auch da ganz direkt und klar, verteidigt euer Kind: „Genau so ist sie. Früher haben wir sie wie alle anderen Kind behandelt, das war ein Fehler."

RÜCKBLICK

Annika: Jesper hat uns auf eine ganz andere Seite von Ella hingewiesen, eine, die wir nie gesehen hatten! Es war eine große Erleichterung, mit ihm zu sprechen. Gleichzeitig hat es mich so traurig gemacht, dass wir sie nie richtig verstanden haben, dass wir nicht für sie da waren, als sie uns gebraucht hat.

Vor dem Elterncoaching hatten wir uns bei einem Elterntraining angemeldet. Das erste Treffen fand nur wenige Tage nach unserem Gespräch mit Jesper statt. Hinterher haben wir versucht, Teile von diesem Kurs mit den Tipps von Jesper zu verbinden, aber das führte zum totalen Chaos! Dreimal waren wir da, dann haben wir den Kurs abgebrochen und uns nur noch an dem orientiert, was Jesper uns geraten hat.

Was Jesper gesagt hat, ist hart, aber es funktioniert! Wir haben begriffen, dass Ella immer so sein wird, wie sie ist, und wir sie begleiten müssen. Wir haben praktisch sofort ein Ergebnis gesehen. Sie ist viel kontaktfreudiger geworden. Das Leben ist ruhiger geworden, und zum Beispiel gibt es den Zahnputzstreit nicht mehr. Ich habe ihr gesagt: „Von heute an darfst du dir die Zähne selbst putzen, wenn du willst. Aber ich kann dir zeigen, wie es geht, wenn du magst." Darauf gab sie keine Antwort, aber ein paar Tage später kam sie zu mir und fragte mich, ob ich es ihr zeigen könnte.

Natürlich hat sich nicht alles geändert. Wenn wir unter Zeitdruck sind, kommt es immer wieder zu Kämpfen. Und sie streitet auch noch viel mit Julia. Wir wissen, dass die Tipps von Jesper nur funktionieren, wenn wir hundertprozentig daran glauben. Und das tun wir.

Die Begegnung mit Jesper hat auch bei Ella einen großen Eindruck hinterlassen, sie hat ihn oft erwähnt. Eines Tages, wir hatten Gäste zu Besuch, fragte eine Freundin, ob sie nicht ein Küsschen bekommen könnte. Da antwortete Ella: „Nein, danke. Ich bin nicht so schmusig. Aber das ist ganz in Ordnung so." Mir wurde ganz warm ums Herz und ich sagte zu ihr: „Nein, wir sind beide nicht so Schmusetypen, du und ich, und das ist auch in Ordnung so!" Ella ist unser ganzer Stolz, aber auch unsere große Herausforderung!

Alle tanzen nach der Pfeife der achtjährigen Smilla

Johann und Lotta sind die Eltern von Smilla, 8 Jahre, und Felicia, 6 Jahre.

Zu Hause bei Johann, Lotta und den Töchtern Smilla und Felicia bestimmt die achtjährige Smilla, wo es langgeht. Sie ist sehr launisch, und für die Wahrung des Hausfriedens sind alle gezwungen, sich ihrem Willen zu beugen.

Johann und Lotta haben schon viel gemeinsam durchgemacht. Als Lotta mit Smilla schwanger war, starb ein naher Angehöriger, ein Ereignis, das ihre Schwangerschaft sehr stark beeinflusst hat.

„Dann kam Smilla auf die Welt, endlich sollte etwas Schönes und Glückliches geschehen", erzählte Lotta vor dem Elterncoaching. Aber zwei Tage nach der Geburt wurde Smilla krank. Sie musste mehrere schwere Kopfoperationen über sich ergehen lassen, und die Eltern hatten große Angst um Smillas Leben und ihre gesundheitliche Entwicklung.

„Vor diesem Hintergrund ist unsere Beziehung zu Smilla etwas ganz Besonderes. Ich bin davon überzeugt, dass sie diese schwierige Zeit aufgrund ihrer Willenskraft und ihres ausgeprägten Temperaments überstanden hat. Ich kann mich erinnern, dass ich damals gedacht habe, ich werde auf Smilla niemals wütend sein können. Ha, ha…", erzählt Lotta mit dünner Stimme.

Denn Smilla hat sich zu einem kleinen Mädchen mit einem eisernen Willen entwickelt. Sie hat die gesamte Familie unter Kontrolle; ihre Mutter Lotta, ihr Vater Johann und ihre kleine Schwester Felicia haben sich daran gewöhnt, sich Smillas Launen und Tagesform anzupassen.

Vor allem Lotta hat ein großes Problem damit, dass es ihr schwerfällt, Smilla anzunehmen und sie genauso zu lieben, wie sie

Hallo!

Ich heiße Lotta. Es ist so schwer, Eltern zu sein. Man ist immer bereit, das Äußerste zu tun, um seinen Kindern dabei zu helfen, zu gesunden und fröhlichen Individuen zu werden. Leider treibt unsere älteste Tochter uns alle manchmal in den Wahnsinn, und wir benötigen dringend Hilfe im Umgang mit bestimmten Situationen.

Mit erwartungsvollen Grüßen
Lotta

Felicia liebt. Sie schämt sich für ihre Gefühle und hat Schwierigkeiten, diese zu akzeptieren.

Lotta: Kann ich offen sprechen, obwohl die Kinder mit im Raum sind? Ich fühle mich irgendwie nicht wohl dabei ...

Jesper: Ihr könnt ganz ungezwungen reden, auch wenn die Kinder dabei sind. Da besteht keine Gefahr. Ich glaube nicht, dass Kinder Schaden erleiden, wenn sie zuhören, wie zivilisierte Eltern denken. Aber ihr entscheidet, wenn euch das unangenehm ist, dann müssen die Kinder natürlich nicht mit im Raum sein.

Lotta: Die Stimmung zu Hause bei uns ist furchtbar. Wenn Smilla und Felicia zum Beispiel nicht bekommen, was sie wollen, dann gibt es unverschämte Kommentare. Dann ist man ein Idiot, bekommt wütende Blicke, wird gehauen und beschimpft. Ich fühle mich provoziert und möchte gerne wissen, wie ich mich bei diesen Auseinandersetzungen verhalten soll. Ich muss mir oft auf die Zunge beißen, um nicht das Falsche zu sagen.

Smilla: Ich sage zum Beispiel, dass du eine Kackawurst bist.

Johann: Ja, Smilla, du sagst einfach Bescheid, wenn wir etwas vergessen sollten. Meistens bekommen wir postwendend eine Antwort. Unsere Smilla hat eine messerscharfe Zunge. Man weiß nie, ob man lachen oder weinen soll. Es ist ja gut, dass sie kein Blatt vor den Mund nimmt, aber manchmal ist es einfach zu viel des Guten. Ich fordere sie dann auf, mal zu überlegen, wie sie selbst behandelt werden möchte.

Lotta: Wenn sie nicht so behandelt wird, wie sie es erwartet, ist die Schuld immer bei den anderen zu suchen. Oder sie dreht es so lange, bis ein anderer Schuld hat.

Smilla: Ja, es ist deine Schuld.

Lotta: Ja, meistens ist es meine Schuld.

Johann: Smilla, du weißt doch, dass wir mit Jesper reden, damit wir eine Lösung für unser Durcheinander zu Hause finden. Wir haben doch darüber gesprochen, dass wir alle vier das anstrengend finden.

Lotta: Sie will, dass ununterbrochen etwas geschieht. Man kann mit ihrem Tempo kaum mithalten. Oft übernehme ich dann den Part, der sich laufend Dinge ausdenkt, damit die Mädchen ein bisschen zur Ruhe kommen, damit es ihnen gut geht. Erst dann geht es auch mir gut. Manchmal fühlt sich das an, als würde ich mich völlig verbiegen, damit alle sich wohlfühlen.

(Den Mädchen wird es zu langweilig und sie verlassen das Zimmer. Draußen wartet ihr Babysitter.)

Johann: In vielerlei Hinsicht ist Smilla ein ganz fantastisches Mädchen. Aber wenn wir zum Beispiel in einem Geschäft sind und sie unbedingt ein bestimmtes Paar Schuhe haben will, sagen wir mal sie will ein Paar hochhackige Stiefel, obwohl sie eigentlich Turnschuhe braucht, dann stellt sie alles auf den Kopf, schreit und brüllt und beschimpft uns als die bescheuertsten Eltern der Welt. Und dann herrscht Krieg.

Lotta: Und das, obwohl sie kurz davor den ganz bestimmten Pullover bekommen hat, den sie so gerne haben wollte.

Johann: Ich glaube, es hat viel mit gegenseitigem Verständnis zu tun, von unserer Seite, aber auch von ihrer. Sie muss begreifen, dass sie sich mit ihrem Verhalten zum Beispiel von den gemeinsamen Wochenendaktivitäten ausschließt. Sie muss die Konsequenzen ihres Verhaltens verstehen lernen. Aber es stimmt auch, dass wir nicht immer konsequent sind. Manchmal darf sie dann doch dabei sein, allerdings habe ich den Eindruck, dass ihr das vollkommen gleichgültig ist.

Lotta: Außerdem interessiert es sie nur für einen kurzen Augenblick.

Johann: Sie kommt fünf Minuten nach einem Streit an und bittet um Entschuldigung. Dann soll es auch sofort wieder vergessen sein, aber für uns bleibt der Stachel stecken.

Lotta: Diese wilden Beschimpfungen gehen uns nach, ihre wütenden Blicke, dass sie uns bescheuert findet. Sie hatte nie Angst davor, ihre Gefühle zu zeigen, und zwar jedem gegenüber. Und sie kann fünf Minuten nach so einem Ausbruch das niedlichste Mädchen der Welt sein.

Jesper: Aber das beeinträchtigt nicht eure Beziehung auf lange Sicht? Es ist nicht so, dass sie sagt, sie will nie wieder mit euch zusammen sein?

Lotta: Doch, so etwas sagt sie auch. Aber meistens ändert sie ihre Meinung blitzschnell und entschuldigt sich, trotzdem bleibt etwas zurück. Ich weiß, dass man authentisch sein soll, echt und wahrhaftig, und seine Gefühle zeigen soll, doch so fühle ich mich nicht immer. Ich bemühe mich, zu Smilla und Felicia in gleichem Maße liebevoll zu sein, aber es tut mir furchtbar leid, ich empfinde es nicht immer so. So hat es sich entwickelt. Es ist schrecklich. Ich habe fürchterliche Schuldgefühle deswegen. Felicia und ich sind uns ähnlich, ich komme sehr gut mit ihr zurecht, ich verstehe sie einfach besser. Und Smilla, sie ist eher so wie meine kleine Schwester damals, die hat auch alles bestimmt. Da kommen ganz starke Emotionen hoch.

Jesper: Ihr habt erzählt, dass sie sehr krank war als Säugling. Inwiefern hat euch das beeinflusst?

> " Ich bemühe mich, zu Smilla und Felicia in gleichem Maße liebevoll zu sein, aber es tut mir furchtbar leid, ich empfinde es nicht immer so.
> LOTTA

43

Johann: Ja, ich vermute, dass ihre Krankheit dazu geführt hat, dass wir Smilla von Anfang an mit Samthandschuhen angefasst haben. Unser Verhalten ihr gegenüber ist anders, weil wir nicht sicher sein konnten, dass sie überlebt. Und dann war es ungewiss, ob sie vielleicht unter Spätfolgen leiden wird. Darum haben wir wahrscheinlich zu oft ihren Willen durchgehen lassen.
Felicia kann man Nein sagen. Wenn Smilla ein Nein bekommt, gibt es einen Riesenkrach. Mit Spucken und Schreien.

Jesper: Wenn ihr Nein sagt, habt ihr die Hölle, aber wann beruhigt sich die Lage wieder? Wie lange dauert das an?

Lotta: Eine halbe Stunde?

Johann: Es kann ganz schnell wieder vorbei sein. Sie weiß ja auch, dass es genügt, wenn sie sich entschuldigt. In der einen Sekunde sagt sie „Entschuldigung" und in der nächsten will sie ein Eis haben … Sie hat sich doch schließlich entschuldigt und geht davon aus, dass dann alles wieder gut ist. Sie kommt gar nicht auf den Gedanken, dass es nicht in Ordnung ist, gleich nach dem Streit ein Eis zu fordern. Sie denkt nicht daran, dass unser Streit unter Umständen dazu führt, dass sie eben kein Eis bekommt.

Jesper: Ist das schon immer so gewesen?

> **Smilla hat ihre wahnsinnige Launenhaftigkeit schon früh gezeigt, und ihren ersten richtigen Wutausbruch hatte sie mit exakt einem Jahr.**
> LOTTA

Lotta: Smilla hat ihre wahnsinnige Launenhaftigkeit schon früh gezeigt, und ihren ersten richtigen Wutausbruch hatte sie mit exakt einem Jahr. Sie ist ein bisschen wie eine Quartalswütende, jetzt gerade hat sie eine unverschämte und streitsüchtige Phase. Sie kann eine lange Zeit sehr launisch und provokativ sein und plötzlich eines Morgens ist es vorbei und sie ist zuckersüß und niedlich, fröhlich und einfach bezaubernd. Wenn sie die „fröhliche und freundliche" Smilla ist, haben wir ein unglaublich entzückendes Mädchen. Und es ist so schade, dass immer nur über die „wütende und anstrengende" Smilla gesprochen wird. Darum ist es auch gut, dass sie zum Babysitter rausgegangen sind und uns nicht zuhören.

Ich möchte auch nicht so gerne, dass Felicia immerzu hört, wie anstrengend wir ihre große Schwester finden.

Jesper: Natürlich hat es auch einen Einfluss, dass sie hört, wie anstrengend ihr sie findet, aber das ist ja nicht die Ursache für ihr Verhalten. Was bekommt sie denn von anderen für ein Feedback, aus ihrem Umfeld, also Kindergarten, Schule und anderen Eltern?

Lotta: Wenn Johann und ich nicht in der Nähe sind, läuft alles super. Wenn sie bei einer Freundin ist, gibt es nie Probleme. Auch bei ihrer Oma gibt es nie Ärger, sie ist ein kleiner Engel und ganz unglaublich friedlich. In der Schule hat sie Schwierigkeiten, sich zu konzentrieren, sie ist übereifrig, hat so viel zu sagen und will nichts verpassen. Dann setzt sich manchmal der Lehrer neben sie und bittet sie, sich zu konzentrieren. Aber das findet sie doof, das kann sie nicht gut.

Johann: Sie ist so lebhaft und erfinderisch. Aber wenn sie eine Frage gestellt hat, schafft sie es nicht, die ganze Antwort abzuwarten, und unterbricht ganz oft mit einer neuen Frage.

Lotta: Sie hat kein Gespür dafür, was angemessen ist. Felicia hingegen kann sich anpassen, sie weiß, wann sie über eine Sache reden oder Fragen stellen kann. Smilla könnte Folgendes rausrutschen, wenn jemand zu Besuch kommt: „Wer kommt noch außer dir?" Und dann antwortet die Mutter: „Na, ich und mein Mann und unsere zwei Kinder." Und Smilla erwidert: „Oh nein, nicht der, den finde ich so langweilig – hässlich – dumm." Manchmal kommen dabei ganz lustige Sachen heraus, aber meistens ist es verletzend und unpassend.

Ein anderes Problem ist, dass Smilla große Schwierigkeiten hat, eine Tätigkeit zu unterbrechen. Zum Beispiel, wenn sie morgens zur Schule muss. Ihr Unterricht beginnt um zehn nach acht, wir müssen also um acht Uhr los, um es rechtzeitig zu schaffen. Dann hat Smilla aber angefangen, ein Buch zu lesen. Wir sagen: „Jetzt musst du das Buch weglegen, denn wir müssen los." Aber sie hört nicht auf zu lesen, und wenn wir ihr das Buch am Ende wegnehmen wollen, bewirft sie uns damit. Ich verstehe ja, dass sie es fertig lesen will, aber die Schule beginnt nun mal. Sie muss doch in die Schule!

Johann: Smilla steht sehr auf Routinen, sie will immer gerne lange im Voraus wissen, was passieren wird. Und wenn sie mit einer Sache begonnen hat, will sie die auch fertig machen.

Jesper: Aber offensichtlich sagt sie nicht zu allen unverschämte Sachen. Sonst hätte sie schon viel mehr Reaktionen bekommen. Und das ist ja offensichtlich nicht so.

Lotta: Wenn ich der Lehrerin glauben darf, dann verhält sie sich in der Schule auch nicht so. Ich habe den Eindruck, sie mag Smilla.

Jesper: Ich glaube nicht, dass sie ein sogenanntes autonomes Kind ist. Vielmehr habe ich das Gefühl, dass sie Schwierigkeiten hat, aus ihren Erfahrungen zu lernen. Etwas sagt mir, dass sie nicht besonders empathisch ist, aber auch nicht ganz gefühlskalt.

Lotta: Wenn sie einen Film sieht, in dem jemand zu einem anderen gemein ist, weint sie. Sie ist sehr sentimental. Sie kann Sachen sagen wie: „Bist du wirklich meine kleine Schwester. Ist sie nicht süß, meine kleine Schwester!", oder: „Ach, Oma, du siehst so hübsch aus in diesem Pullover!"

Jesper: Im Dänischen gibt es ein Sprichwort: „Gib die Hoffnung auf und dir wird es bessergehen." Ich glaube nicht, dass ihr als Eltern etwas tun könnt, um Smilla in eine Richtung zu beeinflussen, die euch besser gefällt. Was ihr aber tun könnt, ist Ja und Nein zu sagen, wenn ihr Ja und Nein meint. Und dann müsst ihr eben die saure Miene, oder was auch immer kommt, in Kauf nehmen. Es ist fürchterlich, wenn ihr als Eltern in ihren Augen zu Opfern werdet, das kann ihr Gewissen nicht aushalten.

Ich fürchte, ihr werdet in den nächsten fünfzehn Jahren kein besonders harmonisches Leben führen. Das meine ich mit „Hoffnung aufgeben". Smilla braucht Eltern, die sie mögen und auf die sie zählen kann, die wird sie mehr denn je brauchen. Denn bald schon werden ihr Umfeld und ihre Freunde ein anderes Feedback geben. Sie hat so viel Frustration in sich, und die Tatsache, dass ihr das alles abbekommt, ist ein großes Kompliment. Dass sie es wagt, euch diese Frustration zu offenbaren, zeigt, dass sie sich sicher sein kann, von euch nicht zurückgewiesen zu werden.

Lotta: Aber genau das tue ich doch, ich weise sie zurück. Ich will mit ihr am liebsten nichts zu tun haben.

Jesper: Ja, das tust du, wenn wir es mit ihrer kleinen Schwester vergleichen. Aber du verhältst dich aus Selbstschutz so.

Lotta: Meinst du, ich sollte sie sogar noch mehr zurückweisen?

Jesper: Ja, denn sie überschreitet deine Grenzen massiv. Was du als Zurückweisung empfindest, ist dein schlechtes Gewissen deinen negativen Gefühlen gegenüber. Sag ihr: „Okay, wenn ich mit dir zusammenbleiben soll, muss ich jetzt Nein sagen, oder ich muss für eine Weile rausgehen. Denn wenn ich hierbleibe, begehe ich einen Fehler, den ich nicht begehen will. Wenn ich hierbleibe, werde ich genauso primitiv wie du. Und das will ich nicht."

Lotta: Ja, wir werden wie zwei Fünfjährige, die sich mit Sand bewerfen.

Jesper: Nimm dir ein Time-out, wie man das auch in einer Partnerschaft machen kann, wenn man merkt, dass es nur destruktiver werden würde, wenn man bliebe. Manchmal kann es besser sein, den Raum für eine Weile zu verlassen. Manchmal könnt ihr versuchen, sie wie eine 38-Jährige zu betrachten und zu behandeln und nicht wie ein 8-Jährige.

Johann: Stimmt genau, manchmal fühlt sich das auch so an, als wäre sie schon erwachsen.

Jesper: Absolut.

Lotta: Sie ist sehr wortgewandt und will immer das letzte Wort haben. „Smilla, jetzt will ich, dass du endlich still bist", sage ich zum Beispiel. „Sei doch selbst still, Mama", antwortet sie – da zeigt sich wieder diese spitze Zunge. Und man denkt: „Dieses Mal wird sie nicht gewinnen." Aber sie hört einfach nicht auf.

Jesper: Sie ist vollkommen angstfrei, auf eine Weise, die auch ein bisschen unbelehrbar und dumm ist. Sie hat keine Angst vor der Einsamkeit. Sie denkt nicht daran, dass ihre Freunde sich von ihr abwenden könnten, wenn sie sich ihnen gegenüber schlecht benimmt. Oder dass ihr gehen könntet. Das ist, als würde man auf einem Zehnmeterbrett stehen und nicht überprüfen, ob Wasser im Pool ist, bevor man springt. Und ich weiß nicht, wie sie das lernen sollte.

Es ist gut, dass sie sich wenigstens entschuldigen kann, das zeigt, dass sie diese Sehnsucht nach Harmonie hat. Kinder mit ADHS zum Beispiel haben das nicht. Natürlich könnte man spekulieren, ob im Zuge ihrer Krankheit Teile des Gehirns geschädigt worden sind.

Lotta: Im Krankenhaus hatten sie damals gesagt, dass es nur zu physischen Spätfolgen kommen könnte.

Jesper: Bei Teenagern in der Pubertät hat man festgestellt, dass während dieser Entwicklungsphase bestimmte Gehirnfunktionen verschwinden, die durch andere ersetzt werden. Aber auch wenn eine Funktion verschwunden ist, kann sie dennoch umgebaut werden. Smilla erinnert mich in gewissen Aspekten an sogenannte Curling-Kinder, deren Eltern so große Angst vor Auseinandersetzungen hatten, dass die Kinder zu Oberhäuptern der Familie werden. Allerdings beschreibt ihr eher ein bekanntes Phänomen, das auftauchen kann, wenn man große Angst um den Verlust eines Kindes hatte. Kinder aber benötigen Widerstand, um ihr Empathievermögen zu entwickeln. Wenn die Eltern bereit sind, als Anführer der Familie aufzutreten – als Anführer, die eigene Bedürfnisse haben und die ihren Willen und ihre Grenzen aufzeigen –, dann lässt sich diese Funktion im Gehirn des Kindes aufbauen. Das dauert etwa drei Jahre, aber es funktioniert.

Smilla scheint mir ein
Mädchen zu sein, das
nicht theoretisch an
Wissen gelangt, sie
muss alles austesten.
JESPER

Smilla scheint mir ein Mädchen zu sein, das nicht theoretisch an Wissen gelangt, sie muss alles austesten.

Johann: Ganz genau, sie muss alles austesten.

Jesper: Und es ist ein einsamer Job, konstant Testpilot zu sein. Ihr wisst am besten, wann Hoffnung besteht, mir ihr ins Gespräch zu kommen.

Johann: Ja, das wissen wir schon …

Jesper: Aber Smilla will gar nicht allein sein, sie will gerne in Kontakt treten. Es lohnt sich nicht, mit ihr Kämpfe auszutragen, zu denen man eigentlich keine Kraft hat. Wenn es keine Hoffnung gibt, gebt es sofort auf. Und gebt früh genug auf, solange ihr noch freundlich sein könnt. Handelt, solange ihr noch in der Lage seid, zu denken: „Okay, sie ist doch nur ein kleines Mädchen und kein sechs Meter langes Ungeheuer!" Und unterbrecht den Kontakt für eine Weile. Denn der Kontakt, den sie in solchen Situationen bekommt, ist kein erfreulicher, und außerdem erschüttert er euer Selbstbild. Sucht das Gespräch mit ihr, erzählt ihr, dass ihr mit mir darüber gesprochen habt und ich euch gesagt habe, dass ihr auf euch achtgeben müsst. Dass ihr in solchen Situationen weggehen müsst, weil ihr sie sonst ungerecht und schlecht behandelt. Und zwar nicht als Strafe oder Drohung – so wie in den Supernanny-Sendungen –, sondern um die Situation auszuhalten. Dafür müsst ihr einfach eine Weile für euch allein sein.

Wie oft habt ihr schon mit ihr gesprochen? Wie gut weiß sie darüber Bescheid? Habt ihr Smilla schon einmal gesagt, dass es schwer ist, ihre Eltern zu sein?

Lotta: Nein. Denn an den guten Tagen wollen wir die Stimmung nicht verderben, außerdem bin dann vollauf damit beschäftigt, ihr zu zeigen, dass ich sie genauso liebe wie Felicia …

Jesper: Sprich mit ihr. Sag ihr: „Da gibt es etwas, worüber ich gerne mit dir reden möchte. Sag mir Bescheid, wenn du Lust hast, mir zuzuhören." Erzähl ihr dann, dass es dir schwerfällt, ihre

Mama zu sein. „In bestimmten Situationen muss ich einfach weggehen. Ich muss da auf mich und meine Gefühle für dich achtgeben." Führe dieses Gespräch mit ihr, wenn ihr eine friedliche Phase habt. Das Wichtigste für Smilla ist, dass ihre Eltern gut versorgt sind, sonst wird ihr Selbstbild zu negativ.

Man sieht eurer Familie ganz deutlich an, dass Smilla bisher keinen Schaden davongetragen hat. Aber es wird nicht mehr lange dauern, und dann nehmt ihr beide, Lotta und Johann, Schaden.

Lotta: Smilla hält krampfhaft an einigen Freundinnen fest, die eigentlich gar kein Interesse an ihr haben. Und das, obwohl sie viele andere Freunde hat.

Jesper: Aber hat sich Smilla jemals für den leichteren Weg entschieden? Smilla ist ein bisschen eingleisig, wie man sagt.

Johann: Ich glaube aber, dass wir uns wenigstens keine Sorgen darüber machen müssen, dass sich Smilla später in die falschen Typen verliebt.

Jesper: Nein, das wird einer sein, bei dem sie alles bestimmen kann. Aber Smilla will auch gar nicht allein sein, sie wünscht sich ja zwischenmenschlichen Kontakt.

Johann: Wenn wir in der Stadt sind und Smilla fängt an zu schreien und alle Passanten schauen uns schon an. Sollen wir sie dann bitten, aufzuhören? Manchmal habe ich das Bedürfnis, obwohl es mir gleichzeitig vollkommen egal ist, ob die anderen uns anstarren.

Jesper: Du kannst sie fragen, ob sie nicht euch zuliebe damit aufhören könnte. Denn ihr scheint es ganz offensichtlich egal zu sein, was andere denken.

> „
> **Aber Smilla will auch gar nicht allein sein, sie wünscht sich ja zwischenmenschlichen Kontakt.**
> JESPER

Jesper Juuls Tipps für Lotta und Johann
- Kümmert euch um eure Elternrolle, stärkt euer Selbstverständnis, euer Selbstbild.

- Unterbrecht den Kontakt zu Smilla, wenn ihr merkt, dass ihr unfreundlich oder gemein zu werden droht und eventuell Dinge sagen könntet, die ihr später bereut.
- Sprecht mit eurer Tochter in Ruhe, erklärt ihr, dass es euch manchmal schwerfällt, ihre Eltern zu sein, und ihr darum hin und wieder gehen müsst, wenn es Streit gibt.
- Sorgt dafür, dass ihr immer für euer Kind da seid, dass ihr sie nicht zurückweist, auch wenn die Umwelt es tut.

RÜCKBLICK

Lotta: Als Jesper Juul uns eröffnete, dass wir die nächsten x Jahre mit Smillas Verhalten leben müssen, fühlte sich das an, als würde alle Luft aus uns entweichen. Wir waren total erschöpft, fühlten uns am Boden zerstört. Aber es ist ihm gelungen, unser Problem auf den Punkt zu bringen. Insgeheim hatten wir uns eine Art Bedienungsanleitung erhofft, „Macht dies und das", so ein Dreipunktekatalog. Aber so läuft das eben nicht, leider. Smilla ist nach wie vor extrem provozierend. Auf der anderen Seite hatten wir bisher auch keine Gelegenheit und Kraft, die Ratschläge zu befolgen, die wir bekommen haben. Doch, wir haben den Vorschlag mit dem Kontaktunterbrechen versucht, und das hat gut funktioniert. Das Gespräch mit ihr allein, so wie Jesper es uns geraten hat, haben wir noch nicht geführt. Dafür haben wir ihr Geschichten von anderen Kindern erzählt, die direkt auf Smilla zutreffen. Aber sie hatte kein bisschen Selbsterkenntnis. „Aber nein, was für ein gemeines Kind das ist!", war ihr Kommentar. Vielleicht müssen wir noch auf den richtigen Augenblick warten und mit ihr so sprechen, wie Jesper es vorgeschlagen hat.
Was unsere Partnerschaft betrifft, versuchen wir, sooft es geht, ins Gespräch zu kommen, wenn Smilla im Bett ist.

Jennifer will nicht schlafen

Maria und Lars sind die Eltern von Jennifer, 2,5 Jahre, und Nils, 2 Monate.

Ein sehr willensstarkes Kind zu haben kann für die Eltern manchmal ganz schön anstrengend sein. Und wenn das Kind zudem noch sprachlich sehr weit entwickelt ist, kann es richtig belastend werden. Maria und Lars bitten um Hilfe, weil ihre zweieinhalbjährige Tochter Jennifer sich abends weigert, schlafen zu gehen.

Hallo!

Ich heiße Maria und bin mit Lars verheiratet. Wir haben eine Tochter, die Jennifer heißt (sie ist zwei Jahre und vier Monate), und einen Sohn (zwei Monate, ab morgen).

Jennifer ist ein sehr aufgewecktes und sprachlich früh entwickeltes Kind. Leute, die viel mit Kindern arbeiten, haben uns gesagt, dass ihr Wortschatz dem einer Vierjährigen entspricht. Seit sie sechs Monate alt ist, haben wir ihr zum Einschlafen Märchen vorgelesen, Brei gegeben und sie an unserem Ohrläppchen streicheln lassen, bis sie eingeschlafen ist. Immer wieder haben wir dann entschieden, dass sie selbst einschlafen sollte. Wir haben die verschiedensten Methoden ausprobiert, aber keine davon hat funktioniert.

Seit das zweite Kind da ist, wird es zunehmend anstrengender, dass Jennifer abends nicht ohne Hilfe einschlafen kann. Zum einen verkürzt das unsere gemeinsame Zeit als Paar, zum anderen ist es für jeden von uns fast unmöglich, sie allein hinzulegen. An manchen Abenden liegen wir bis zu zwei Stunden neben ihr im Bett.

Wir sind furchtbar müde und wären sehr froh, wenn Jesper Juul uns helfen könnte!

Mit freundlichen Grüßen
Maria

Als Maria den Brief an Jesper Juul und das Team vom Elterncoaching schrieb, hatten sie und ihr Mann seit der Geburt ihrer Tochter Jennifer kaum Zeit für sich allein gehabt. Am Anfang hatten sie das auch nicht vermisst, schließlich waren sie von ihrer neuen Aufgabe als Eltern ganz erfüllt. Als aber das zweite Kind vor zwei Monaten auf die Welt kam, wurde ihnen klar, dass sie ab jetzt überhaupt keine Zeit mehr haben würden, um sich in Ruhe zu unterhalten oder einfach nur zu verschnaufen.

Jennifer ist ein lebhaftes kleines Mädchen mit einem Funkeln in den Augen. Und obwohl diese Energie eine wunderbare Eigenschaft ist, sorgt sie leider auch dafür, dass es manchmal sehr schwer ist, die Eltern dieses Kindes zu sein. Jennifer ist nämlich den ganzen Tag mit voller Kraft damit beschäftigt, die Welt zu entdecken, und es fällt ihr ungeheuer schwer, zu entspannen und abends zur Ruhe zu kommen. Sie saugt das Leben in sich auf wie ein Schwamm, und obwohl sie manchmal wie in andere Gedanken versunken scheint, ist sie in höchstem Maße präsent.

Jeden Abend verbringen ihre Eltern viele Stunden damit, sie ins Bett zu bringen. Wenn Jennifer nachts aufwacht, kann nur ihre Mutter sie wieder beruhigen.

Maria und Lars wissen nicht, wie sie mit ihrer Tochter umgehen sollen. Sie sind beide sehr interessiert an Kinderpsychologie und gut informiert, als sie zum Coaching erscheinen. Sie sind in großer Sorge, dass Jennifer sich nicht geborgen fühlt, und möchten alles vermeiden, was sie verletzen könnte. In ihrem Brief schreiben sie, dass sie sich Tricks wünschen, wie sie Jennifer beruhigen können, damit sie selbst in den Schlaf findet. Im Laufe des Coachings jedoch stellt sich heraus, dass sie sich auch Hilfe dabei wünschen, wie sie ihre Tochter insgesamt besser behandeln können.

Maria: Mittlerweile würde ich sagen, dass wir eigentlich Unterstützung bei unserer gesamten Nachmittags- und Abendroutine benötigen. Von dem Augenblick, in dem Jennifer aus der

Kindertagesstätte kommt, bis zur Schlafenszeit. Denn sie will einfach nicht schlafen. Gestern Abend zum Beispiel stand sie aus ihrem Bett auf und sagte: „Mama, heute Abend machen wir eine Ausnahme. Ich gehe jetzt ins Wohnzimmer, und dann sagt Papa zu mir, dass ich wieder ins Bett gehen soll."

Lars: Jennifer ist sehr wortgewandt. Sie spricht wie eine Vierjährige. Aber sie ist ja erst zwei, und ich vermute, genau das ist unser Dilemma. Es geschieht schnell, dass wir sie wie eine Vierjährige behandeln, obwohl sie zwei Jahre jünger ist. Wir haben keine Ahnung, was man von einem zweijährigen Kind erwarten darf. Und gerade weil sie so wortgewandt ist, passiert es oft, dass Maria und ich mit ihr kommunizieren, als wäre sie wesentlich älter. Wir sind uns auch nicht immer sicher, dass dies der richtige Weg ist. Zwischendurch wird sie nämlich wieder ganz „klein". Sie hat ein großes Verlangen nach physischer Nähe, bevor sie einschläft.

Maria: Sie will neben uns liegen und an unseren Ohren herumfummeln.

Lars: Und wir haben das Bedürfnis, ihr diese körperliche Nähe zu geben. Aber gleichzeitig kollidiert das mit unseren eigenen Wünschen. Wir haben das Gefühl, dass wir auch Zeit zu zweit benötigen. Wenn sich das so hinzieht und bis zu zwei Stunden dauert, bis sie schläft, das ist zu lang. Dann bleibt keine Zeit für mich und Maria übrig.

Maria: Außerdem ist es wirklich ein Problem, dass nicht einer von uns alleine die beiden Kinder ins Bett bringen kann. Wir haben alle Methoden ausprobiert, diese 5-Minuten-Methode und auf einem Stuhl vor der Tür sitzen, aber es hat zu nichts geführt. Am Ende sitzen wir doch nur wieder an ihrem Bett und diskutieren mit ihr.

Lars: Aber im Großen und Ganzen hat sich in letzter Zeit doch etwas verändert. Sie hat mit dem Schnuller aufgehört. Letzten Sonntag haben wir alle Schnuller den Katzenjungen im Freizeitpark Skansen geschenkt. Und seit zwei Tagen schläft sie in der Kita von allein ein. Bis dahin musste auch dort immer ein Erwachsener dabei sein. Also, das weist schon alles in die richtige Richtung. Aber wir benötigen vor allem für abends Hilfe, damit sie sich geborgen und sicher fühlt.

> **Solange sie zurück-denken kann, ihr ganzes Leben lang, ist es so gelaufen.**
> **JESPER**

Jesper: Wenn wir die großen Fragen mal zuerst beantworten. Ob sie ohne diese Abendrituale überleben kann? Darauf gibt es von mir ein klares: Ja, das kann sie. Gibt es etwas, was sie benötigt? Das glaube ich nicht. Aber solange sie zurückdenken kann, ihr ganzes Leben lang, ist es so gelaufen. Und ihr wollt das jetzt verändern. Das findet sie natürlich nicht gut.

Lars: Wenn wir sie ins Bett gebracht haben und aus ihrem Zimmer gehen, kommt sie sofort hinterhergewackelt. Und plötzlich ist es halb zehn.

Jesper: Ihr sagt, sie spricht wie eine Vierjährige. Versteht sie und erfasst sie auch die Zusammenhänge wie eine Vierjährige? Bekommt ihr eine intellektuell entsprechende Antwort?

Maria: So ziemlich, ja. Sie versteht und begreift Zusammenhänge. Vor ein paar Tagen waren wir bei Freunden zu Besuch. Deren Sohn ist auch zweieinhalb Jahre alt, und sie wollten selbstverständlich dieselben Spielsachen haben. Da sah sie mich an und sagte: „Mama, wenn du Peter fest an die Hand nimmst und mit ihm zu der Schubkarre dort drüben gehst, dann kann ich mir seinen Bagger nehmen." Wenn ich so etwas höre, gehe ich davon aus, dass sie Zusammenhänge begreift. Häufig, wenn wir mit ihr diskutieren, erkennt man, dass sie logische Verknüpfungen herleiten kann, dass sie die Konsequenzen unterschiedlicher Handlungen versteht. Damit trägt sie die Diskussion einen Schritt weiter. Gleichzeitig dürfen wir natürlich nicht vergessen, dass sie erst zweieinhalb ist. Es kann nicht immer sofort Klick machen.

Jesper: Lasst uns eine Theorie formulieren: Wenn man in seiner sozialen Entwicklung so weit vorne ist wie sie, dann könnte

Als Erstes würde ich versuchen, an ihren Intellekt zu appellieren.
JESPER

man sich als Kleinkind theoretisch auch um sich selbst kümmern. Als Erstes würde ich versuchen, an ihren Intellekt zu appellieren. Ihr könntet zu ihr sagen: „Wir haben das dein bisheriges Leben lang getan, aber jetzt müssen wir damit aufhören. Wir haben es oft versucht, ohne Erfolg, darum brauchen wir jetzt deine Hilfe. Wie sollen wir es machen, damit du es auch gut findest?"

Lars: Da habe ich auch schon oft drüber nachgedacht, ich habe das auch in deinen Büchern gelesen. Und ich sehne mich nach diesem Tag, an dem wir diese Frage stellen werden. Aber – korrigier mich, wenn ich mich irre, Maria – ich glaube, Jennifers Antwort würde ganz einfach lauten: „Schlaft neben mir ein." Denn das will sie ja.

Jesper: Okay, das ist das, was sie will. Aber eigentlich muss sie auch erst einmal nur erfahren, dass da etwas in Vorbereitung ist. Dass ihr bald etwas verändern werdet. Das habe ich in den vergangenen Jahren gelernt: Wenn nichts mehr geht, versuch es mit der Wahrheit.

Vor ein paar Jahren hatte ich in Deutschland ein sehr schönes Erlebnis. Ich traf dort Eltern, deren achtjährige Tochter sich immer wieder in die Hose machte. Ich hatte keine Methode, die ich ihnen anbieten konnte. Stattdessen gab ich ihnen den folgenden Rat, was sie ihr sagen sollten: „Wir haben jetzt viele Jahre lang alles Mögliche versucht, damit du dir nicht mehr in die Hose machst, ohne Erfolg. Jetzt haben wir einen Mann kennengelernt, und der hat uns gesagt, dass du das schaffen kannst. Und wir hoffen, dass es dir gelingt." Auf diese Weise haben sie ihr die ganze Verantwortung gegeben. Es dauerte zwei Tage, dann gab es das Problem nicht mehr. Ich wusste, dass sie acht Jahre alt und normal entwickelt war und überall auf Toilette gehen kann, wenn sie will. Natürlich darf man sich fragen, warum es funktionierte.

In eurem Fall ist eine Sache auf jeden Fall sicher: Jennifer hat ein großes Sprachvermögen, sie reagiert sehr auf und mit Sprache. Und sie hat auch ein sehr stark ausgeprägtes Empathievermögen. Das kann man an ihrem Verhalten hier ganz gut ablesen. Also versucht, Folgendes zu sagen: „Jetzt versuchen wir das zu ändern. Wir ändern es und sehen, wie es in zwei Wochen ist." Es gibt auch nicht so viele Alternativen. Nur diese Methoden, von denen ihr schon erzählt habt ...

Als meine Frau und ich einmal auf unser zweijähriges Enkelkind aufgepasst haben, sagte meine Frau: „Jetzt, finde ich, ist es Zeit für dich, ins Bett zu gehen." „Nein", antwortete mein Enkelkind. Er ist nicht so wortgewandt wie Jennifer, aber man sieht ihm an, dass er vieles reflektiert. Wenn er etwas beschlossen hat, dann ist das so. Daraufhin sagte meine Frau: „Ich finde, Medo" – sein Schnuller – „sieht auch schon ganz müde aus und muss ins Bett. Willst du dich auch hinlegen?" Kurz darauf war er eingeschlafen. Eine Woche später war ich allein mit ihm, und ich dachte, okay, ich versuche es auch mit dem Schnuller. Aber ich habe in seinen Augen gesehen, dass er mein Vorhaben als Manipulation erkannt hatte. Er wurde nicht wütend oder so. Also sagte ich: „Weißt du was, das mit dem Zubettgehen kann man eigentlich selbst entscheiden." Es dauerte ein paar Wochen, aber dann fing er an, allein ins Bett zu gehen.

Für Kinder kann die Erkenntnis, dass sie selbst entscheiden dürfen und kein Erwachsener Macht über sie hat, ein Aha-Erlebnis sein. Vielleicht könnte man zu Jennifer sagen: „Okay. Wir wissen nicht, was wir tun sollen, aber wir wissen, was wir wollen. Wir wollen mehr Zeit für uns, wir wollen, dass du alleine einschläfst. Wir benötigen deine Hilfe." Es geht nicht darum, die Verantwortung aufs Kind zu übertragen, es geht darum, dass man lernt zu sagen, dass es Situationen gibt, in denen man auch als Erwachsener nicht weiß, wie man sich verhalten soll.

> **„**
> **Für Kinder kann die Erkenntnis, dass sie selbst entscheiden dürfen und kein Erwachsener Macht über sie hat, ein Aha-Erlebnis sein.**
> **JESPER**

Maria: Diesen Sommer haben wir eine Sache versucht, wir haben ihr gesagt: „Jetzt wollen wir ausprobieren, dass du selbst bestimmst und sagst, wann du müde bist." Da war sie sofort mit dabei, allerdings ist sie erst ins Bett gegangen, als wir schlafen gingen. Tagsüber funktionierte das ganz gut, aber abends kommt sie irgendwie nicht zur Ruhe. Sie springt und hüpft herum und wartet auf uns. Das wiederum stresst uns sehr, weil wir an den wenigen Schlaf und die Kita am nächsten Morgen denken.

Jesper: Gleichzeitig dürfen wir nicht vergessen, dass sie diese Rituale gerne mag. Man könnte sagen: „Wir wissen, was du willst. Aber wir wollen darüber nicht jeden Abend streiten. Es geht nicht darum, ob du schlafen sollst oder nicht, sondern darum, wie wir das abends am besten machen. Hast du einen guten Vorschlag? Wir haben unsere Meinung nicht geändert, wir wollen, dass du schlafen gehst."

Lars: Als Erwachsener ist es doch in Ordnung, zu sagen: „Jetzt ist Erwachsenenzeit, wir wollen, dass du jetzt schläfst." Wir wollen natürlich jeden Abend Erwachsenenzeit. Sie weiß ja nicht, was gut für sie ist. Sie ist nicht jeden Abend zur selben Zeit müde ...

Maria: Jennifer ist eine sehr eigensinnige kleine Dame, in der Kita schläft sie zum Beispiel auch kürzer, als ihr guttun würde. Sie lässt sich von allem und jedem ablenken und hat keine Zeit, zur Ruhe zu kommen. Sie ist auch eine schlechte Esserin. Wenn sie mehrere Tage hintereinander in der Kita war, ist sie am Ende der Woche total erschöpft. Sie braucht ihren Schlaf dringend. Aber in ihrem Kopf passieren immer tausend Sachen gleichzeitig.

Jesper: Sie muss auch lernen, sich selbst zu schützen. Sie saugt zu viele Informationen ein. Sie muss ein Gleichgewicht finden, sonst wird sie zu sehr gestresst. Ein Tag in der Kindertagesstätte kann für sie schwierig sein, zu viele Kinder, zu viel Aktivität. Gleichzeitig hat sie ja enorm viel Energie.

Sie begreift auch mehr als die meisten Zweieinhalbjährigen. Seht mal, wie sie die Tür hinter sich geschlossen hat, damit wir hier in Ruhe sitzen können. Ich kann euch versichern, dass die meisten Kinder die Tür offen lassen und rein- und rausrennen. Aber Jennifer schließt die Tür. Sie ist sehr fürsorglich.

Es fällt ihr schwer, sich abzugrenzen, sie ist sehr durchlässig. Ihr könnt auch sagen: „Wir wissen natürlich nicht in allen Situationen, was für dich das Beste ist, aber wir wissen, was *wir* wollen. Du musst nicht unbedingt schlafen, aber du musst in deinem Zimmer bleiben." Ihr macht euch Gedanken und Sorgen um ihr Verlangen nach physischer Nähe, aber mit Mama und Papa schmusen kann man den ganzen Tag über und nicht erst, wenn es Schlafenszeit ist.

Maria: Wenn sie müde und kaputt aus der Kita kommt, machen wir häufig nichts anderes. Wir sorgen dafür, dass sie Ruhe hat. Dann sitzen wir auf dem Sofa und kuscheln. Wir haben festgestellt, dass es zum Chaos kommt, wenn sie das nicht mindestens eine halbe Stunde am Tag machen kann.

Lars: Aber da die Balance zu bewahren ist schwer. Wie groß dürfen die Anforderungen an eine Zweieinhalbjährige sein? Vielleicht benutzen wir zu komplizierte Worte. Wir versuchen uns gleichaltrige Freunde aus der Tagesstätte vorzustellen, wenn wir mit ihr reden.

Jesper: Jennifer wird nie in eines dieser Modelle passen, wo alle identisch behandelt werden können. Aber wenn ihre Entwicklung so weitergeht, wird sie mit sieben oder acht Jahren ziemlich einsam sein.

Lars: Wenn wir uns mit Freunden von ihr treffen, spielen sie immer toll zusammen. Sie haben Spaß, natürlich gibt es auch Streitereien, aber nichts Großes. Doch in der Krippe ist sie gerne bei den Erzieherinnen. Vor allem an den Jungen, die häufig motorisch weiter sind als sie, hat sie wenig Interesse. Ihr größtes Interesse gilt dem Gespräch.

> **Ihr macht euch Gedanken und Sorgen um ihr Verlangen nach physischer Nähe, aber mit Mama und Papa schmusen kann man den ganzen Tag über und nicht erst, wenn es Schlafenszeit ist.**
> JESPER

61

Jesper: Das ist ja auch ihr Zugang.

Maria: Gestern hatten wir wieder so einen anstrengenden Nachmittag. Sie kam hungrig von der Kita und wollte ein Brot haben. Danach war sie satt, und als es Zeit fürs Abendbrot war, wollte sie nicht essen. Dafür wurde sie hungrig, als es Zeit war, ins Bett zu gehen, wollte noch mal aufstehen und etwas essen, und dann war es schon wieder halb zehn.

Jesper: Vielleicht benötigt sie diese körperliche Nähe, das Fummeln an euren Ohren. Es scheint eine Art Meditation für sie zu sein, eine Methode, um zu sich zu kommen, sich runterzuschrauben. Aber es gibt auch andere Techniken, die ebenfalls helfen, wenn man zu aufgedreht ist. Eine Methode ist die Atmung. Vielleicht muss sie nach der Kita erst einmal Luft holen. Das kann einen wieder ins Gleichgewicht bringen.

Lars: Ja, vermutlich ist es eine Art Meditation. Wir haben CDs gekauft und spielen ihr ruhige Kinderlieder vor. Das hilft.

Jesper: Oder versucht es mit instrumentaler Meditationsmusik, das könnte ihr auch helfen. Sie nimmt mehr auf, als gut für sie ist.

Maria: Neulich saßen wir mit drei anderen Mädchen in einem Sandkasten, die miteinander stritten. Wir kannten sie gar nicht, aber Jennifer registrierte genau, was da vor sich ging, und sagte am Ende: „Mit denen will ich nicht spielen." Sie nimmt die ganze Zeit unglaublich viele Informationen auf und wir unterstützen sie darin wahrscheinlich noch, weil wir viel mit ihr reden.

> **Manchmal kann es dem Kind helfen, sich einen Raumanzug vorzustellen, einen Schutzanzug, der es vor den äußeren Eindrücken schützt.**
> **JESPER**

Jesper: Sie hat alles voller Parabolantennen. Ich habe ein paar Kinder kennengelernt, die wie Jennifer sind, aber die meisten waren älter als sie. Die konnten zum Beispiel kaum auf einen Kindergeburtstag gehen. Da kann es dem Kind manchmal helfen, sich einen Astronautenanzug vorzustellen, einen Schutzanzug, der es vor den äußeren Eindrücken schützt. Es gibt Kinder, die in der Lage sind, das zu visualisieren. So etwas kann übrigens auch bei Erwachsenen funktionieren.

Lars: Sollen wir sie denn selbst entscheiden lassen, wann sie ins Bett geht?

Jesper: Wenn es geht, könntet ihr sagen: „Wir finden, dass du bald ins Bett gehen solltest. Bist du müde?" „Nein", wird sie am Anfang antworten, aber nach einer Weile wird sie Bescheid sagen. Das ist eine Art mentale Vorbereitung. So kann man es auch mit dem Stillen machen. Das Kind vorbereiten, indem man sagt: „In einem Monat hören wir damit auf." Und dann hört man auf.

Maria: Sie hat ein heftiges Temperament. Sie kann so wütend werden, dass sie sich übergeben muss. Meistens waren das bislang Situationen, in denen ich genau wusste, dass sie todmüde war. Ab und zu habe ich sie dann gegen ihren Willen ins Bett gehoben und sie festgehalten. Dann ist sie immer sofort eingeschlafen.

Jesper: Kinder können mehr Stress verkraften als Erwachsene. Was sie allerdings nicht verkraften, ist, wenn sie sich danach nicht entspannen können. Wenn sie also nachmittags mit euch zusammen auf dem Sofa sitzen darf, tut ihr das sehr gut. So ist es ihr ganzes Leben lang gewesen. Sie ist nicht hysterisch, sie ist sehr unmittelbar, ihr müsst sie nicht interpretieren.

Lars: Ja, das stimmt. Für ihr Verhalten gibt es immer einen Grund. Sie weiß, was sie braucht.

Maria: Aber wir müssen ihr beibringen, welches Werkzeug sie benutzen soll…

Jesper: Ihr könnt sie ja fragen: „Wir wissen nicht mehr weiter. Was können wir deiner Meinung nach tun, um dir zu helfen?" Das ist nicht das Gleiche, als würdet ihr Jennifer die ganze Verantwortung übertragen.

Maria: Wir haben überlegt, mit ihr zum Kinderturnen zu gehen. Ist das eine gute Idee? Das ist ja etwas sehr Aktives.

Jesper: Ja, das ist eine gute Idee. Wenn sie dazu Lust hat. Denn sie kann Unterstützung im Körperlichen brauchen.

63

Jesper Juuls Tipps für Maria und Lars

- Kinder können mehr Stress aushalten als Erwachsene, aber sie benötigen Hilfe, um wieder zur Ruhe zu kommen.
- Empfindsamen Kindern, denen es schwerfällt, sich von äußeren Einflüssen abzuschirmen, könnte die Vorstellung helfen, sie würden einen Schutzanzug anziehen. Sprecht mit eurem Kind darüber, und stellt euch gemeinsam diesen Schutzanzug als einen magischen Anzug vor, der ihr hilft.
- Die physische Nähe zu den Eltern kann das Kind im Laufe des Tages erfahren, nicht nachts. Zum Beispiel könnt ihr euch nach der Kita eine Weile zusammen aufs Sofa setzen.
- Bereitet euer Kind darauf vor, dass ihr bald etwas ändern werdet. Dann hat sie Zeit, sich auf die bevorstehende Veränderung einzustellen.
- Setzt euch mit eurem Kind in einem friedlichen Augenblick zusammen und erklärt ihr, dass ihr etwas an der Situation ändern wollt, aber nicht wisst, wie. Sagt ihr, dass sie gerne Vorschläge machen darf, wie das Problem gelöst werden kann.

RÜCKBLICK

Maria: Wir haben nach wie vor Schwierigkeiten, Jennifer ins Bett zu bringen. Es geht zwar besser als früher, aber sie hat große Probleme einzusehen, dass sie alleine und vor uns ins Bett gehen soll. Wir haben mit ihr gesprochen, genau so, wie Jesper Juul es vorgeschlagen hat – dass sie Vorschläge machen darf, was wir tun können.

Lars: Aber sie hat uns nur angesehen und dann über etwas vollkommen anderes geredet. Vermutlich ist sie doch noch zu klein, um uns wirklich verstehen zu können. Auf der anderen

Seite glauben wir ganz fest an die Ratschläge, die uns Jesper gegeben hat. Wir glauben nur, dass Jennifer noch ein bisschen mehr Zeit benötigt, noch ein bisschen älter werden muss, um zu begreifen, was wir ihr sagen. Wir haben entschieden, die Nachmittage nach der Kita ganz ruhig anzugehen. Das hilft Jennifer, runterzukommen, und macht auch das Zubettgehen ein wenig angenehmer.

Maria: Das Treffen mit Jesper Juul hat Lars und mir auch die Zuversicht gegeben, dass wir alles richtig machen und ruhig etwas energischer und entschlossener mit ihr reden können. Wir sind nicht mehr so in Sorge, sie dadurch zu verletzen oder ihr Selbstwertgefühl zu mindern. Es fühlt sich so an, als wären wir auf dem richtigen Weg.

Das Projektkind

von Jesper Juul

Ein Projektkind ist ein Kind, das die Eltern als ihr ganz persönliches Projekt betrachten. Die Eltern haben eine bestimmte Vorstellung von der Entwicklung ihres Kindes oder ein bestimmtes Ziel für dessen zukünftiges Leben vor Augen.

Projektkinder hat es schon immer gegeben – oder zumindest seit sich unsere Gesellschaft durch eine explizite soziale Hierarchie und ein gewisses Maß an Wahlfreiheit auszeichnet. Die Weltliteratur und unsere Familiengeschichten sind voll von abschreckenden Beispielen von Söhnen, die gezwungen und manipuliert wurden, um in die Fußstapfen des Vaters zu treten. Und von Söhnen und Töchtern, die in die Rolle von Sportmatadoren, Fotomodellen oder Ähnlichem gedrängt wurden. Diese Beispiele sind herzlos, brutal und haben häufig massive Konsequenzen für alle Beteiligten.

In den vergangenen zwanzig Jahren haben wir eine wachsende Zahl von Projektkindern in Familien festgestellt, die von außen betrachtet alles andere als diktatorisch und herzlos sind. Vielleicht ist das eine Folge der Tatsache, dass ein Kind keine gesellschaftliche Notwendigkeit mehr ist, sondern vielmehr eine persönliche, existenzielle und emotionale Entscheidung der Eltern. Zurzeit dreht sich das skandinavische Projekt darum, dass die Kinder glücklich und gesund sein sollen. In anderen Ländern ist es wichtiger, dass sie zur Universität gehen, und in wiederum anderen, dass sie gut situiert sind.

Aber natürlich wird ein Kind nicht automatisch zu einem Projekt seiner Eltern, weil diese danach streben, dass ihr Kind glücklich wird, ein gutes Leben hat und seinen Platz in der Arbeitswelt findet. Das sind doch vermutlich Ambitionen, die alle Eltern haben?

Ja, so ist das, und es ist auch nicht schädlich, dass Eltern diese Wünsche hegen und diese Träume träumen. Alles geht so lange gut, bis die Eltern ihre eigenen Ambitionen zu einem Projekt machen und dann ihre ganze Kraft darauf richten, dieses Ziel zu erreichen und das Projekt erfolgreich abzuschließen. Lasst uns deshalb genauer hinsehen, welchen Schaden das wo anrichten kann.

Was als Erstes Schaden nimmt, ist die Qualität der Beziehung zwischen Kind und Eltern. Wenn das Kind und seine Zukunft zu einem Projekt werden, verwandelt sich das Eltern-Kind-Verhältnis in eine Subjekt-Objekt-Beziehung, in der das Kind zum Objekt wird. Das Kind wird zu einer Art Gegenstand oder Eigentum reduziert und das belastet jede Beziehung, die zwischen Kind und Eltern ebenso wie die zwischen Mann und Frau. Niemand hat auf Dauer Lust darauf, das Projekt eines anderen Menschen zu sein, auch wenn es ein erhöhtes Maß an Aufmerksamkeit und Engagement mit sich bringt, was am Anfang als positiv und schmeichelhaft empfunden wird.

Insbesondere Kinder werden von dem Engagement leicht verführt, und oft vergeht der Großteil der Kindheit, bis sie am Ende einsehen, dass nicht sie im Zentrum des elterlichen Interesses gestanden haben, sondern die eigenen Ambitionen der Eltern, deren Selbstbild, Image und Wünsche. Diese Erkenntnis erzeugt häufig ein lebenslang anhaltendes Gefühl, immer enttäuscht zu werden, oder die Angst davor, erneut ausgenutzt zu werden. Das wiederum ist der Ursprung eines schlechten Selbstwertgefühls. Denn das Kind hat gehorsam seine eigene Persönlichkeit vernachlässigt und hat jetzt große Schwierigkeiten, zu dem Ich zurückzufinden, das zwischen den Ansprüchen und Erwartungen der Eltern untergegangen ist.

Kinder haben von Anfang an das alles überragende existenzielle Bedürfnis, von ihren Eltern als wertvolle Menschen angenommen zu werden. Ihre bloße Existenz soll das Leben der Eltern bereichern. Aber Kinder haben aus gutem Grund keine Ahnung, was das Leben ihrer Eltern tatsächlich reicher macht. Darum sind sie darauf angewiesen, den direkten und indirekten Äußerungen ihrer Eltern vertrauen zu können. Und darum werden sie auch schnell abhängig von der positiven Aufmerksamkeit, die ihnen zuteil wird, wenn sie versuchen, den Erwartungen des elterlichen Projekts gerecht zu werden.

Kinder sind oft mit Pflanzen und Bäumen verglichen worden, mit denen die Eltern achtsam umgehen müssen, damit sie langsam gedeihen und ihre Individualität entwickeln können. Projektkinder sind Bonsaibäume, über deren Wachstum der Besitzer die Macht übernommen hat. Projektkinder sind aber auch wie diese zwei Meter großen Bäume, die man in der Baumschule kaufen kann, wenn wir keine Lust haben, darauf zu warten, dass der Setzling groß und stark geworden ist. Doch die Produkte aus der Baumschule haben alle gemeinsam, dass sie jahrelang Stützen benötigen. Sie sind einfach nicht kräftig und stark genug, um auf eigenen Beinen zu stehen.

Als Eltern ist es schwer oder schlichtweg unmöglich, in dem Meer aus Ratschlägen vonseiten der Medien und der Experten sowie den Äußerungen der Forscher herauszufinden, was für Kinder gesund oder ungesund ist. Die meisten entscheiden sich darum für eine Handvoll Bereiche, die ihnen wichtig sind: Ernährung, Schule, Religion, soziale Kompetenz und Ähnliches. Gleichzeitig wissen wir ja, dass Kinder die Führung, Erfahrung und den Überblick der Eltern benötigen. Die Kunst besteht also darin, die Entwicklung des Kindes zu beeinflussen und sich zugleich von seiner Individualität inspirieren und führen zu lassen. Diese Balance kann niemand tagein, tagaus, Jahr für Jahr aufrechterhalten. Ab und an verlieren wir das Gleichgewicht und sind entweder zu sehr mit uns selbst beschäftigt oder zu serviceorientiert. Und das ist vollkommen in Ordnung, wenn wir mit regelmäßigen Abständen über unser Elternsein nachdenken und aufmerksam und empfänglich bleiben für das Feedback, das uns die Kinder geben.

Versuche, dich an die Gefühle und die Stimmung in den ersten Wochen nach der Geburt zu erinnern – das Gefühl, dass dieses Kind ein Geschenk ist und ein Segen, der dein Leben bereichern wird. Und lass es dann laufen, aber im Takt des Kindes und auf seine eigene, einzigartige Weise. Gib deinem Kind niemals das Gefühl, dass es nur wertvoll ist, wenn es sich so verhält, wie du es dir wünschst. Sei mit deinem Kind im Hier und Jetzt zusammen und nicht so, wie du es dir in der Zukunft wünschst. Ohne eine solche Anteilnahme verliert ihr das Schönste, was es hier auf der Welt gibt.

DIE ELTERNROLLE

ELTERN COACHING

mit JESPER JUUL

Eine Mutter mit Schuldgefühlen

Sara und Daniel sind die Eltern von Philipp, 4 Jahre, und Märta, 2,5 Jahre

Sara ist mit einem sehr dominanten Vater aufgewachsen. Das hat tiefe Spuren hinterlassen: Sie hat Angst vor Auseinandersetzungen und Autoritäten und befürchtet, dass sie diese Muster an ihre Kinder weitergibt. Und sie hat Schwierigkeiten, ihrem Mann Daniel zu vertrauen und ihm Verantwortung zu übertragen.

Sara und Daniel melden sich beim Elterncoaching mit der dringenden Bitte um schnelle Hilfe an. Sara ist müde und deprimiert. Sie hat Angst, dass ihre eigene harte Kindheit auf ihre Kinder abfärbt. Als sie klein war, wurde sie sehr oft bestraft. Ihr Vater war manipulativ und dominant, ihre Mutter zu unterwürfig und schwach. Das führte dazu, dass Sara sehr konfliktscheu geworden ist.

Der Vater Daniel arbeitet viel. Er arbeitet bis spät in die Nacht und häufig auch am Wochenende.

Sara: Seit ich den Brief geschrieben habe, hat sich einiges geändert und ist besser geworden.

Jesper: Das geschieht häufig, dass eine Situation sich allein dadurch schon verbessert, dass man sie aufschreibt.

Sara: Ich bin diejenige in der Familie, die alles bestimmt. Ich bin kontrollsüchtig und pedantisch. Mein Vater war sehr dominant und folgte dem Konzept der doppelten Bestrafung: Wenn ich etwas so machte, war es falsch, machte ich es anders, war es auch falsch. Nichts war gut genug, nie, darum habe ich heute so hohe Ansprüche an mich selbst, aber auch an meine Kinder.

Jesper: Hast du versucht, Hilfe und Unterstützung zu bekommen?

Sara: Ich habe jetzt eine Überweisung bekommen und kann mir eine Beratungsstelle suchen. Manchmal werde ich so furchtbar

> Mein Vater war sehr dominant. Nichts war gut genug, nie, darum habe ich heute so hohe Ansprüche an mich selbst, aber auch an meine Kinder.
>
> SARA

Wir würden so gerne von Jesper Juul gecoacht werden. Wir haben zwei Kinder, einen Sohn, vier Jahre alt, und eine Tochter von zweieinhalb Jahren. Unsere Kinder sind viel krank, Mittelohrentzündungen in einem fort. Sie sind mehrmals operiert worden und haben schon oft Antibiotika nehmen müssen.

Ich bin Erzieherin und habe das Gefühl, wenn ich nach Hause komme, mache ich genau das weiter, was ich schon den ganzen Tag getan habe. Wenn die Kinder krank sind, bekomme ich wenig Schlaf. Mein Mann arbeitet häufig abends und auch an den Wochenenden, oft ist er verreist, auch in den Ferien.

Ich bin deprimiert und kraftlos. Vor Kurzem habe ich eine Überweisung zu einem Psychotherapeuten bekommen.

Wir haben keine große Entlastung durch Verwandte.

In unserer Familie ist es sehr unruhig. Unser Sohn hört schlecht und es wird schnell laut. Oft herrscht ein großes Chaos. Unser Sohn ist sehr empfindlich und unsicher. Er gehorcht nicht, und dann kommt es schnell zu „Drohungen".

Ich selbst hatte eine schwierige Kindheit, bestimmt von Bestrafungen und hohen Anforderungen. Nie durfte ich einen Fehler begehen, und das hat dazu geführt, dass ich ein richtiger Pedant geworden bin. Ich wünsche mir so sehr, dass sich meine Geschichte nicht wiederholt.

Wir wünschen uns sehnlichst eine Veränderung und hoffen, dass das Elterncoaching uns helfen wird.

Mit freundlichen Grüßen
Sara und Daniel

wütend, wie mein Vater damals. Er hat das bestimmt auf mich übertragen. Er hat immer anderen die Schuld gegeben, meine Kindheit war beherrscht von Schuld und Schande. Das ist hängen geblieben: Schuld hat immer ein anderer, die Kinder oder jemand im näheren Umfeld. Ich weise nach wie vor sehr schnell die Schuld von mir, für mich liegt die Schuld immer bei jemand anderem.

Daniel: Aber in den letzten Jahren ist es wirklich zusehends besser geworden, weil du dich auch die ganze Zeit damit auseinandersetzt.

Sara: Wenn ich müde bin, dann kommt das zum Vorschein. Da ich in meinem Beruf tagsüber viel mit Kindern zu tun habe, fühlt es sich an, als würde ich zu Hause einfach weiterarbeiten.

Daniel: Ich arbeite oft abends und an den Wochenenden. Wir haben Schwierigkeiten, unsere Arbeitszeiten gut abzustimmen. Saras Job ist anstrengend, und wenn sie nach Hause kommt, muss ich praktisch sofort los zu Arbeit.

Philipp ist dann traurig, dass er nicht mit diesem oder jenem spielen konnte, und Märta hat sich noch nicht so richtig den Raum genommen, den sie eigentlich benötigt. Sie kümmert sich die meiste Zeit um andere.

Jesper: Wie meinst du das?

Daniel: Sie orientiert sich oft an Philipp, passt sich seinen Bedürfnissen an. „Was möchtest du denn haben, Märta?", fragen wir, und sie antwortet: „Philipp möchte das da haben."

Sara: Meine Mutter war ganz genauso. Die Mädchen mussten zu Hause nach dem Rechten sehen. Daniel tut ja, soviel er kann, aber ich bin trotzdem so. Und Märta auch. Ich kann sehen, dass ich das schon auf sie übertragen habe, obwohl sie erst zweieinhalb ist.

Jesper: Wenn man mit einem Vater wie deinem aufwachsen musste, dann ist das sehr traumatisierend. Ich sage das nur, damit du weißt, dass es nicht deine Schuld ist. So etwas sitzt tief im Körper, hat sich dort verfestigt. Es hat sich tief in deine Seele gefressen.

Sara: Ich kann das auch physisch spüren. Wenn ich Menschen mit dominanten Charakterzügen kennenlerne – meist sind es Männer, aber manchmal auch Frauen –, dann bekomme ich furchtbare Angst.

Jesper: Du bekommst Angst, aber du wirst auch wütend. Ich sage

> Wenn man mit einem Vater wie deinem aufwachsen musste, dann ist das sehr traumatisierend. So etwas sitzt tief im Körper, hat sich dort verfestigt.
> **JESPER**

dir das so, damit du verstehst, was da in dir vorgeht. Das kann man nicht ohne Hilfe lösen.

Sara: Manchmal frage ich mich, ob ich besonders empfindlich bin.

Jesper: Nein, in deiner Situation hat man zwei Möglichkeiten. Entweder bewahrt man sich seine Empfindsamkeit und versucht, die Ordnung in seinem Leben durch Kontrolle aufrechtzuerhalten. Oder man kann abstumpfen und innerlich wie tot werden, das tun Kinder manchmal. Sie schalten ihre Gefühle aus und sind im Innern wie tot.

Worauf wollt ihr euch als Familie konzentrieren?

Sara: Die Kinder sind sehr mamafixiert, weil ich so dominant und kontrollsüchtig bin. Es sind halt zweierlei Dinge, eine Erzieherin oder eine Mutter zu sein. Ich bin von Kindesbeinen an daran gewöhnt, immer einen Schritt voraus zu sein, möglichen Konflikten vorzubauen, aber das geht nicht immer. Und dann kommt es zu Auseinandersetzungen. Ich finde es anstrengend, wenn Daniel mit den Kindern schimpft, auf der anderen Seite benötigen wir Regeln und Grenzen. Wenn ich abends mit den Kindern alleine bin, habe ich große Schwierigkeiten, sie ins Bett zu bringen. Ich lasse sie den Ablauf bestimmen.

Jesper: Sie dürfen bestimmen, weil du Angst vor Auseinandersetzungen hast?

Sara: Entweder werde ich superwütend oder sie dürfen bestimmen, aber das klappt natürlich nicht. Dann wird alles viel zu spät. Wir kommen nach Hause, dann werden sie bettfertig gemacht, bekommen Abendessen, dürfen das Sandmännchen sehen und danach gibt es noch einen letzten Snack.

Jesper: Arbeitest du jeden Abend, Daniel?

Daniel: An drei Abenden in der Woche.

Jesper: Und wie ist es, wenn Daniel die Kinder ins Bett bringt?

Daniel: Die wenigen Male, wenn Sara abends weg ist, geht das eigentlich ganz gut, aber wenn Sara und ich beide zu Hause sind, funktioniert es überhaupt nicht. Dann gibt es viel Geschrei von den Kindern, dass ihre Mama das machen soll und nicht ich.

Jesper: Bringst du die Kinder dann trotzdem ins Bett?

Daniel: Ja, aber es dauert lange, bis sie endlich einschlafen.

Jesper: Was bedeutet lange für dich? Zwei Stunden, drei Stunden?

Daniel: Etwa anderthalb Stunden. Und bis dahin stehen sie oft wieder auf und so weiter. Ich werde sauer, nicht gewalttätig, aber fast.

Jesper: Ist das wie ein Machtkampf?

Daniel: Ja, fast. Wie ein Handgemenge, obwohl ich meinen Kindern noch nie etwas angetan habe. Es würde uns guttun, wenn unsere Routinen zu Hause ein bisschen ausgeglichener wären.

Sara: Uns beiden gelingt es einfach nicht, Zeit für uns zu haben. Oft schlafen die Kinder auch noch in unserem Bett. Man sollte doch eigentlich meinen, dass sie in ihren eigenen Betten einschlafen könnten, nachdem man ihnen eine Geschichte vorgelesen hat.

Jesper: Zwei Dinge ...

Sara: Dazu kommt noch, dass ich nicht sofort schwanger geworden bin. Das hat eine ganze Weile gedauert. Dann hatte ich eine Fehlgeburt, was bestimmt dazu geführt hat, dass ich noch ängstlicher um meine Kinder besorgt bin. Oft denke ich: „Die werden sterben, wenn ich zu streng bin." Ich weiß, das ist ein bisschen verrückt. Erst jetzt habe ich realisiert, dass sie ganz gut klarkommen. Aber das habe ich erst jetzt erkannt.

Jesper: Ja, aber so merkwürdig ist das doch gar nicht. Man wird kontrollsüchtig, wenn man sich so fühlt. Ein Teil des Chaos, das bei euch entsteht, spiegelt nur dein inneres Chaos wider. Darum muss ein Großteil eures Projektes als Ziel haben, sich um die Mutter in der Familie zu kümmern. Aber damit habt ihr ja auch schon angefangen. Der zweite Ansatz muss sich mit dem Thema beschäftigen, Verantwortung zu übernehmen, das ist bei euch nicht klar aufgeteilt. Wenn ich euch zuhöre, komme ich zu dem

> Dann hatte ich eine Fehlgeburt, was bestimmt dazu geführt hat, dass ich noch ängstlicher um meine Kinder besorgt bin. Oft denke ich: „Die werden sterben, wenn ich zu streng bin".
>
> SARA

Schluss, dass du, Sara, die gesamte Verantwortung trägst und du, Daniel, hilfst, so gut es geht und übernimmst die Verantwortung für das, was übrig bleibt. Könnte man das so sagen?

Daniel: Ja.

Jesper: Und es wird auch nicht leichter für dich, Sara, wenn Daniel dazukommt und dich entlastet. Du bekommst zwar eine kleine Pause, aber machst danach gleich wieder weiter.

Sara: Ja, ich bin vermutlich berufsgeschädigt. Aber ich kann doch mit meinen Kindern nicht so sein wie mit den Kleinen bei der Arbeit. Dort ist meine Rolle die der Erzieherin, aber zu Hause muss ich doch Mama sein. Wahrscheinlich ist es nicht gut für mich, mit Kindern zu arbeiten. Ich kann doch zu Hause nicht einfach weiterarbeiten …

Jesper: Es gibt zwei Möglichkeiten. Entweder entscheidest du dich, einen Teil der Verantwortung abzugeben, oder Daniel muss versuchen, sie dir zu stehlen. Und das ist schwer! Du lässt keinen mitmachen und gleichzeitig setzt dich das so unter Druck.

Sara: Ich kann nicht loslassen. Und wenn etwas passiert, habe ich immer das Gefühl, dass es meine Schuld war. Zum Beispiel die Ohrenprobleme der Kinder. Philipp muss operiert werden, ich habe das Gefühl, ich bin schuld. Obwohl ich so nicht denken sollte, ich weiß.

Daniel: Natürlich fühle ich mich für meine Kinder verantwortlich, aber nicht dafür.

Jesper: Wenn es um Schuld geht, Sara, bist du wie ein Schwamm.

Sara: So war es ja auch in meiner Kindheit.

Jesper: Was hinter dem Kontrollzwang steckt, ist, dass du zwar deine Kinder schützt, aber du schützt auch das Kind in dir.

Sara: Ich will meine Kinder davor beschützen, dass sie dieselbe Kindheit erleben müssen wie ich. Ich schütze meine Kinder.

Jesper: Aber es gibt einen wesentlichen Unterschied. Was dein Vater getan hat, war viel manipulativer als dein Verhalten, wenn du die Geduld verlierst. Du zeigst deine Gefühle; was dein Vater

> **Es gibt zwei Möglichkeiten. Entweder entscheidest du dich, einen Teil der Verantwortung abzugeben, oder Daniel muss versuchen, sie dir zu stehlen.**
> JESPER

getan hat, hat sich in deinem Körper verfestigt. Ihr habt lediglich eine Auseinandersetzung, natürlich ist das doof, aber so ist das nun einmal. „Manchmal wird Mama wütend, manchmal der Papa, manchmal bin ich wütend." Das ist nicht schädlich. Doch es wäre sinnvoll, wenn das möglich ist, mit der Aufteilung der Verantwortung zu beginnen. Natürlich weiß ich, dass du, Sara, alles kontrollieren willst, wenn ihr euch die Verantwortung teilt. Aber dann muss Daniel einen Weg finden, sich dagegen zu wehren, es dir, Sara, sagen zu können.

Sara: Ich habe große Schwierigkeiten, die Kontrolle abzugeben, ich überprüfe gerne noch einmal alles.

Jesper: Ich weiß und ich verstehe das, das hast du von deinem Vater mitbekommen. Ich wohnte in einem Haus mit vier anderen Familien, als ich Vater wurde. Wenn ich mit meinem Sohn spazieren gehen wollte, gab es also fünf verschiedene Ansichten, was man zu tun hatte. Ob mein Sohn eine Mütze tragen sollte oder nicht. Zum Schluss war ich beinahe davon überzeugt, dass er auf dem Spaziergang garantiert sterben würde.

Daniel: Ich weiß genau, wie sich das anfühlt.

Jesper: Und irgendwann dachte ich: Wenn er stirbt, dann stirbt er eben, das ist dann meine Verantwortung. Man wird in solchen Situationen ja auch selbst ein bisschen kindisch.

Sara: Ich versteh das. Der Grund ist auch nicht wirklich, dass ich Daniel nicht vertraue oder nicht finde, dass er kompetent genug ist. Aber meine Unsicherheit färbt auf die Kinder ab und die werden dann ganz leicht unruhig.

Daniel: Wie können wir das lösen?

Jesper: Es würde wohl am meisten helfen, wenn ihr darüber sprecht: „Wie können wir am besten die Verantwortung aufteilen?", „Was müssen wir tun, damit wir beide gleich viel Macht und Verantwortung in der Familie haben?" Versucht, die Macht in eurer Familie auszubalancieren. Das würdet ihr auch tun, wenn ihr Probleme mit einem Kollegen hättet.

Dass Daniel sich dis-
qualifiziert, liegt nicht
an ihm oder an den
Gefühlen der Kinder,
sondern an deinen
Botschaften, Sara!
JESPER

Eure Kinder erhalten die konstante Botschaft: „Mama ist die Beste, Papa ist nur der Zweitbeste." Dass Daniel sich disqualifiziert, liegt nicht an ihm oder an den Gefühlen der Kinder, sondern an deinen Botschaften, Sara! Und diese Botschaften sind sehr dominant!

Sara: Ja, das stimmt.

Jesper: Diese Botschaften sind meistens wortlos, aber sehr stark. Bei kleineren Kindern beobachte ich häufig, dass die Mutter die Wohnung verlassen muss, wenn der Vater die Kinder ins Bett bringen soll. Das ist das eine, was ihr berücksichtigen könntet. Das andere wäre, wenn es sich für euch richtig anfühlt, dass ihr euch mit den Kindern zusammensetzt und ihnen sagt, wie ihr euch fühlt und wie ihr die Situation in der Familie seht. Sagt ihnen, dass es nicht ihre Verantwortung und auch nicht ihr Fehler ist, sondern eure Verantwortung und euer Fehler, und dass ihr jetzt etwas daran ändern wollt. Um Märta müsst ihr euch keine Sorgen machen, sie wird sich das nehmen, was sie braucht. Sie kennt ihren Platz in der Familienhierarchie. Aber Philipps Verhalten und seine Krankheiten haben euch viel Kraft gekostet. Und es ist toll, dass Märta so reagiert hat, wie ihr es geschildert habt: „Okay, ich mache es selbst."

Um die Kinder mache ich mir keine Sorgen. Aber ich finde, ihr könntet an der „gemeinsamen Musik" arbeiten, die zu Hause bei euch gespielt wird. Wie klingt die Familie? Sie ist ein wenig unharmonisch. Und daran könnt ihr etwas ändern. Sara, du nimmst dir das Recht heraus und sagst: „Jetzt lege ich mein Kontrollbedürfnis ab." Das dauert lange, du musst sehr geduldig sein. Aber solange in dir Chaos herrscht, herrscht auch in den Kindern Chaos. Du kannst dein Problem nicht an ihnen wegerziehen.

Sara: Sie spüren das sofort, meinst du das so?

Jesper: Ja, und dafür können sie nichts. Du trägst dafür die Verantwortung und musst dir entsprechende Hilfe suchen. Dein

Mann muss dir dabei helfen. Er muss sich einmischen und sagen: „Ab jetzt bin ich zuständig."

Sara: Ja, denn sonst kann ich genauso gut alleinerziehend sein.

Jesper: Wenn du es nicht tust, bleibt alles an dir hängen.

Sara: Meine Mutter hat sich immer für die Familie geopfert, sie hatte nie ein Privatleben. Ich bin genauso. Ich opfere mich, damit Daniel seinen Freizeitaktivitäten nachgehen kann.

Jesper: Aber dein Mann ist nicht wie dein Vater.

Daniel: Und ich habe auch nie gesagt, dass ich das unbedingt machen muss und du nicht darfst.

Jesper: Ich glaube, es ist auch nicht einfach, mit dir zu verhandeln, Sara. Man kann sich nicht darauf verlassen, dass du Ja sagst, wenn du Ja meinst, und dass du Nein sagst, wenn du Nein meinst. Du musst lernen, Ja zu dir selbst zu sagen. Du musst die ganze Zeit 200 Prozent geben, um sicher zu sein, dass es reicht. Das ist deine Krankheit. Natürlich macht einen das müde. Menschen, die unter solchen Umständen wie du groß geworden sind, müssten eigentlich auf Staatskosten eine ganz ausgedehnte Wellnessreise machen dürfen, um sich ausruhen zu können.

Sara: Ich stehe die ganze Zeit unter Strom, bin immerzu wachsam und vertraue niemandem – auch nicht Daniel.

Jesper: Aber wenn du sagst, dass dein fehlendes Vertrauen mit dir selbst zu tun hat, fällt es Daniel vielleicht leichter, sich einzumischen. Wenn du dich dagegen darüber beschwerst, dass er zu wenig oder alles falsch macht, wird es schwieriger für ihn.

Sara: Ja.

Jesper: Dann bleibt Daniel nichts anderes übrig, als sich zurückzuziehen.

Sara: Und das ist dann der Auftakt für den nächsten Streit.

Jesper: Daniel, du musst dir eine Sache bewusst machen, aber das weißt du ja auch schon: Du bist mit einer jungen Lady verheiratet, die nicht weiß, was gut für sie ist. Wenn sie also das Sagen hat, ist das nicht gut.

Daniel: Aber wenn Sara nicht das Sagen hat, ist das so ungewohnt und merkwürdig. Und dann funktioniert es auch nicht.

Jesper: Ja, das wird dauern. Sara muss rausgehen, wenn Daniel das Steuer übernehmen soll. Erst dann kann Sara ihre Kapitänsmütze ablegen. Es ist unmöglich für Daniel, die Verantwortung zu übernehmen, wenn du zu Hause bist, Sara. Ich spreche hier nicht von Machtkämpfen, sondern davon, dass du nicht weißt, was gut für dich ist. Du weißt und machst das, was dir deine erlernte Überlebensstrategie signalisiert. Aber die Muster, die dich deine Kindheit haben überstehen lassen, machen es dir jetzt als Erwachsene unmöglich, frei zu leben. Obwohl du dich mit deiner Mutter vergleichst, bist du doch ganz anders als sie. Und dein Mann ist ganz anders als dein Vater. Dein Leben ist ein ganz anderes.

Es ist unbedingt notwendig, dass du aufhörst, Daniel zu disqualifizieren.

Sara: Ja, auf lange Sicht hat das keine Zukunft.

Jesper: Auch auf kurze Sicht nicht. Du musst den Kindern und Daniel gegenüber offen aussprechen, dass du Schwierigkeiten hast, Verantwortung abzugeben, aber dass du deswegen nicht findest, dass Daniel der schlechteste Papa der Welt ist.

Sara: Er ist ein guter Vater. Aber ich erlaube ihm nicht, es zu sein.

Jesper: Es ist hart, mit deinem Perfektionismus zu leben, aber am meisten leidest du selbst darunter, denn die Ansprüche, die du an Daniel stellst, sind nichts im Vergleich zu denen, die du an dich selbst stellst. Wenn man so ist, muss man sich Hilfe von außen holen. Sonst wirst du eines Tages einsamer sein, als dir guttun wird.

Und als Mann benötigt man ein ganz gesundes Selbstwertgefühl, um zu so einer starken und intelligenten Frau wie dir zu gehen und zu sagen: „Jetzt weiß ich, was das Beste ist. Ich übernehme jetzt die Verantwortung." Das trauen sich nicht viele Männer.

> Die Muster, die dich deine Kindheit haben überstehen lassen, machen es dir jetzt als Erwachsene unmöglich, frei zu leben.
> JESPER

Sara: Ich hoffe sehr, dass ich bald mit einer Therapie beginne, ich habe ja schon eine Überweisung.

Jesper: Es gibt also drei Ansätze. Der eine ist die Hilfe von außen. Der zweite ist, dass du anfängst, Daniel zu vertrauen. Und der dritte ist, dass du, Daniel, darauf bestehst, dass *du* die Kapitänsmütze trägst, wenn du zuständig bist. Dann muss Sara in die Kajüte. Das kann hart für sie werden.

Daniel: Aber welche Möglichkeiten haben wir, unsere Kinder stark zu machen?

Jesper: Das werden sie von ganz allein! Sie werden bald eine Mutter und einen Vater haben, die auf sich achtgeben. Dadurch wird die gesamte Familie stark. Dann seid ihr vier starke Individuen, die alle einen Platz haben.

Sara: Dann geben wir ihnen gesunde Signale?

Jesper: Ja, und ich finde außerdem, dass du, Sara, deinen Job wechseln solltest, wenn das möglich ist. So, wie es im Moment aussieht, verbrauchst du deine ganze Energie damit, anderen zu helfen. Das hast du dein ganzes Leben geübt. Du hast ständig sehr hohe Ansprüche an dich. Die Menschen gehen bei dir wie in einem Selbstbedienungsladen ein und aus und nehmen, was sie brauchen.

Sara: Wenn ich mir mein Recht nehme, tut es mir gut. Aber sobald es mit den Kindern Probleme gibt, löst das in mir ein heilloses Chaos aus.

Daniel: Sara reißt in allen Lebenslagen die Verantwortung an sich. Immer bist du es, die zuständig ist. Und alle erwarten das mittlerweile auch.

Jesper: Ja, du solltest keine Führungstätigkeit ausüben, nicht als Chef arbeiten. Du wirst ein furchtbar schlechter Chef sein, solange du dich so verhältst wie jetzt. Du kannst nichts delegieren. Was dein Vater dir vermittelt hat und was du so tief verinnerlicht hast, ist, dass du nichts wert bist und dass du kein Recht dazu hast, Nein zu sagen oder deine Grenzen aufzuzeigen. Du weißt genau, was richtig und was falsch ist, aber nicht für dich, nur für andere. Und für Daniel ist es fast unmöglich, dir zu helfen, er ist zu nah dran. Dafür benötigst du professionelle Hilfe. Denn dein innerer Stress hat sich über viele Jahre aufgebaut.

Jesper Juuls Tipps für Sara und Daniel
- Hole dir professionelle Hilfe. Bei bestimmten Problemen müssen außenstehende und entsprechend ausgebildete Menschen helfen.
- Wenn die eine Seite es nicht schafft, Verantwortung abzugeben, dann muss die andere Seite aktiv werden und die Verantwortung übernehmen.
- Wenn man weiß, dass man ein Mensch ist, der schnell Schuld und Verantwortung auf sich lädt, sollte man keinen Beruf haben, bei dem man andere betreut und versorgt.
- Es ist nichts falsch daran, sich um sich selbst zu kümmern, auch nicht als Eltern. Im Gegenteil! Damit gibt man seinen Kindern gesunde Signale und hilft allen Familienmitgliedern dabei, zu starken Individuen zu werden.

RÜCKBLICK

Sara: Als wir zu Hause ankamen, waren wir furchtbar erschöpft und müde. Es war sehr anstrengend gewesen. Mich hat überrascht, wie schnell Jesper Juul unsere Situation erfasst hatte und sie genau benennen konnte. Seit unserem Coaching haben wir uns noch intensiver um einen Therapieplatz bemüht. Wir haben sogar angefangen, die Kinder früher ins Bett zu bringen.

Daniel: Das Coaching ist wirklich ganz schön anstrengend gewesen, und wir haben unsere Pläne für den Abend verschoben. Stattdessen saßen Sara und ich zusammen und haben uns unterhalten. Sehr viel hat sich um Saras Wohlbefinden und ihre Situation gedreht. Das hatte ich nicht erwartet, ich hatte gehofft, wir würden ein paar konkrete Ratschläge bekommen: „Macht mal so oder so." Aber ich habe verstanden, dass es der ganzen Familie gut geht, wenn es Sara besser geht und sie Hilfe bekommt. Ich versuche mittlerweile, häufiger zuständig und aktiver zu sein, auch wenn Sara zu Hause ist. Aber einfach ist das nicht. Märta ist nach wie vor sehr auf Sara bezogen. Ich will so gerne mehr machen, aber wenn die Kinder nach mir treten und Mama, Mama schreien, zerreißt es mir das Herz und ich denke: „Was mache ich falsch, warum bin ich nicht gut genug?"

Die wütende, traurige Julia ist extrem auf ihre Mutter fixiert

Ann-Sofie und Jorge sind die Eltern von Julia, 6 Jahre, und Agnes, 4 Jahre.

Ständiger Streit, Geschrei und Auseinandersetzungen bestimmen den Alltag zu Hause bei Ann-Sofie und Jorge, Julia und Agnes. Ann-Sofie hat ein besonderes Verhältnis zu ihrer älteren Tochter Julia, das sich durch viel Streit, aber auch durch eine große Nähe zueinander auszeichnet.

Ann-Sofie und Jorge haben Jesper Juul geschrieben, um ihr Leben in den Griff zu bekommen, das zum größten Teil von der älteren Tochter Julia bestimmt wird. Auseinandersetzungen sind an der Tagesordnung, meist zwischen Julia und Ann-Sofie, viele Tränen, viel Streit und Geschrei. Auch die Schwestern streiten häufig miteinander, oft benutzt Julia ihre kleine Schwester Agnes, um sich abzureagieren.

Ann-Sofie hat das Gefühl, dass sie in den Augen ihrer Tochter Julia nichts richtig machen kann. Gleichzeitig ist Julia total abhängig von ihrer Mutter und will sie am liebsten nicht aus den Augen lassen. Die Eltern erleben Julia als ein Kind mit einem geringen Selbstwertgefühl und möchten ihr und damit der ganzen Familie helfen.

Jesper: Wie war es, als Julia auf die Welt kam?
Ann-Sofie: Das war eine große Umstellung.
Jorge: Wir waren gerade dabei, unser Haus zu bauen, und ich habe nebenbei meine Doktorarbeit geschrieben und war vermutlich mit den Gedanken ganz woanders…
Ann-Sofie: Ich kann dazu nur sagen: Baut kein Haus, solange ihr kleine Kinder habt!

Hallo!

Wir haben zwei Kinder, vier und sechs Jahre alt. Mit unserer älteren Tochter Julia haben wir die meisten Schwierigkeiten, vor allem zwischen Mutter und Tochter.

Ein typischer Konflikt: Ich hole Julia vom Kindergarten ab. In den ersten fünf bis zehn Sekunden wirkt sie froh darüber, dass ich gekommen bin, und ich bekomme sogar einen Kuss. Doch dann geht es los. Sie will weder nach Hause gehen noch sich ihre Sachen anziehen und beschimpft mich und ihre kleine Schwester Agnes, die auch dabei ist. Die geringsten Kleinigkeiten sorgen für einen Wutausbruch, zum Beispiel wenn Agnes sie aus Versehen berührt, sie zu viel singt oder Julia befürchtet, wir würden nicht auf sie warten. (Obwohl wir nur ein paar Meter vor ihr laufen.) Sie regt sich also nur stellvertretend über diese Dinge auf, der Grund muss ein anderer sein.

Der Wutausbruch endet häufig in Tränen, Geschrei und Verkündigungen wie: „Niemand mag mich!", oder: „Ich will hier nicht mehr wohnen!", oder: „Ich will nicht mehr leben, dann gibt es auch keinen Streit mehr!"

Ich versuche dann immer, in sachlichem Ton anzusagen, dass wir jetzt trotzdem nach Hause fahren werden, und vermeide es, mit ihr zu diskutieren. Dann aber ist sie der Auffassung, dass ich mich nicht für sie interessiere, ihr gar nicht zuhöre und zu schnell gehe. Alles, was ich tue, ist falsch.

Ein anderes Problem ist, dass die Mädchen viel miteinander streiten. Meistens ärgert die große die kleine Schwester. Sie sagt oft, dass sie die kleine Schwester nicht leiden kann, dass sie sich wünscht, dass es sie gar nicht gebe. Daraufhin wird Agnes verständlicherweise traurig und wütend.

Gut geht es niemandem damit. Julia geht es ganz offensichtlich nicht gut, uns wird alle Energie entzogen und Agnes findet es anstrengend, dass ihre Schwester immer so aggressiv ist.

Als sie klein war (mit etwa einem Jahr), hatte Julia Affektkrämpfe. Beim ersten Mal war das ein großer Schock für mich, ich dachte, sie würde in meinen Armen sterben. Das hat, glaube ich, dazu geführt, dass wir ein sehr besonderes Verhältnis zueinander haben. Sie war mir immer sehr nahe. Hatte immer Schwierigkeiten, mich gehen zu lassen. Sie ist mir nie weggelaufen, wollte immer, dass ich bei Kindergeburtstagen dableibe, und will am liebsten immer in meiner Nähe sein. Sie ist immer ein bisschen wie eine Klette gewesen, was mich manchmal furchtbar angestrengt hat. Ich fühlte mich so angebunden und erdrückt.

Wir würden nichts lieber tun, als ihr Selbstwertgefühl zu stärken und ihre Wutausbrüche zu minimieren, damit es der ganzen Familie wieder besser geht.

Mit freundlichem Gruß
Ann-Sofie und Jorge

Jesper: Ja, das klingt wirklich, als wäre da viel los gewesen! Vielleicht könnte man auch sagen: Schreibt keine Doktorarbeit, wenn ihr kleine Kinder habt!

Jorge: Hinzu kam, dass Ann-Sofie zu dem Zeitpunkt arbeitslos und ziemlich deprimiert war.

Ann-Sofie: Und du warst sehr mit dir beschäftigt. Es fühlte sich so an, als hätte Jorge nur Gedanken für seine Forschungsarbeit.

Jorge: Julia war zwei und im Trotzalter.

Ann-Sofie: Wir hatten viele Routinen, sonst wurde es sofort unruhig. Julia wollte zum Beispiel immer Agnes wecken, wenn sie schlief. Ich fand die Situation sehr anstrengend und fühlte mich total isoliert.

Jesper: Wie hat Julia auf die Nachricht reagiert, dass sie eine Schwester bekommt?

Ann-Sofie: Ich glaube, sie hatte Schwierigkeiten, das zu verstehen.

Jorge: Ich fand, sie wirkte neutral, weder froh noch wütend.

Ann-Sofie: Wir haben viel über das Baby in meinem Bauch gesprochen. Am Anfang war auch alles in Ordnung, problematisch wurde es erst, als Agnes anfing zu krabbeln und Julias Spielsachen kaputt machte.

Jesper: Erinnert ihr euch, was ihr gesagt habt? Wie habt ihr euch verhalten?

Ann-Sofie: Im Nachhinein, vermute ich, war unsere Reaktion falsch. Es ging oft darum, dass Julia Rücksicht nehmen sollte. Dass sie dem Baby Platz machen sollte.

Jesper: Mir scheint, dass Julia gar keine Zeit hatte, sich darauf einzustellen, dass nicht nur ein Kind dazukommen, sondern sie auch 50 Prozent ihres Lebens verlieren würde.

> Julia hat immer schon meine Nähe gesucht. Sie behält mich viel mehr im Auge als ich sie.
> ANN-SOFIE

Ann-Sofie: Julia hat immer schon meine Nähe gesucht. Sie behält mich viel mehr im Auge als ich sie. Das hatte gute und schlechte Seiten. Zum einen hat mich das genervt, auf der anderen Seite musste ich mir nie Sorgen darüber machen, wo sie war.

Jesper: Das zeigt, wie viel Geborgenheit sie benötigt.

Ann-Sofie: Ja, und sie liebt Routinen. Sie möchte früh auf Ereignisse vorbereitet werden. Sie will immer genau wissen, wie der Tag ablaufen wird.

Jesper: Ist das jetzt immer noch so?

Ann-Sofie: Ja, sie will genau Bescheid wissen.

Jorge: Zu Hause will sie auch im gleichen Stockwerk sein, sonst fragt sie sofort: „Wo ist Mama?"

Jesper: Das ist eine Art Paradoxon. Es ist offensichtlich, dass sie ein großes Bedürfnis nach Nähe und Geborgenheit hat. Gleichzeitig ist sie eine starke Persönlichkeit und weiß genau, was sie will. Und so war es von Anfang an?

Ann-Sofie: Ja. In deinem Buch *Nein aus Liebe* geht es auch um autonome Kinder. Ich habe vieles in Julia wiedererkannt: Sie will ihren eigenen Weg gehen, man soll ihr zuhören und ihr Alternativen anbieten. Dann funktioniert alles.

Jesper: Kannst du mir dafür ein Beispiel aus eurem Alltag geben?

Ann-Sofie: Wenn sie sich anziehen soll, zum Beispiel. Dann kann man nicht einfach sagen: „Zieh den braunen Pullover an." So geht gar nichts mehr. Wir müssen sagen, dass es den braunen und den roten Pullover gibt, damit sie zwischen zwei Sachen wählen kann. Wenn wir sagen: „Zieh den braunen an, wir müssen los", dann passiert gar nichts.

Jesper: Aber so würdest du doch auch reagieren, oder?

Ann-Sofie: Ja, stimmt schon. Oder wenn es um physischen Kontakt geht: Sie ist sehr körperlich, aber es darf nur auf ihre Initiative hin geschehen. Dann aber kommt sie schon in unsere Arme gekrochen und kuschelt.

Jesper: Was funktioniert denn nicht?

Ann-Sofie: Sie hatte als Kleinkind Affektkrämpfe, und jetzt hat sie immer wieder furchtbare Wutausbrüche. Oder wenn wir sie von der Schule abholen – meistens mache ich das –, dann will sie nicht mitkommen. Und sie findet alles ungerecht, manchmal habe ich fast den Eindruck, dass jede einzelne Begebenheit

> „
> Es ist offensichtlich, dass sie ein großes Bedürfnis nach Nähe und Geborgenheit hat. Gleichzeitig ist sie eine starke Persönlichkeit und weiß genau, was sie will.
> JESPER

89

ungerecht ist, auch wenn sie gerecht ist. Ich finde es irgendwie komisch, darüber zu sprechen, während Julia mit im Raum ist.

Jesper: Das macht nichts, erzählt einfach weiter!

Jorge: Sie dramatisiert alles immerzu, will die ganze Aufmerksamkeit.

Ann-Sofie: Und sie sagt, wir würden Dinge tun, um ihr zu schaden. Wenn wir uns streiten, sagt sie oft, dass wir ihr nur Böses wollen. Aber natürlich ist das nicht so. Wir streiten viel, allerdings wirst du das heute wahrscheinlich gar nicht miterleben.

Jorge: Heute Morgen zum Beispiel passten ihre Strümpfe nicht. Da wurde sie furchtbar wütend.

Ann-Sofie: Es sind meistens diese Alltagssituationen, da herrscht eine ständige Ungewissheit.

Jorge: Es kann wegen allem und jedem und jederzeit passieren. Man weiß nie, wann es losgeht. Das kommt wie ein Blitz aus heiterem Himmel.

Jesper: Habt ihr schon einmal versucht, mit ihr in Friedenszeiten zu sprechen und ihre Version von der Situation zu erfahren?

Jorge: Nein, wenn es vorbei ist, ist es vorbei. Es ist nicht so, dass sie hinterher schmollend durch die Gegend läuft.

Ann-Sofie: Ein stabiler Blutzuckerwert ist wichtig für sie. Sie muss in regelmäßigen Abständen Mahlzeiten bekommen, da ist sie wie ihre Mutter! Aber ich befürchte auch, dass sie ein sehr geringes Selbstwertgefühl hat.

Jesper: Es stimmt, sie wirkt nicht besonders zufrieden mit sich selbst. Alles scheint schwer für sie zu sein, und sie gibt anderen die Schuld, wenn es ihr nicht gut geht.

Ann-Sofie: Oft höre ich sie sagen: „Was für eine hässliche Zeichnung" oder „Wie hässlich ich bin".

Jesper: Und was antwortest du darauf?

Ann-Sofie: Ich frage sie, was sie daran hässlich findet, und sage dann: „Das finde ich nicht."

Jesper: Wenn wir ihre Worte anders verknüpfen, würde das unge-

> **Sie dramatisiert alles immerzu, will die ganze Aufmerksamkeit.**
> JORGE

91

fähr so klingen: „Ich fühle mich nicht richtig, wie ich bin", „Ich brauche meine Mama", „Ich fühle mich in dieser Familie nicht willkommen", „Ich bin mir nicht sicher, ob ich okay bin, so wie ich bin, und ich bin mir unsicher, welche Position ich hier habe". Könnte das so stimmen, was meint ihr?

Jorge: Ja.

Jesper: Niemand weiß genau, warum das so ist, wie viel davon genetisch ist und so weiter. Die Frage ist vielmehr, was ihr ab heute, ab morgen anders machen könnt.

Ich würde gerne mehr darüber erfahren, was Julia so denkt und findet. An eurer Stelle würde ich versuchen, mehr über ihr Gefühlsleben in Erfahrung zu bringen. Ein israelischer Familientherapeut hat mir vor Kurzem gesagt: „Schmiede das Eisen nicht, solange es warm ist, schmiede es, wenn es kalt ist."

Ann-Sofie: Ich versuche, sie in Ruhe zu lassen, wenn es zu einem Konflikt kommt.

Jesper: Ich glaube, ihr müsst mit eurer Beziehung zu Julia noch einmal ganz von vorne anfangen. Ihr hattet ziemlich viel um die Ohren mit dem Hausbau, der Doktorarbeit, und du, Ann-Sofie, musstest die Hauptverantwortung tragen. Dann habt ihr eure zwei Kinder auch noch kurz hintereinander bekommen. Sprecht mit ihr. Sagt ihr, dass ihr – die Erwachsenen – ab heute etwas ändern wollt. Es ist vollkommen in Ordnung, Dinge zu sagen, die sie nicht versteht. Wichtig ist nur, dass ihr wirklich meint, was ihr sagt. Sagt ihr, dass ihr Hilfe benötigt, damit es für alle besser wird. Es wird ihr Selbstwertgefühl stärken, dass ihre Hilfe benötigt wird. Das wird später für sie auch in anderen Beziehungen wichtig werden.

Sie hat sich innerhalb der Familie isoliert und fühlt sich ohnehin allein. Niemand von euch hat das so gewollt und niemand weiß, warum es dazu gekommen ist. Aber jetzt ist es eure Aufgabe, diese Situation zu ändern. Sagt nicht: „Du hast ein Problem", oder: „Du bist schwierig." Sagt stattdessen lieber: „Jetzt

> Ich würde gerne mehr darüber erfahren, was Julia so denkt und findet. An eurer Stelle würde ich versuchen, mehr über ihr Gefühlsleben in Erfahrung zu bringen.
> JESPER

haben wir beschlossen, dass wir mehr über unsere große Tochter erfahren wollen." Wenn das Eisen kalt ist, geht das leichter. Fragt sie ab und zu: „Wie findest du dieses oder jenes?" „Wie findest du deine kleine Schwester, wenn sie dies oder das macht?" Aber nicht, um mit ihr zu diskutieren oder sie zurechtzuweisen.

Ann-Sofie: Wir sollen ihr nur zuhören?

Jesper: Genau. Wenn sie sagt, ihr würdet nur Sachen machen, um ihr zu schaden, fragt sie am nächsten Tag, warum sie das denkt und ob sie das noch immer wirklich glaubt. Wertet ihre Worte nicht, sondern denkt darüber nach. Antwortet sie, dass sie davon überzeugt ist, hakt nach, warum. Und wenn sie dann sagt, dass sie es nicht genau weiß, bietet ihr an, dass sie es euch erzählen kann, wenn sie es weiß. Ich bin nicht der Meinung, dass sie ein typisches autonomes Kind ist. Sie kennt ihre Bedürfnisse sehr genau. Sie muss früh genug wissen, was passieren wird. Und was sie sagt und denkt, ist relevant und glaubwürdig. Ihr müsst ihr zuhören. Was sie dann sagt, ist wichtig.

Ihr habt angedeutet, dass es besser geworden ist, je älter sie wird. Wäre es andersherum gewesen und hätte ihr Verhalten sich verstärkt, würde ich mir Sorgen machen. Aber so ist es nicht. Als Kind muss man sich zu so vielen Dingen verhalten, wenn man jeden Tag eine halbe Million neue Sachen lernt ... Sie muss gar nicht erzogen werden, sie benötigt vielmehr eine empathische Anleitung, solange das möglich ist.

Ann-Sofie: Das wird ja ein Balanceakt.

Jesper: Aber wenn ihr zum Beispiel sagt: „Du kannst zwischen dem braunen und dem roten Pullover wählen", dann könntet ihr vorschlagen: „Heute wird es kalt, vielleicht wäre der braune besser." Dann hat sie noch immer die Möglichkeit, zu wählen. Es ist sehr wichtig, dass ihr das jetzt in Angriff nehmt, zusammen mit ihr. Und dass ihr für sie da seid. Ansonsten wird es in zehn Jahren hart!

> " Sprecht mit ihr. Sagt ihr, dass ihr – die Erwachsenen – ab heute etwas ändern wollt. Es ist vollkommen in Ordnung, Dinge zu sagen, die sie nicht versteht. Wichtig ist nur, dass ihr wirklich meint, was ihr sagt.
> JESPER

> " Sie muss gar nicht erzogen werden, sie benötigt vielmehr eine empathische Anleitung.
> JESPER

93

Ann-Sofie: Ich habe schon jetzt Angst davor.

Jesper: Wenn man so eng verbunden ist wie ihr beide und wenn man als Mädchen auch noch seiner Mutter ähnelt, dann kann es sehr schwer werden. Da ist es einfacher mit dem Vater. Wenn man zwölf ist, weiß man ganz genau: „Ich werde niemals werden wie er."

Ann-Sofie: Ich habe genau dasselbe gesagt, als ich klein war. Und dann bin ich trotzdem wie meine Mutter geworden.

Jesper: Es ist ganz wichtig, Jorge, dass du zusammen mit Julia Sachen unternimmst. Das wird für sie wie ein Urlaub sein.

Ann-Sofie: Ist es wichtig, dass ich einen klaren Standpunkt vertrete, wenn ich mich auf eine Auseinandersetzung mit Julia einlasse?

Jesper: Ja, das ist richtig. Wenn man die Frequenz von Konflikten in Familien vergleicht, stellt man fest, dass es heute nicht mehr sind als früher. Aber sie kommen in kürzeren Abständen vor, weil wir weniger Zeit mit den Kindern verbringen. Nähe kann auch durch Auseinandersetzung entstehen.

Ann-Sofie: Dann sind diese Konflikte gut? Aber die Mädchen streiten auch so viel miteinander.

Jesper: Rein moralisch ist das nicht gut. Als Eltern kann man zwei Dinge tun. Man kann versuchen, alles so gerecht wie möglich zu machen, aber das funktioniert nicht. Oder man kann sich damit beruhigen, dass unser Leben nach der Kindheit nicht vorbei ist.

Wenn Julia ihrer Schwester ein Bein stellt, könnt ihr sagen: „Ich finde das nicht gut, wenn du so etwas machst. Was meinst du dazu?" Ihr müsst gemeinsam herausbekommen, wer Julia eigentlich ist. Was für ein Kind habt ihr da bekommen? So, wie es jetzt im Moment ist, ist sie eine Mischung aus dem, was ihr glaubt, was sie sagt und was ihr euch wünscht.

Ann-Sofie: Ein Bein zu stellen ist eine Sache, aber sie ist Agnes gegenüber so herablassend. Das macht Agnes so traurig.

Jesper: Julia weiß genau, was ihr denkt. Wir haben so viel darüber gesprochen, was für Julia gut ist, ich glaube aber auch, dass Agnes dadurch gestärkt wird. Ich habe ein paar Jahre lang in den USA gearbeitet, da gab es den Trend, dass Geschwister zusammen in die Therapie gehen sollten. Es stellte sich heraus, dass die Jüngeren davon genervt waren, dass ihre Eltern sie ständig in Schutz genommen hatten. Das hatten sie als demütigend empfunden.

Ann-Sofie: Man möchte aber am liebsten, dass es aufhört.

Jesper: Das verstehe ich gut, aber man muss es nicht übertreiben.

Ann-Sofie: Häufig löst sich der Konflikt von ganz allein. In der Regel können sie das selbst lösen.

Jesper: Es ist nicht leicht, Julia zu sein.

Ann-Sofie: Man kann ja auch ganz deutlich sehen, dass es ihr nicht gut geht.

Jesper: Sie ist sehr bewusst, sehr zielbewusst. Wenn sie eine Sache durchdacht hat, dann weiß sie, was sie will. Zwischen ihren beiden Hirnhälften ist viel Verkehr. Und sie trifft ihre Entscheidungen selbst.

Ann-Sofie: Das ist richtig. Wenn sie etwas entschieden hat, dann ist das so.

Jorge: Darum vermeiden wir, Fragen zu stellen, bei denen wir eine bestimmte Antwort hören wollen.

Ann Sofie: Sie ist sehr häuslich.

Jesper: Sie weiß, was ihr guttut, sie weiß, was sie tun muss, um maximale Geborgenheit zu bekommen. Und da müsst ihr aufmerksam sein. Das sind keine Dummheiten, und im Laufe der Zeit werden ihre Sprungfedern immer kräftiger werden.

Ann-Sofie: Sie kann bei mir genau die richtigen Knöpfe drücken und meine wunden Punkte treffen.

Jorge: Sie weiß genau, was sie machen muss, damit du ausflippst.

Jesper: Ist das ein Problem für dich? Ist das nicht auch ein bisschen der Sinn des Kinderhabens?

95

Ann-Sofie: Doch, man erfährt eine ganze Menge über sich selbst. Du meinst also, dass wir viel mit ihr sprechen sollen?

Jesper: Genau, so als würdet ihr mit eurem besten Freund sprechen. „Ist das wirklich deine Meinung?" Denn es ist nicht angenehm, sich wie ein Kind zu fühlen und so behandelt zu werden, wenn man sich ohnehin isoliert fühlt. Wir wissen nicht, warum sie so auf dich fixiert ist, ob es daran liegt, dass ihr Vater in den ersten Jahren so viel gearbeitet hat oder weil du dich so einsam gefühlt hast.

Ann-Sofie: Aber ich leide wirklich unter den vielen Auseinandersetzungen, die wir immerzu haben.

Jesper: In der Psychologie unterscheidet man zwei Typen von Menschen: den nordischen und den südeuropäischen. Julia scheint mir eher der südeuropäische Typ zu sein, bei denen wird es gerne etwas lebhafter, als würde man in der Oper wohnen.

Ann-Sofie: Genau! Alles ist immer so dramatisch. Entweder hopp oder top. Wir waren vor Kurzem bei Ikea, das war eine einzige Katastrophe.

Jesper: Nein, Julia wird wohl niemals ein Ikea-Kind werden ...

Ann-Sofie: Aber glaubst du, dass sie ihre Gefühle in etwas Kreatives umwandeln kann?

Jesper: Auf jeden Fall hat sie genug Energie, um eine Kleinstadt zu heizen. Wenn sie auf vollen Touren dreht, solltet ihr nicht das Gespräch suchen. Wichtig für sie ist aber auch, zu wissen, dass sie sich hinterher nicht entschuldigen muss. Es ist oft so, dass die Kinder sich hinterher entschuldigen müssen. Sagt ihr lieber: „Du musst dich nicht entschuldigen! Natürlich finde ich es nicht schön, aber das ist kein Vergleich zu den Gefühlen, die du haben musst. Du bist, wie du bist, du darfst sein wie du bist, du hast alles Recht der Welt, so zu sein!"

Ann-Sofie: Sie ist vollkommen unbestechlich und integer. Ich darf auf keinen Fall ihr Zimmer aufräumen oder putzen. Das ist ihr ganz wichtig.

> In der Psychologie unterscheidet man zwei Typen von Menschen: den nordischen und den südeuropäischen. Julia scheint mir eher der südeuropäische Typ zu sein, bei denen wird es gerne etwas lebhafter, als würde man in der Oper wohnen.
>
> JESPER

Jesper: Ihre Welt ist ihr wichtig. Es ist fantastisch, dass sie in den Kindergarten gehen konnte, ohne Schwierigkeiten zu bekommen.

Ann-Sofie: Ja.

Jesper: Aber da gibt es keinen Raum für Variationen, dort muss man sich den Gegebenheiten anpassen.

Ann-Sofie: Und zu Hause kann sie ausatmen.

Jesper: Die Familie wird zu einer Art Kratzbaum, wie sie Katzen haben. Vielleicht ist Agnes darum so „unkompliziert", weil sie unterbewusst erkannt hat, dass es in eurer Familie nur Raum für eine *drama queen* gibt.

Jesper Juuls Tipps für Ann-Sofie und Jorge

- Schmiedet das Eisen, wenn es kalt ist, besprecht keine Probleme mit Julia, wenn ihr ungehalten und wütend seid.
- Redet mit eurem Kind, als wäre es ein guter Freund. Sprecht oft und frei mit Julia; die Hauptsache ist, dass ihr das aufrichtig meint, was ihr sagt, und nicht, dass sie alles versteht. Sie wird die Bedeutung begreifen.
- Wenn das Kind etwas tut, was nicht in Ordnung ist, sagt: „Ich finde es nicht gut, wenn du dieses oder jenes machst." Und fragt es dann, was es denkt, wenn es sich so verhält.
- Unbestechliche, integre Kinder benötigen Auswahlmöglichkeiten. Lasst Julia beispielsweise morgens zwischen zwei verschiedenfarbigen Pullovern auswählen, dann hat sie das Gefühl, dass sie Teil der Entscheidung ist.
- Vertraut darauf, dass euer Kind weiß, was es braucht.
- Fördert die Bindung zu dem anderen Elternteil, dann kann sich das Kind dort für eine Weile erholen.

97

RÜCKBLICK

Ann-Sofie: Nach dem Coaching waren wir ausgesprochen positiv
und enthusiastisch. Aber natürlich ist es nicht einfach, alles auf
eine natürliche Art und Weise in unseren Alltag einzubauen.
Doch wir versuchen es und merken, dass Julia gefällt, was wir
tun!
Vor ein paar Tagen sagte sie zum Beispiel, dass sie uns satt hat
und ausziehen will. Da schmiedeten wir das Eisen, als es wieder kalt war. Wir sprachen am nächsten Tag mit ihr und frag-
ten: „Als du gestern so wütend auf uns warst, hast du das und
das gesagt. Meintest du das wirklich?" Sie war so erleichtert,
man konnte es genau sehen. Sie antwortete: „Aber so etwas sage ich doch nur, wenn ich wütend bin. Das meine ich gar nicht
so." Und wir konnten sehen, wie gut es ihr hinterher ging. Es
sind keine langen Gespräche, die wir führen, aber ab und zu
reden wir miteinander und wir glauben, das genügt vorerst.
Der Vorschlag, mehr mit Papa zu unternehmen, kommt gut an.
Wir stellen fest, dass es wie eine kleine Erholungspause von
Mama ist. Das ist so lustig. Mittlerweile sagt sie: „Okay, damit
habt ihr angefangen, seit wir bei Jesper Juul waren." Und dabei
sieht sie ganz zufrieden aus.

Wenn Papa depressiv ist, leidet die ganze Familie

Mia und Niklas sind die Eltern von Lisa, 3 Jahre, und Selma, 6 Monate.

Eltern sein ist nicht so, wie es sich Mia und Niklas vorgestellt haben. Ihre Tochter Lisa ist ein willensstarkes Mädchen. Der Alltag der Familie besteht hauptsächlich aus Machtkämpfen. Und dass Niklas phasenweise unter Depressionen leidet, macht das Leben nicht gerade einfacher.

Mia und Niklas sind die Eltern von Lisa und Selma. Der Alltag der Familie ist aufreibend. Niklas leidet seit vielen Jahren unter periodisch wiederkehrenden depressiven Phasen, in denen er keine Energie für seine kleine Familie hat. An diesen Tagen hat er keine Kraft, liegt die meiste Zeit im Bett, versucht aber trotzdem, so gut es eben geht, seinen Teil beizutragen. In diesen Phasen hat er aus verständlichen Gründen wenig Geduld und es kommt zwischen ihm und den Kindern vermehrt zu Streit und Auseinandersetzungen.

Niklas arbeitet in einer anderen Stadt und fährt täglich eine Stunde dorthin. Das bedeutet, dass Mia die Mädchen morgens allein versorgt. Lisa ist sehr willensstark und hat noch nicht akzeptiert, dass die Familie ein neues Mitglied bekommen hat. Mia und Lisa tragen praktisch täglich Machtkämpfe aus. Zwischendurch hat Mia den Verdacht, dass Lisa ihr mit Absicht die Laune verderben will, was sie sehr persönlich nimmt. Mia stellt sich zunehmend als Mutter infrage und fühlt sich erbärmlich, weil sie so oft die Geduld verliert.

Es ist ein langes Gespräch mit Jesper Juul, aber erst kurz vor Ende des Coachings spricht Niklas seine Depressionen an. Im Nachhinein erfahren wir, dass er gar nicht vorhatte, darüber zu reden,

Hallo!

Wir benötigen dringend eure Hilfe. Wir haben zwei Mädchen, die drei Jahre respektive sechs Monate alt sind. Die ältere Tochter fordert ununterbrochen die volle Aufmerksamkeit. Der Vater arbeitet viel und hat lange Fahrzeiten. Ich bin in Elternzeit. Wir haben Anrecht auf 15 Wochenstunden Unterbringung im Kindergarten, würden uns aber mehr wünschen.

Zu Hause bei uns gibt es immer Streit um das Essen. Was gegessen werden soll, wie man isst, wo man isst und so weiter. Lisa, unsere Dreijährige, testet mich in einem fort. Sie wirft mit Lebensmitteln und Gegenständen. Und wenn ich dann nicht wütend werde, versucht sie etwas anderes. Das kann damit enden, dass sie auf ihre kleine Schwester losgeht, mich schlägt oder mir direkt ins Gesicht brüllt. Alles nur, um mich aus der Reserve zu locken. Das Einzige, was ich am Ende tun kann, ist, sie in ihr Zimmer zu sperren. Ich muss Luft holen können! Ich habe keine Lust mehr, mit ihr irgendwo hinzufahren, bin auch nicht gerne mit ihr zusammen. Außerdem fange ich an, mich als Mutter infrage zu stellen.

Als wir vor einiger Zeit bei Niklas' Eltern zu Besuch waren und beim Abendessen saßen, fragte mich Lisa, ob ich wütend sei. „Nein, ganz und gar nicht. Ich bin froh", antwortete ich. Da warf sie eine Gurkenscheibe auf den Boden und fragte: „Und bist du jetzt wütend, Mama?"

Sie kann schon unglaublich gut sprechen und ist ein sehr aufgewecktes kleines Mädchen. Wir bemühen uns, ihr Grenzen zu setzen, aber es ist so furchtbar anstrengend, dass sie nicht anerkannt werden. Die ewige Nörgelei und Quengelei machen alles kaputt, was eigentlich gemütlich sein sollte.

Zwischendurch gibt es eine oder zwei Wochen, da ist sie das niedlichste Mädchen auf der Welt. Ich wünschte mir, dass das häufiger so wäre! Ich wäre so froh, wenn ihr mir helfen könntet.

Mit freundlichen Grüßen
Mia

weil er sich dessen schämt, obwohl Depressionen bei Eltern von Kleinkindern durchaus häufig vorkommen.

Jesper: Ich habe euren Brief gelesen, würde aber trotzdem gerne von euch noch einmal hören, warum ihr hier seid.

Mia: Niklas hat einen sehr langen Weg zur Arbeit, er fährt ungefähr eine Stunde. Das sind lange Tage für mich und die Kinder und natürlich auch für Niklas. Und dieses kleine Mädchen hier, Lisa, ist sehr trotzig.

Niklas: Zu Hause kommt es oft zu Machtkämpfen. So war es von Anfang an. Ab und zu ist es immer noch so, obwohl es besser geworden ist.

Jesper: Ist es wirklich von Anfang an so gewesen?

Mia: Kurz vor Selmas Geburt fing es an, aber es ist viel schlimmer geworden, als Lisa große Schwester wurde. Es kann durch alles Mögliche ausgelöst werden. Morgens wird sie wütend, wenn sie nicht schnell genug ihr Frühstück bekommt. Oder wenn jemand die Autotür zumacht und sie es selbst tun wollte. Da kann sie auch ausflippen. Lisa ist kein guter Esser zu Hause, aber sie isst im Kindergarten. Wenn sie so wütend ist, dass sie nur noch schreit, muss sie in ihrem Zimmer sitzen. Ich halte das anders nicht aus. Ihre Wut wird sonst nur immer schlimmer.

Niklas: Lisa ist 15 Stunden in der Woche im Kindergarten. Wenn sie morgens dorthin soll, gibt es Geschrei, sie brüllt und weint hysterisch, auch wenn jemand anderes sie im Kindersitz anschnallt als ihre Mutter. Oder wenn jemand vor ihr die Gartentür öffnet. Am liebsten möchte sie, dass wir die ganze Zeit nur mit ihr spielen.

Jesper: Okay, hier meine erste Schnelldiagnose: Das sind klassische Verhaltensweisen für Kinder, die nicht davon überzeugt sind, dass die Erwachsenen die Bosse sind und bestimmen. Dann kommt es zu Machtkämpfen, und zwar nicht, weil das Kind die Macht haben will, sondern weil es ganz einfach nicht weiß, wer

> "Morgens wird sie wütend, wenn sie nicht schnell genug ihr Frühstück bekommt. Oder wenn jemand die Autotür zumacht und sie es selbst tun wollte. Da kann sie auch ausflippen.
> MIA

101

das Sagen hat. Korrigiere mich, wenn ich mich irre, Mia, aber ich vermute, du versuchst, „nett" und flexibel zu sein. Du hast versucht, mit Lisa zu verhandeln, und tust das, seit sie auf der Welt ist. Bist du so als Mensch oder möchtest du so als Mutter sein?

Mia: Ich glaube, so bin ich vom Typ her, eher still, ruhig und vorsichtig.

Jesper: Für viele ist das eine Philosophie. Viele junge Eltern sind „romantisch", sie wünschen sich ihre Familie als ein Paradies. Aber das geht leider nicht. Du hast in deinem Brief erzählt, dass Lisa dich bei dem Besuch bei den Großeltern gefragt hat, ob du wütend seist. Als du verneint hast, hat sie Lebensmittel auf den Boden geworfen und erneut gefragt: „Und bist du jetzt wütend, Mama?" Vermutlich hast du daraufhin geantwortet: „Nein, ich bin nicht wütend." Aber da hast du gelogen, um die Stimmung zu retten. Dann weiß das Kind nicht, wo du stehst, wo seine Eltern stehen.

Das ist für das Kind sehr erschöpfend, es kann seine Eltern einfach nicht einschätzen.

Mia: So war es. Ich komme irgendwann an den Punkt, wo ich durchdrehe und zwischen Richtig und Falsch hin- und herschwanke. Ich weiß einfach nicht, was ich tun soll.

Jesper: Kannst du mir ein Beispiel geben, wo du hin- und herschwankst?

Mia: Zum Beispiel: Wie hoch dürfen die Anforderungen an Lisa sein? Können wir von ihr verlangen, dass sie sich selbst anzieht, wenn sie in den Kindergarten geht? Sie kann das schon lange, aber sie trödelt absichtlich und ich werde sauer. Es endet damit, dass ich uns beide anziehe und sie heulend vor mir steht. Oder das mit dem Essen: Zu Hause isst sie kein Abendbrot, aber sie soll auch nicht die ganze Zeit naschen.

Jesper: Sie ist eine starke Persönlichkeit. Essen hat mit Liebe zu tun, das hat eine symbolische Kraft. Was sie dir damit sagt,

> Korrigiere mich, wenn ich mich irre, Mia, aber ich vermute, du versuchst „nett" und flexibel zu sein. Du hast versucht, mit Lisa zu verhandeln.
> JESPER

ist: „Diese Art von Liebe, wie ich sie hier bekomme, die will ich nicht haben."

Mia: Aber dann sinkt ihr Blutzuckerspiegel und sie wird noch unausstehlicher. Deswegen ist es auch morgens oft so anstrengend.

Jesper: Wie könnt ihr das erreichen, was ihr wollt? Darum geht es hier. Vielleicht hast du Erfahrungen gemacht, die dich blockieren? So wie du hier vor mir sitzt, bist du keineswegs schwach. Du hast ganz viel Kraft. Aber aus irgendeinem Grund kommt diese Kraft nicht zum Vorschein. Ich frage mich, ob du weißt, warum das so ist.

Mia: Ich habe keine Ahnung.

Niklas: Wenn ich das richtig verstanden habe, funktioniert eine Familie wie ein Wolfsrudel. Nur dass Lisa nicht genau weiß, wer das Alphatier ist.

(Lisa, die bis dahin am Tisch gesessen und gezeichnet hat, klettert auf den Boden, kriecht auf allen vieren durch den Raum und macht Geräusche wie ein Wolf. Sie ist dem Gespräch die ganze Zeit gefolgt, obwohl man ihr das nicht angemerkt hat.)

Jesper: Genau. Aber dieses Rollenspiel, bei dem man „Mutter" oder „Vater" spielen kann, das funktioniert einfach nicht. Ihr müsst euch zu viert zusammensetzen und Lisa sagen: „Wir sind seit drei Jahren deine Eltern und sind nicht so gute Eltern gewesen, wie wir es gerne wären. Doch jetzt haben wir ein paar neue Ideen bekommen, wie wir es anders und besser machen können." Das weiß sie schon, sie hat unserem Gespräch ja zugehört. Sagt ihr: „Bei diesen Veränderungen geht es nicht um dich, sondern um uns."

Jede Auseinandersetzung, die ihr habt, setzt sich in ihrem Kopf als ein Schuldgefühl fest. Wenn ich von der persönlichen Herausforderung spreche, meine ich damit nicht Richtig oder Falsch. Es geht auch nicht darum, Grenzen aufzuzeigen, sondern darum, was ihr wollt und was ihr mit gutem Gewissen

> " Wenn ich das richtig verstanden habe, funktioniert eine Familie wie ein Wolfsrudel. Nur dass Lisa nicht genau weiß, wer das Alphatier ist.
> NIKLAS

> " Dieses Rollenspiel, bei dem man „Mutter" oder „Vater" spielen kann, funktioniert einfach nicht.
> JESPER

103

vertreten könnt. Das Problem ist auch nicht ihr Essverhalten, wäre das auffällig, hätte sich der Kindergarten schon bei euch gemeldet, da könnt ihr beruhigt sein. Es geht darum, was bei euch zu Hause passiert. „Wenn du nichts essen willst, musst du das auch nicht. Wenn du etwas essen magst, bist du herzlich willkommen."

Du könntest auch sagen: „Wir beide haben viel gegeneinander gekämpft, aber das will ich nicht mehr. Ich will, dass wir aufhören zu kämpfen. Aber du musst dich in zehn Minuten angezogen haben, denn dann fahren wir in den Kindergarten. Das will ich." Und darauf gehst du aus dem Zimmer raus. Dann spielt es auch keine Rolle, was sie antwortet.

> **Dreijährige müssen nicht erzogen, sondern angeleitet werden.**
> JESPER

Was sich für dich richtig anhört, ist auch richtig. Mach dir nicht so viele Gedanken darüber, was und wie du etwas sagen sollst. Das fühlst du. Dreijährige müssen nicht erzogen, sondern angeleitet werden. Aber wenn man ununterbrochen Auseinandersetzungen hat, wird das unmöglich.

Mia: Wir streiten ja in einem fort. Die Vorstellung, die ich von mir als Mutter hatte, war nicht so. Ich hatte nicht erwartet, die ganze Zeit so viele Auseinandersetzungen zu haben. Wenn wir zum Beispiel bei einem Kindergeburtstag sind, will sie die ganze Zeit auf meinem Schoß sitzen. Wenn ich mich auch nur einen Schritt von ihr entferne, fängt sie an zu schreien. Oder wir gehen spazieren und sie will auf einen Spielplatz. Wenn ich dann sage, dass wir gehen müssen, wird sie wahnsinnig wütend und schreit und weint, bis wir zu Hause sind.

Jesper: Ja, sie ist eine starke Persönlichkeit, sie hat ein ganz anderes Temperament als ihr. Darum solltest du ihr auch nie sagen: „Du sollst." Ich glaube, sie benötigt mehr Zeit. Sag lieber: „Ich will jetzt nach Hause gehen." Wenn sie nicht mitkommt, kannst du hinzufügen: „Okay, du kannst keine drei Stunden hierbleiben, aber wenn du willst, kannst du noch fünf Minuten bleiben." So bleibst du flexibel und wirst nicht defensiv. Sie benötigt Zeit,

um nicht aus der Fassung zu geraten, und das wird die nächsten drei, vier Jahre noch so sein.

Der unmittelbare Kontakt ist wichtig. Seid sicher, dass sie euch zuhört. Ich habe den Eindruck, dass sie schnell ist und viel nachdenkt. Sie reflektiert vieles. Was sie anbetrifft, ist es gefährlich, zu fragen: „Willst du das?" Es ist üblich, so mit einem Kind zu sprechen, wenn man selbst unsicher ist. Tut das nicht. Und benutzt am besten kein „wir". Sie will nicht in einen Zusammenhang gezwungen werden. Sie ist Solistin.

> *Benutzt am besten kein „wir". Sie will nicht in einen Zusammenhang gezwungen werden. Sie ist Solistin.*
> JESPER

Niklas: Wenn ich dich richtig verstanden habe, sollen wir nicht mehr sagen: „Jetzt müssen wir ...", sondern: „Jetzt will ich, dass du ..."

Jesper: Exakt.

Mia: Ihre Oma liebt Kinder und sie spielen die ganze Zeit. Es gibt praktisch nie Streit, und wenn es mal zu einem Konflikt kommt, spielt Oma einfach weiter und dann geht es vorbei. Sie hat die Zeit dafür. Manchmal überlege ich, ob das der richtige Weg ist, aber ich habe weder die Zeit noch die Möglichkeiten dazu.

Jesper: So kann das eine Oma machen. Aber als Eltern funktioniert das nicht. Ihr braucht Auseinandersetzungen. Doch diese typischen Konflikte, die nichts weiter sind als Machtkämpfe, führen nie zu etwas.

Was ist denn bei euch am besten, wenn so ein Machtkampf entsteht: Gehen oder Bleiben?

Mia: Wenn ich gehe, kommt sie hinterher. Sie lässt nicht locker.

Jesper: Der beste Weg, damit umzugehen, ist, zu sagen: „Jetzt will ich ...", oder: „Nein, ich will das nicht."

Niklas: Wenn ich auch das richtig verstanden habe, ist es wichtig, ihr zu zeigen, dass auch wir Erwachsenen Gefühle, einen Willen und Bedürfnisse haben?

Jesper: Richtig. So entwickelt sich Empathie, das ist der einzige Weg, wie ein Kind lernt, Empathie zu entwickeln. Mama und

Papa haben auch Bedürfnisse, sie wollen in Ruhe essen, sie wollen zusammen auf dem Sofa sitzen. „Ich will" ist eine gute Formel für Eltern, die sie häufiger anwenden sollten. Es geht nicht darum, nett zu sein, sondern darum, authentisch zu sein. Habt ihr bemerkt, dass Lisa uns zuhört? Ihr gefällt das hier.

Mia: Ja, ich sehe, wie zufrieden sie wirkt. Sie hört uns zu.

Jesper: Das bedeutet, dass auch sie sich eine Veränderung der Situation wünscht. Sie kann nicht sagen, wie das geschehen soll, aber ihr gefällt die Situation, wie sie ist, auch nicht. Und sie hat keine Möglichkeiten, sie selbstständig zu ändern. Es ist wichtig, dass ihr Lisa keine Schuldgefühle gebt. Sagt ganz kurz und knapp, dass ihr nicht zufrieden wart mit eurem Verhalten und dass ihr das jetzt ändern wollt.

Mia: Es ist schwer, ein Gespür dafür zu haben, wie wütend man werden darf.

Jesper: Man darf so wütend werden, wie man will. Es ist in Ordnung, wütend oder traurig zu sein! Wenn du mit ihr dieses Gespräch führst und dabei die richtigen Worte findest, kann es sein, dass dir die Tränen kommen werden. Aber das ist nicht schlimm. Lisa hat auch viele Gefühle in sich, die rauskommen wollen. Es ist nur gut für sie, wenn sie erkennt, dass ihre Eltern ebenfalls Gefühle haben.

Wenn sie etwas will und du nicht sofort weißt, was du antworten sollst, sag ihr, dass du noch Zeit brauchst, um nachzudenken. Sag ihr, dass du es noch nicht weißt und einen Augenblick allein sein musst. „Wenn ich sofort antworten muss, wird es ein Nein, wenn ich eine Weile darüber nachdenken kann, wird es vielleicht ein Ja." Und dann ziehe dich zurück.

Mia: Ja, mir ist aufgefallen, dass wir versuchen, den Dialog mit ihr aufrechtzuerhalten, als würden wir sie überreden wollen.

Jesper: Genau, und in diesem Augenblick übertragt ihr Lisa die Verantwortung und es kommt zum Machtkampf. Sagt stattdessen zu ihr: „Jetzt habe ich dir gesagt, was ich dazu meine, und jetzt muss ich mich um deine Schwester kümmern." Oder was gerade ansteht. Unterbrich den Kontakt. Wenn sie dann sagt: „Ich will das nicht", dann antwortest du: „Nein, aber ich will das."

Mia: Ja, denn so, wie wir es im Moment machen, fühlt es sich an, als würden wir auf eine Bestätigung von ihr warten.

Jesper: Und das ist nicht richtig.

Niklas: Aber was ist, wenn wir sagen: „Lisa, ich will, dass du dich jetzt anziehst, weil wir bald losmüssen", und es funktioniert nicht?

Mia: Das macht mich so wütend, die Uhr tickt und wir müssen beispielsweise zum Kindergarten.

Jesper: Sagt ihr: „Wir gehen schon einmal zum Auto und warten dort fünf Minuten auf dich." Es wird sie erleichtern, wenn ihr Erwachsenen die Verantwortung auf euch nehmt und ihr Spielraum gebt. Lisa muss die Option haben, Nein sagen zu können, sonst kann sie nicht Ja sagen.

Niklas: Und wenn ich sage: „Ich will, dass du dich jetzt anziehst, weil wir gleich gehen müssen", und sie antwortet: „Nein, ich will jetzt fernsehen."

Jesper: Dann antwortest du: „Wie schade, aber das geht nicht." Oder du sagst, dass du einen Augenblick über eine Antwort nachdenken musst.

Niklas: Da gibt es noch eine andere Sache. Ich hatte eine längere Phase, in der es mir nicht gut ging und in der ich in einer kognitiven Verhaltenstherapie war. Damals habe ich mich in meinem Job sehr unter Druck gefühlt, ich hatte eine Ausbildung begonnen, dann haben wir zwei Kinder in relativ kurzen Abständen bekommen. Ich war niedergedrückt und deprimiert. Das hatte nichts mit den Kindern zu tun, sondern mit mir, aber natürlich werden Mia und die Kinder davon in Mitleidenschaft gezogen.

Mia: Niklas wird dann so initiativlos und zieht sich zurück. Die

Kinder spüren das und fordern sofort noch mehr Aufmerksamkeit von mir. Niklas hat dann für nichts Energie. Und wenn er zwischendurch doch etwas tut, obwohl er eigentlich keine Kraft hat, und Lisa will sich darauf nicht einlassen, dann wird er wütend, weil er viel weniger Geduld hat als sonst. Wie sollen wir uns in diesen Phasen verhalten?

Jesper: Es ist ja nicht nur, dass du an diesen Tagen nichts beitragen kannst, du entziehst den anderen auch Energie. Du entziehst deiner Umgebung die Energie. Dann solltest du lieber sagen: „Heute nicht." Das ist viel besser. Die Verantwortung liegt bei dir, Niklas. „Heute bin ich kein Mitglied der Gemeinschaft. Heute kann ich nicht." Es ist für alle besser, wenn du dich ganz zurückziehst, als wenn du nur zehn Prozent gibst.

Und wenn du dich raushältst, entziehst du den anderen auch keine Energie. Dann ist es zumindest bei euch zu Hause energetisch gesehen neutral.

Niklas: Aber ich will ja helfen, ich versuche auch, zu helfen, ich weiß ja, dass sonst Mia alles alleine machen muss. Doch ich habe keine Geduld. Ich verliere sofort die Geduld, wenn Lisa sich zum Beispiel nicht ins Bett bringen lässt.

Jesper: Wenn du unbedingt helfen willst, musst du praktische Sachen übernehmen.

Niklas: Ja, das versuche ich auch, zum Beispiel die Spülmaschine ausräumen.

Jesper: Übernimm nur praktische Aufgaben, nichts, was mit anderen Menschen zu tun hat. Wenn es dir schlecht geht, musst du dein Problem erkennen und dafür die Verantwortung übernehmen. Sorge dafür, dass du Hilfe bekommst.

Niklas: Ich glaube, Lisa spürt, dass es mir nicht gut geht, obwohl ich ihr das nie gesagt habe.

Mia: Stimmt, einmal hat sie gesagt: „Papa, du wirst bestimmt bald wieder gesund."

Jesper: Was ihr als Erstes tun könnt, ist, euch am Wochenende zusammenzusetzen, alle vier. Und dann besprecht ihr, wie ihr das in Zukunft machen wollt.

Jesper Juuls Tipps für Mia und Niklas
- Verwendet die Formel „Ich will", sooft es geht. Das tut den Erwachsenen gut und hilft den Kindern, zu erkennen, dass auch Eltern Bedürfnisse haben.
- Wenn es einem nicht gut geht, ist es besser, das mitzuteilen und sich dann zurückzuziehen. So entzieht man der Umgebung keine Energie.
- Wer unter Depressionen leidet, kann in dem Maße bei praktischen Dingen helfen, wie es ihm möglich ist.
- Wer unter Depressionen leidet, hat die Verantwortung, sich darum zu kümmern, sich Hilfe zu suchen und sich zurückzuziehen.

RÜCKBLICK

Mia: Der beste Ratschlag, den wir bekommen haben, war, zu Lisa zu sagen: „Ich will, dass du dieses oder jenes tust." Wir hatten immer so große Probleme, wenn wir loswollten. Der Rat lautete, zu sagen: „In fünf Minuten fahren wir los, und ich will, dass du bis dahin angezogen bist." Diese beiden Sätze haben unseren Alltag erheblich erleichtert. Dafür danken wir sehr!

Wir hatten zwar bisher noch kein gemeinsames Gespräch zu viert, aber ich hatte eines unter vier Augen mit ihr. Ich habe ihr erklärt, dass ich ab jetzt einiges anders machen werde und so weiter, genau wie Jesper Juul es vorgeschlagen hat.

Seitdem läuft alles viel besser als vorher, obwohl sie leider noch immer schlecht isst, was auch ihre Launen beeinflusst. Sie ist unglaublich stur. Wenn sie etwas entschieden hat, dann bleibt das auch so. Heute Morgen wurde sie wütend, weil ich nicht die ganze Zeit im Badezimmer geblieben war, während sie auf der Toilette saß. Sie schrie fast eine halbe Stunde lang vollkommen hysterisch herum, bis sie sich endlich wieder beruhigte. Das passiert, wenn sie nicht ihren Willen bekommt.

Wir fanden es so lustig, dass Jesper Juul sie sofort lesen konnte!

Niklas macht alles, damit es ihm besser geht. Er macht Sport, isst vernünftig und hat aufgehört, Kaffee zu trinken. Zwischendurch aber werden die Anforderungen von den verschiedensten Seiten so groß, dass er wieder in seiner Depression versinkt. Das Problem ist, dass er das vor mir nicht zugeben will und schon gar nicht sich selbst eingesteht. Stattdessen wird er launisch, wütend und ganz einfach unerträglich.

An Tag zwei sieht es meistens schon besser aus, mittlerweile tut er das, was Jesper ihm gesagt hat. Er zieht sich zurück und übernimmt dann nur praktische Dinge im Haushalt. Außerdem kündigt er mir und Lisa an, dass es ihm nicht gut geht. An Tag drei oder vier nach Beginn der Depression wird er meistens traurig darüber, dass es ihm wieder nicht gelungen ist „sie zurückzuhalten". Solange er sich nicht schon am ersten Tag eingesteht, dass er eine Depression hat, wird es ihm nie gelingen, anders mit uns zu kommunizieren. Für mich ist das, als würde ich mit zwei verschiedenen Menschen leben, und ich tue mich schwer mit dem einen von ihnen.

Es ist ein großes Glück, dass wir zwischendurch auch gute Zeiten haben, aber es zehrt unglaublich an unseren Kräften, an mir und an unserer Beziehung.

Jenny fällt es schwer, eine Verbindung zu ihrer Tochter aufzubauen

Jenny und Lasse sind die Eltern von Isaak, 4 Jahre, und Sandra, 1,5 Jahre

Seit Sandra geboren wurde, hat ihre Mutter Jenny einen weniger innigen Kontakt zu ihr als zu ihrem Sohn Isaak. Auch Sandra, die sehr auf ihren Vater fixiert ist, scheint das zu spüren. Jenny hat Angst davor, dass ihre zwiespältigen Gefühle Sandra gegenüber nicht ohne Wirkung bleiben.

Es ist nicht nur eine große Umstellung, zum ersten Mal Eltern zu werden. Es ist auch eine große Umstellung, wenn man sein zweites Kind bekommt. Das können Jenny und Lasse bestätigen. Nachdem ihr zweites Kind Sandra geboren wurde, litt Jenny unter einer postnatalen Depression. Sandra war ein Schreikind, und Jenny wurde immer wütender auf ihre Tochter, während sich Sandra sehr auf ihren Vater Lasse fixierte.

Als Jenny und Lasse zusammen mit den beiden Kindern zum Elterncoaching kommen, hat Jenny vor allem Angst davor, dass Sandra ihre Wut und ihre gespaltenen Gefühle spüren kann. Es wird eine sehr emotionale Sitzung, in der viele „verbotene Gefühle" zum Vorschein kommen. Darf man ein Kind mehr lieben als das andere? Aber allem voran möchte Jenny ihr Verhältnis zu ihrer Tochter verbessern.

Auch die eineinhalbjährige Sandra trägt wesentlich zum Coaching bei.

Jenny: Sandra brüllt, wenn sie sich anziehen soll. Sie hat einen Willen aus Stahl. Wir wissen, dass ihr das später im Leben helfen wird. Sie schreit auch nach dem Essen. Statt zu sagen, dass sie fertig ist, schreit sie.

Hallo!

Unsere Familie besteht aus einem Vater, einer Mutter, einem vierjährigen Sohn und einer eineinhalbjährigen Tochter.

Vor allem ich habe große Schwierigkeiten mit meiner Tochter Sandra. Sie kam ein paar Wochen zu früh auf die Welt. Wir hatten bereits einen Termin für einen geplanten Kaiserschnitt, weil die Geburt meines Sohnes mit einem Notkaiserschnitt geendet hatte. Außerdem lag Sandra quer. Aber ein paar Wochen vor dem Termin hatte ich einen Blasensprung.

Da wir keine Verwandten in Stockholm haben und mein Sohn ein schüchterner Junge ist, blieb mein Mann mit ihm zu Hause – so kurzfristig konnten wir keinen Babysitter mehr finden.

Der Notarztwagen holte mich ab, mit Wehen und allem Drum und Dran, und Sandra wurde mit Kaiserschnitt geholt. Die Wehen hörten auch am nächsten Tag nicht auf. Ich bekam eine Wochenbettdepression und Sandra schrie und schrie die ganze Zeit. Ich kriegte praktisch keinen Schlaf. Die Schwestern und die Kinderärzte haben nur gesagt, dass sich das bald wieder legen würde. Es dauerte acht Monate! Ich bekam auch tagsüber keinen Schlaf, weil mein Sohn zu dem Zeitpunkt noch nicht in den Kindergarten ging und auch keinen Mittagsschlaf mehr machte.

Ich war wütend auf meine Tochter, weil sie zu früh gekommen war und dadurch alles schiefgelaufen ist. Ich litt unter akutem Schlafmangel und war so gestresst, dass ich Bluthochdruck bekam. Mittlerweile ist Sandra eineinhalb Jahre alt und ein richtiges Papakind. Aber nach wie vor ist sie sehr fordernd und schreit viel.

Ich habe das Gefühl, dass alles mein Fehler ist. In ihrem ersten Lebensjahr ging es mir so schlecht, und ich fürchte, dass meine vielen schrecklichen Gefühle sie beeinflusst haben. Sie zieht in jeder Situation ganz deutlich ihren Vater vor, obwohl ich gerade in Elternzeit bin.

Ich weiß nicht, was ich tun kann, damit sie zufriedener ist und weniger schreit. Ich finde sie wahnsinnig anstrengend und habe Angst, dass sie das fühlen kann.

Ich wünsche mir sehr, von Jesper Juul Hilfe zu bekommen, damit ich sie besser verstehen kann, und hätte gerne einen Rat, wie ich ihr helfen kann, ein harmonischeres Wesen zu werden. Ich finde das alles so furchtbar traurig, wenn ich es mit meinem ersten Kind vergleiche.

Liebe Grüße
Jenny

Lasse: Sie schreit so lange, bis wir sie hochheben. Aber schnell muss es gehen…

Jenny: Außerdem will sie am liebsten, dass ihr Papa sie nimmt. Papa ist die Nummer eins für sie. So war das von Anfang an, in den ersten Wochen ging das schon los.

Jesper: Du hast also unter einer Depression gelitten, wenn ich deinen Brief richtig gelesen habe. Hast du eine Diagnose bekommen?

Jenny: Ja, alles ist von Anfang an schiefgelaufen. Sandra kam viel zu früh und schrie die ganze Zeit. Aber die Ärzte konnten nichts feststellen. Sie schrie und schrie. Die Leute sagten, das würde sich nach drei Monaten geben. Aber sie machte einfach weiter. Beim Kinderarzt haben wir nicht so viel Unterstützung bekommen, darum sind wir nach vier Monaten zu einem anderen gegangen. Da bekam ich endlich Hilfe. Die haben begriffen, dass es mir wirklich schlecht ging. Ich durfte eine Nacht im Hotel schlafen, damit ich mich erholen und ausschlafen konnte.

Dadurch veränderte sich einiges, mir ging es langsam besser. Aber ich hatte so merkwürdige Gedanken. Ich war wütend auf meine Tochter, weil sie zu früh gekommen ist, weil sie nur geschrien hat und weil ich kein Schlaf bekommen habe. Ich habe im Zwanzigminutentakt geschlafen. Meine Milch blieb aus, darum mussten wir sie mit der Flasche füttern, aber von dem Milchersatz bekam sie Bauchschmerzen. Die ersten sieben Monate haben wir sie praktisch ununterbrochen herumgetragen. Aber ich hatte nie dieselbe enge Verbindung zu ihr wie zu Isaak.

Jesper: Was habt ihr versucht, habt ihr Ratschläge bekommen?

Jenny: Uns wurde nur gesagt, dass sie am Anfang viel einfordern würde, sich das aber mit der Zeit gebe. Aber es kamen einfach die ganze Zeit neue Schwierigkeiten dazu. Es fühlt sich so an, als wäre sie nie zufrieden.

> Ich hatte so merkwürdige Gedanken. Ich war wütend auf meine Tochter, weil sie zu früh gekommen ist, weil sie nur geschrien hat und weil ich keinen Schlaf bekommen habe.
> JENNY

Jesper: Gibt es in eurem Verhalten ihr gegenüber große Unterschiede?

Jenny: Nein, aber sie will immer, dass Lasse sie nimmt. Morgens zum Beispiel beim Aufstehen darf ich sie nicht hochheben, das darfst nur du machen, Lasse.

Lasse: Aber wir haben ja auch mittlerweile unsere Routine.

Jenny: Trotzdem, sie akzeptiert mich ja gar nicht. Sie will, dass nur du dich mit ihr beschäftigst.

Jesper: Ich finde es nicht sonderbar, dass dich das stört. Vielleicht ist es ungewöhnlich, dass man das so direkt sagt, doch es ist mehr als normal, dass dich so eine Situation verärgert. Aber ich sehe auch, dass Sandra durchaus flexibel ist, so wie sie dort sitzt und mit ihrem großen Bruder spielt.

Lasse: Ist dir aufgefallen, wie wortgewandt sie ist? Sie spricht schon sehr viel.

Jesper: Doch, das habe ich bemerkt. Aber erzählt mir bitte, worüber sie in Wut gerät?

Jenny: Sie protestiert beim Anziehen. Oder wenn sie etwas essen soll, was sie nicht will. Im Moment will sie zum Beispiel nur Karottensaft. Vor ein paar Tagen gab es keinen Karottensaft mehr im Supermarkt, aber sie weigerte sich, etwas anderes zu trinken. Sie hat einen ganzen Tag lang nichts getrunken. Erst als Lasse nach Hause kam, denn er hatte in einem Laden bei seiner Arbeit Karottensaft gekauft. Da hat sie zwei Flaschen auf einmal runtergestürzt.

Lasse: Als unser Sohn auf die Welt kam, hatten wir sofort eine enge Bindung zu ihm. Das war ein ganz leichter Start. Aber Sandra ist eine ganz andere Persönlichkeit. Von Anfang an gab es Probleme. Wir hatten erwartet, dass es so wird wie mit Isaak, aber dieser Wunsch ging nicht in Erfüllung.

Jenny: Es knackst auch an meinem Selbstvertrauen, dass sie nur zu ihrem Vater will, wie du jetzt gerade sehen kannst.

Jesper: Wenn ich sie so beobachte, registriere ich als Erstes ihre

> „Als unser Sohn auf die Welt kam, hatten wir sofort eine enge Bindung zu ihm. Das war ein ganz leichter Start. Aber Sandra ist eine ganz andere Persönlichkeit.
> LASSE

115

Wenn ich sie so beobachte, registriere ich als Erstes ihre Haltung dem Leben gegenüber: Sie erwartet immer das Schlimmste.
JESPER

Haltung dem Leben gegenüber: Sie erwartet immer das Schlimmste. Und dazu gesellt sich ihr Wille, der sagt: „Okay, wenn ich schon nicht haben kann, was ich will, kann ich wenigstens darauf bestehen, etwas anderes zu bekommen." Vielleicht solltest du, Jenny, versuchen, mal eine Woche mit Sandra allein zu verbringen. Ich könnte mir vorstellen, dass du davor Angst hast, aber könnt ihr das einrichten?

Vermutlich ist das die einzige Möglichkeit, eine Bindung zu ihr aufzubauen. Und sprich mit ihr, aber nicht, wenn ihr gerade Streit habt, sondern wenn Frieden herrscht. Benutze keine Babysprache, sondern sprich offen und ehrlich über deine Gefühle und wie mit einer Erwachsenen. Es ist sehr wichtig, dass du keine Babysprache verwendest. Kinder sind sehr sensibel, was Sprache angeht. Konzentriere dich auch nicht zu sehr darauf, ob sie alles versteht. Sie wird die Botschaft verstehen, auch wenn sie nicht jedes einzelne Wort begreift. Das erfordert, dass du dich ihr gegenüber total verwundbar zeigst.

Lasse: Kannst du uns ein Beispiel dafür geben?

Es ist sehr wichtig, dass du keine Babysprache verwendest. Das erfordert, dass du dich ihr gegenüber total verwundbar zeigst.
JESPER

Jesper: Jenny, du könntest damit anfangen, Sandra von ihrer Geburt zu erzählen. Erzähl ihr, wie du dich gefühlt hast, erzähl ihr alles, als wäre sie eine richtig gute Freundin von dir. Du musst sie auch vor nichts beschützen, denn für sie ist das ja schon eine Tatsache. Wenn sie wählen muss, nimmt sie ihren Vater, aber wenn du dich ihr gegenüber öffnest und sie das sehen kann, dann wird sie eines Tages auch dich wählen! Aber du musst ihr diese Öffnung in dir zeigen.

Mit ihr ein paar Tage allein zu verbringen wird mehrere Funktionen erfüllen. In Sandra existiert ein irrationaler Widerstand gegen dich. Der muss abgebaut werden. Wenn sie nörgelt, versuch, so ruhig wie möglich zu bleiben. Aber sei auch ehrlich. Sag ihr, was das in dir auslöst, wie du dich fühlst. Rede mit ihr, während du sie anziehst, aber mach die Dinge, die du tun wolltest. Warte nicht darauf, von ihr akzeptiert zu werden. Ich bin mir ganz sicher, dass sie dich akzeptieren wird, wenn sie ein paar Tage hintereinander damit konfrontiert wird und du dich ihr öffnest.

Jenny: Mir ist eines aufgefallen, wenn sie zu Hause rumquengelt und ich keine Geduld mehr habe. Dann setze ich sie mit ein paar Spielsachen in ihr Gitterbett, hole tief Luft und gehe dann aus dem Zimmer, um mich zu beruhigen. Ganz oft ist sie allerbester Laune, wenn ich wieder zurückkomme.

Wenn wir bei anderen zu Besuch sind, da ist sie strahlender Laune, benimmt sich vorbildlich, läuft frei herum, unterhält sich mit allen und gibt mir sogar ab und zu mal ein Küsschen. Aber sobald wir wieder bei uns zu Hause sind, ist alles wieder wie vorher.

Jesper: Das ist wie bei Konflikten zwischen zwei Erwachsenen: Solange man unter anderen Menschen ist, kann man den Schein wahren. Und so ist das auch zwischen dir und Sandra. Sie möchte es gerne nett haben, aber sie weiß nicht, wie. Darum ist es einfacher, sich für das Geschrei zu entscheiden.

Es ist schwer, zu beurteilen, ob sie sich unabhängig fühlt – oder ob sie einsam ist. Hattest du eine anstrengende Schwangerschaft?

Jenny: Ich hatte eine wunderbare Schwangerschaft. Mir ging es großartig.

Jesper: Fang an, all das aufzuschreiben, was geschehen ist und was dir so in den Sinn kommt. Beschreibe, was die Schwangerschaft und die Geburt ausgelöst haben und was für Gefühle du hattest und hast. Vielleicht kann sie sich das eines Tages durchlesen, wenn sie selbst lesen kann.

Aber du musst jetzt gleich schon mit bestimmten Dingen beginnen. Es geht vor allem darum, dass du den Mut hast, du selbst zu sein, und nicht darum, Mutter zu spielen. Das ist die einzige Möglichkeit, eine Verbindung zu deiner Tochter zu entwickeln. Deine Probleme, die du mit in eure Beziehung trägst,

> "Es geht vor allem darum, dass du den Mut hast, du selbst zu sein, und nicht darum, Mutter zu spielen.
> JESPER

werden sich verstärken, wenn Sandra älter wird. Das wird bereits eintreten, wenn sie zwei wird. Es ist ganz wichtig, nicht zu lange zu warten. Klingt das wie eine gute Idee?

Jenny: Ich werde es auf jeden Fall probieren.

Jesper: Man kann alles probieren, die Frage ist, ob man daran glaubt. Klingt das für dich wie eine gute Idee?

Jenny: Ich verstehe das Beispiel, dass ich eine Sache mache, aber in meinem Inneren etwas ganz anderes fühle. Manchmal versuche ich, fröhlich zu sein, obwohl ich genervt bin. Ich kann verstehen, dass das für Sandra verwirrend ist.

Jesper: Du musst nicht solche Angst vor deiner Irritation haben. Aber wenn ihr jetzt nichts ändert, werdet ihr einen langen Krieg führen, wenn sie älter wird.

Lasse: Was sagst du zu dem Vorschlag, Jenny, mit Sandra wegzufahren? Wollen wir das ausprobieren?

Jenny: Dann bin ich ja ganz allein mit ihr … Dann muss sie mich vielleicht akzeptieren, weil es niemand anderen gibt.

Jesper: Wenn man klein ist, hat man oft das Gefühl, dass immer die Erwachsenen alles bestimmen. Kinder können das akzeptieren, wenn die Beziehung zu diesem Erwachsenen gut ist. Aber wenn sie nicht gut ist, dann geht alles schief. Ich hatte so eine Phase mit meinem Sohn, als er noch ziemlich klein war und ich lange Zeit verreist war. Als ich zurückkam, wollte er nichts mit mir zu tun haben. Ich bat seine Mutter, sich zurückzuziehen, was ihr sehr schwerfiel. Drei, vier Tage dauerte es. Er war wahnsinnig wütend, wollte mir nicht sagen, welches Buch ich vorlesen soll, wollte sich nicht von mir die Zähne putzen lassen, er wollte gar nichts von mir. Nach diesen Tagen war es fast so wie vorher. Er hatte also akzeptiert, was ich getan habe. Diese Tage sind ein Muss für unsere Beziehung gewesen, sonst hätten wir nicht wieder zueinandergefunden.

Ich bin davon überzeugt, dass sie dir zuhören wird.

Lasse: Ich finde, das hört sich an, als würdest du das für sehr sinnvoll halten. Jenny, was sagst du? Aber wie sollen wir das ganz praktisch bewerkstelligen?

Jenny: Mein Sohn war noch nie von mir getrennt.

Jesper: Es wird mindestens fünf Tage dauern. Normalerweise rate ich immer den Müttern, die Kinder den Vätern zu überlassen. Zumindest dort, wo die Väter nicht ihrer Verantwortung gerecht werden. So lange, also fünf Tage, dauert es in der Regel.

Lasse: Eine Alternative wäre, wenn Isaak und ich verreisen. Dann könnt ihr beiden zu Hause in der Wohnung bleiben, in vertrauter Atmosphäre. Und wir machen eine Woche Urlaub. Für euch beide wird es vermutlich kein Urlaub... Aber ich glaube, Isaak wird das toll finden.

Jesper: Keine Frage, dass es anstrengend wird, aber eure Beziehung wird danach eine ganz andere Qualität haben, und das ist befreiend. Jenny hat schließlich auch Routinen, von denen sie sich trennen muss. Das ist praktisch unmöglich, wenn ihr alle zu Hause seid.

Lasse: Und danach, wenn ich wieder zurück bin, dann stehe ich doch wieder zur Verfügung. Und nach ein paar Tagen ist alles wieder wie vorher, oder nicht?

Jesper: Nein, ich glaube nicht, dass alles so wird wie vorher. Aber Jenny wird ein bisschen Hilfe von deiner Seite benötigen, dass du Sandra zum Beispiel sagst: „Nein, das will ich jetzt nicht machen, Mama hilft dir dabei."

Lasse: Du hast sie hier vielleicht ein paarmal „Mama" sagen hören. Aber sie meint nicht Jenny damit, sie sagt „Mama" und kommt zu mir. Soll ich sie dann in diesem Fall an Jenny verweisen?

Jesper: Ganz genau.

Lasse. Wie kann ich Jenny in der Zeit denn unterstützen? Ich bin mir sicher, dass es hart wird.

Jesper: Ich bin mir nicht sicher, dass es so schwer wird, wie ihr befürchtet. So, wie es im Moment ist, scheint es hoffnungslos, aber dennoch glaube ich nicht, dass es furchtbar hart wird.

Habt ihr beobachtet, wie weich und ruhig ihre Gesichtszüge geworden sind? Sie beobachtet mich die ganze Zeit sehr genau. Ihr gefällt, was hier im Raum passiert, worüber wir reden.

Du bist ehrlich, Jenny, du bist sehr aufrichtig und ehrlich. In deiner Schwangerschaft, hast du da manchmal die Hände auf den Bauch gelegt und mit Sandra gesprochen wie mit einer Erwachsenen?

Jenny: Ja.

Jesper: Sie mag es, wenn du ehrlich bist. Und sie mag es, wenn du wie eine Erwachsene sprichst. Das kann man ihr ansehen. Sie muss wissen, dass du ehrlich bist, und wenn du anfängst, dich selbst ernst zu nehmen, dann wird sie zur Ruhe kommen. Aber wenn du deine Rolle als Mutter nur spielst, dann wird es anstrengend.

> Sie mag es, wenn du ehrlich bist. Und sie mag es, wenn du wie eine Erwachsene sprichst.
> **JESPER**

Jenny: Sie wacht nachts oft auf, an die fünf bis fünfzehn Mal, und dann will sie, dass ich komme und sie streichele. Da will sie, dass ich komme. Ich soll sie nur streicheln, dann schläft sie wieder ein.

Jesper: Das ist aber nicht besonders merkwürdig: Ihr Bedürfnis nach deiner Nähe ist so groß wie dein eigenes. Sie ist unruhig. Ihre Frustration über eure Situation ist so groß wie deine. Sie spürt, dass etwas nicht an seinem Platz ist, dass etwas fehlt. Sie hat viel Energie, aber sie wird nicht satt. Sie ist ständig auf der Suche, auf der Jagd. Du wirst spüren, wenn du die richtigen Worte findest. Du wirst es wissen. Aber du musst den ersten Schritt machen, du musst dich ihr öffnen. Und wenn du die richtigen Worte gefunden hast, wirst du entweder lachen oder weinen. Das ist eine ganz normale Reaktion.

Jenny: Wenn ich ehrlich bin und sage: „Ich kann nicht mehr."

Jesper: Ja, sag das so und nicht: „Jetzt kann Mama nicht mehr." Ihr Eltern sprecht so oft in der dritten Person von euch. Man kann keine Beziehung zu jemandem eingehen, wenn man immerzu in der dritten Person von sich spricht.

In den nächsten zehn Jahren wird sie ein Barometer für deine Ehrlichkeit sein und dir anzeigen, wie nah du bei dir selbst bist. Das Letzte, was du tun solltest, ist, ihr gegenüber eine Rolle zu spielen.

Jenny: Wie viele Nächte sollte ich mit ihr alleine verbringen?

Jesper: Vier, fünf Nächte.

Lasse: Glaubst du, dass sie ihren Bruder vermissen wird? Sollen wir ihr erzählen, was passiert? Oder sollen wir einfach fahren?

Jesper: Nein, ihr müsst das nicht vorbereiten, sie kann das noch nicht erfassen. Aber du kannst sie anrufen und ihr Gute Nacht sagen, Lasse. Sie wird dich vermissen und auf Jenny wütend sein. Das ist vollkommen in Ordnung. Nicht in Ordnung ist, dass sie die ganze Zeit mit diesem Gefühlscocktail in sich herumlaufen muss. Wenn sie tatsächlich wütend oder tatsächlich traurig ist, ist das vollkommen in Ordnung. Aber ihre Frustration tut ihr nicht gut. Außerdem muss sie lernen, dass sich in einer Familie nicht alles darum dreht, dass nur sie zufrieden ist. Mich würde es auch nicht besonders überraschen, wenn sie schon morgen ein wesentlich weniger frustriertes Mädchen wäre. Das Letzte, was sie jetzt benötigt, sind neue Grenzen.

Lasse: Meinst du, wir würden die Probleme dadurch nur verstärken?

Jesper: Genau. Es ist sehr gut, dass ihr zum Coaching gekommen seid. Fühlst du dich schuldig, Jenny?

Jenny: Ja. Ich finde, dass ich viel geduldiger sein müsste. Ich habe immer das Gefühl, dass sie genau weiß, welchen Knopf sie drücken muss.

Jesper: Findest du, dass du eine schlechte Mutter bist?

Jenny: Ich glaube, dass ich mehr aushalten können muss, mehr aushalten sollte.

Jesper: Vielleicht solltest du auch mal mit einem Therapeuten sprechen? Denn was du da erlebst, kostet Kraft. Das sticht tief ins Herz eines Elternteils hinein. Aber zunächst habt ihr ein anderes Projekt, um das ihr euch zuerst kümmern solltet. Wenn es machbar ist, wäre es eine gute Sache, wenn man ein Mädchen wie Sandra noch nicht in eine Kita bringt.

Lasse: Was sagst du dazu, seine Sprache dem jeweiligen Kind anzupassen?

Jesper: Mach das so, wie es sich richtig anfühlt. Rede, soviel du kannst. Man hat für seine Kinder oft unterschiedliche Arten, zu sprechen, und das ist in Ordnung, solange man nicht versucht, pädagogisch zu sein! Kinder sind im Laufe ihres Lebens von Pädagogen umringt! Rede mit ihnen, als würdest du mit deiner Partnerin sprechen. Ich höre ja, dass du das kannst. Und sei du selbst. Wenn die Erwachsenen erwachsen spielen, Mutter und Vater spielen, dann beginnen Kinder, Kind zu spielen.

Lasse: Vielen Dank, dass du dir Zeit für uns genommen hast.

Jesper: Ich bin sehr zuversichtlich, dass es funktionieren wird. Sandra ist sehr sensibel, flexibel und nicht gefangen in der Beziehung zu dir, Jenny. Ich bin davon überzeugt, dass es gut wird.

Jesper Juuls Tipps für Jenny und Lasse

- Sei du selbst! Ein Kind spürt sofort, ob man die Rolle der Mutter oder des Vaters nur spielt!
- Sprich von dir in der ersten Person. Verwende keine Formulierungen wie: „Jetzt wird dich Mama anziehen." Es ist unmöglich, mit einem Menschen eine Beziehung zu entwickeln, der das Wort „ich" nicht benutzen kann.
- Versuch, ein paar Tage mit dem Kind allein zu sein. Das wird hart werden, aber mit größter Wahrscheinlichkeit erfolgreich sein.
- Sei aufrichtig deinen Gefühlen gegenüber. Setze dich in Ruhe mit deinem Kind zusammen und sprich mit ihm wie mit einem Erwachsenen. Unter Umständen musst du weinen, aber das macht nichts.

RÜCKBLICK

Jenny: Das Treffen mit Jesper Juul hat so gutgetan! Ich war schon allein dadurch weniger gestresst, dass ich die Bestätigung bekam, dass nicht ich allein die Verursacherin der Situation war. Und schon am nächsten Tag hatte sich was verändert. Sandra wurde ruhiger, schrie weniger, und ich durfte mich um sie kümmern, obwohl Lasse zu Hause war. Sowohl Lasse als auch ich haben die Wandlung sofort bemerkt.

Wir haben Jespers Vorschlag befolgt, und ein paar Wochen nach unserem Coaching sind Lasse und Isaak für fünf Tage weggefahren. Ich war furchtbar nervös. Zum einen war ich noch nie so lange von Isaak getrennt, zum anderen hatte ich Angst, mit Sandra allein zu sein.

Aber es ging wunderbar: Sandra und ich hatten es so gemütlich! Nachts schlief sie sogar in meinem Bett, wir sind uns in den Tagen sehr nahe gekommen. Emotional war das eine anstrengende Zeit: Nachdem ich sie abends ins Bett gelegt hatte, stiegen in mir alte Erinnerungen und Gefühle auf.

Als Lasse und Isaak zurückkamen, hat sich Sandra sehr gefreut, aber sie hörte nicht auf, sich auch an mich zu wenden, und unsere Beziehung vertieft sich Tag für Tag. Heute ist sie zweieinhalb Jahre alt und hat noch nicht in der Kita angefangen. Und ich kümmere mich um sie, weil ich sie liebe, nicht weil ich muss.

Vivis Patchwork-Vater hat keine Zeit für sie

Ulrike und ihr zweiter Mann Jan wohnen zusammen mit Ulrikes beiden Töchtern aus erster Ehe: Vivi, 12 Jahre, und Lena, 8 Jahre. Zur Familie gehört außerdem Ulrikes und Jans gemeinsame Tochter Malin, 2 Jahre.

Aus zwei Familien eine neue zu machen ist nicht die leichteste Aufgabe. Aus erster Ehe hat Ulrike die Töchter Vivi und Lena, zusammen mit Jan noch die kleine Schwester Malin. Im Moment fühlt es sich so an, als würde Jan nicht genug Engagement für seine Zusatzkinder aufbringen.

Ulrike und Jan sind seit fünf Jahren ein Paar. Als sie sich kennenlernten, hatte Ulrike bereits die beiden Töchter Vivi, damals sieben Jahre alt, und Lena, drei Jahre. Mittlerweile haben sie noch eine gemeinsame Tochter bekommen, Malin, zwei Jahre. Ulrike hat sich mit der Bitte um Rat an das Elterncoaching gewandt, wie sie die Familien zusammenschweißen kann. Weder sie noch die älteste Tochter Vivi sind der Ansicht, dass Jan sich ausreichend bemüht, um das Verhältnis zu den älteren Töchtern zu verbessern.

Ursprünglich hatten sie geplant, dass nur Ulrike, Jan und Vivi die 500 Kilometer nach Stockholm fahren würden und die beiden jüngeren Geschwister zu Hause bleiben sollten. Die Familie bekam einen Termin bei Jesper Juul, aber in einer Mail kurz vor dem Treffen deutete Ulrike an, dass Jan sich nicht sicher war, ob er es zeitlich schaffen würde, da es bei seiner Arbeit gerade drunter und drüber ging. Er wollte es aber versuchen, und darum blieb der Termin erst einmal bestehen.

Am Tag des Coachings aber war Jan nicht mit dabei. Vivi erweist sich als ein ernstes zwölfjähriges Mädchen, das sich sehnlich

Hallo!

Ich habe gelesen, dass ihr Familien sucht, die sich von Jesper Juul coachen lassen wollen. Ich habe zwei große Mädchen, zwölf und acht Jahre, von deren Vater ich geschieden bin. Er lebt auch nicht mehr in Schweden. Ich habe einen neuen Mann kennengelernt, mit dem ich eine fast zweijährige Tochter habe.

Wir haben Probleme, die Familien unter einen Hut zu bringen. Ganz oft geht es um „wir" (das heißt ich und meine großen Mädchen) und „ihr" (das sind mein zweiter Mann und unser gemeinsames Kind). Mein Mann und meine älteste Tochter haben kein gutes Verhältnis, und ich finde, es sieht düster aus für die Zukunft.

Ich hätte gerne Unterstützung, wie ich den beiden dabei helfen kann, eine funktionierende Beziehung zu entwickeln.

Mit freundlichem Gruß
Ulrike

ein gutes Verhältnis zu ihrem Patchwork-Vater wünscht. Es wird eine sehr emotionale Begegnung mit Jesper Juul. Aber nach einer Weile bricht Jesper Juul das Coaching ab, weil es schwer ist, es ohne Jan weiterzuführen. Stattdessen vereinbaren sie einen neuen Termin, einen Monat später, dieses Mal am Wohnort der Familie. So ist die Wahrscheinlichkeit auch größer, dass Jan daran teilnehmen kann.

Als Jesper Juul die Familie das nächste Mal trifft, erscheinen alle drei. Jan hat erfahren, was bei der ersten Sitzung gesagt wurde, und konnte sich Gedanken machen, wie die gegenwärtige Situation verbessert werden kann. Es ist also ein Coaching in zwei Schritten.

Ulrike: Ich habe zwei Kinder aus meiner ersten Ehe. Der Vater der Kinder ist in sein Heimatland zurückgekehrt. Vor fünf Jahren habe ich Jan geheiratet und wir haben eine gemeinsame Tochter. Unser Problem, so wie ich es sehe, ist, dass wir wie zwei getrennte Familien leben und nicht wie eine. Ich unternehme mit meinen großen Töchtern viel allein, und Jan ist viel mit Malin, unserer jüngsten Tochter, zusammen. Jan beteiligt sich nicht an den Aktivitäten der großen Mädchen. Ich meine damit alles, vom Training über Handballwettkämpfe bis hin zu Schulveranstaltungen. Es ist anstrengend und schwer, da zusammenzukommen. Man muss sich ja nicht ständig in den Armen liegen, aber man muss auch nicht den Blick abwenden. Manchmal ist die Stimmung zu Hause ganz schön belastend.

Jesper: Wann hat es denn damit angefangen?

Ulrike: Genau genommen ist es von Anfang an so gewesen. Als ich Jan kennenlernte, hat er nie viel Zeit mit uns allen verbracht. Damals glaubte ich, dass er das nicht wollte. Er selbst hatte ja keine Kinder, und ich dachte wohl, dass er sein altes Leben vorerst behalten wolle. Dass er sein Singleleben behalten will und sich ganz langsam in unsere Familie einfügt. Aber auch als Malin auf die Welt kam, hat es sich nicht verändert. Er bleibt mit Malin zu Hause, während ich mit den Großen etwas unternehme. Ich möchte gerne Hilfe haben, wie wir das lösen können. Denn ich wünsche mir, dass wir eine Familie bleiben.

Jesper: Vivi, kannst du mir erzählen, wie du das siehst? Was macht Jan deiner Meinung nach und was macht er nicht?

Vivi: Ich habe das Gefühl, dass er sich überhaupt nicht um mich kümmert. Er verbringt viel mehr Zeit mit Lena und Malin als mit mir. Ich habe das Gefühl, dass er nicht mit mir zusammen sein will.

Ulrike: Und Jan sagt genau das Gleiche. Vivi macht sehr viel Sport, sie hat an mehreren Tagen die Woche Training. Jan sagt, dass er Handball nicht mag. Mittlerweile geht sie nicht mehr so oft

> Ich habe das Gefühl, dass er sich überhaupt nicht um mich kümmert. Er verbringt viel mehr Zeit mit Lena und Malin als mit mir. Ich habe das Gefühl, dass er nicht mit mir zusammen sein will.
>
> VIVI

zum Training. Aber obwohl sie ihre Trainingseinheiten reduziert hat und damit mehr Zeit für Aktivitäten außerhalb des Sports hätte, behauptet Jan, dass *er* keine Zeit hat, mit ihr etwas zu unternehmen. Vivi fühlt sich weggeschoben und nicht beachtet.

Jesper: Vivi fühlt sich nicht nur so, sie wird auch nicht beachtet.

Ulrike: Jan behauptet, der einzige Grund für seine Weigerung sei, dass er nun einmal Handball nicht mag. Da habe ich ihm entgegnet, dass aber Vivi Handball mag und der Sport für sie wichtig ist. Er hat ja keine Ahnung von ihrem Alltag, er hat keine Ahnung, wie ihre Schultage aussehen. Sie kommt in die siebte Klasse, aber er weiß nicht, welche Fächer sie wählen wird. Er zeigt keinerlei Interesse daran, herauszufinden, wie ihr Alltag abläuft. Und in Vivis Alter registriert man ja viel deutlicher, ob die Eltern sich interessieren oder nicht. Und seit Malin auf der Welt ist, wird es noch offensichtlicher, wo sein Fokus liegt. Wie viel mehr Interesse er für sein leibliches Kind aufbringt.

Jesper: Was würdest du sagen, Vivi? Gibt es Hoffnung?

Vivi: Ja. In unserem ersten gemeinsamen Jahr als Familie war alles praktisch fehlerfrei. Aber die letzten Jahre waren überhaupt nicht schön.

Ulrike: In den letzten Jahren, die Vivi meint, ist ihr leiblicher Vater in seine Heimat zurückgekehrt. Er ist vor zwei Jahren weggezogen. Gleichzeitig kam Vivis und Lenas kleine Schwester auf die Welt.

Jesper: Hast du oft Kontakt zu deinem leiblichen Vater?

Vivi: Ja, ziemlich viel sogar. An den Wochenenden skypen wir, eigentlich machen wir das jedes Wochenende, wenn wir Zeit haben. Aber wir haben uns seit zwei Jahren nicht mehr gesehen.

Jesper: Es ist wirklich schade, dass Jan nicht dabei ist. Es ist schwer, herauszubekommen, ob sein Mangel an Engagement durch eine Verunsicherung seinerseits verursacht wird oder

> "Er zeigt keinerlei Interesse daran, herauszufinden, wie ihr Alltag abläuft.
> ULRIKE

durch etwas anderes. Ich weiß nicht, ob er diesen Entschluss vor langer Zeit gefasst hat, ob er verletzt ist oder ob er einfach nicht will.

Kannst du mir, Vivi, erklären, warum dir das so wichtig ist? Es bedeutet dir logischerweise viel, weil es deiner Mutter etwas bedeutet, aber warum ist es für dich so wichtig?

Vivi: Ich habe einfach das Gefühl, dass man das ändern kann und dass es dann viel besser wird. Ich hoffe jeden Tag, dass es besser wird.

Jesper: Und was würde geschehen, wenn es sich niemals ändern würde?

Vivi: Ich weiß nicht.

Ulrike: Jan ist der Ansicht, dass beide Seiten gleich viel Verantwortung tragen, dass Vivi genauso viel anbieten muss wie er. Ich habe immer wieder angeführt, dass sie als Kind nicht dieselben Möglichkeiten hat wie er.

Jesper: Aber Vivi bietet doch Sachen an. Sie sagt zum Beispiel, wie es ihr geht: „Mir gefällt die Situation nicht, so wie sie jetzt ist." Ihr ganzes Verhalten belegt doch, dass sie die Situation ändern möchte. Diese „Fünfzig-fünfzig"-Geschichte ist unmöglich. Es wäre etwas anderes, wenn er viele Vorstöße gemacht hätte, um die Beziehung zu Vivi zu verändern.

Ich würde mir wünschen, dass Jan sagen kann, was er will, denn dann könnte er im Gegenzug sagen: „Und ich will, dass Vivi ihren Teil macht." Und daraufhin könnte sie sagen, was sie will. Ihr würdet in einen Dialog treten. Aber niemand in eurer Familie scheint zu wissen, was Jan will. Ich bin davon überzeugt, dass Vivi ein Buch vollschreiben könnte mit ihren Wünschen. Und so würde Jan erfahren können, was er tun soll. Darum aber wäre es so bedeutend, zu erfahren, ob Jan überhaupt will.

Ulrike: Ich glaube, dass er es auch will. Als ich ihn gefragt habe, hat er gesagt, dass er sich wünscht, dass wir als Familie funk-

tionieren sollen. Dass unsere Beziehungen zueinander funktionieren.

Jesper: Aber es gibt viele Familien, in denen die Beziehungen nicht funktionieren.

Ulrike: Aber Familie soll doch Spaß machen, alle sollen sich wohlfühlen.

Jesper: Es kann schwer werden, so ein offenes Gespräch zuwege zu bekommen. Wäre er jetzt hier, würden wir relativ schnell herausbekommen können, was er will. Vor Kurzem habe ich eine Familie kennengelernt, in der die Mutter ihren neuen Mann als zu passiv beschrieb. Es zeigte sich, dass er gar nicht wusste, wie er sich verhalten soll. Und der Sohn, der so alt war wie du, Vivi, wusste nicht, was er wollte. Ich versuchte es ihm zu entlocken, und es stellte sich heraus, dass er sich den neuen Mann seiner Mutter als Freund wünschte. Dieser wusste aber gar nicht, was das bedeutete. Also haben wir zusammen eine Liste erstellt, in der alles stand, was der Junge sich von dem neuen Mann wünscht.

Ulrike: Meinst du, Vivi sollte auch so eine Liste schreiben, was sie sich von Jan wünscht, eine Liste über die verschiedenen Wege, auf denen er sich engagieren kann?

Jesper: Ja, und diese Liste muss schonungslos sein, auf der soll stehen, was Vivi will. Und dann kann Jan Ja oder Nein sagen. Du hast doch die Liste schon in deinem Kopf, oder, Vivi? Ich verstehe, dass sich das irgendwie verkrampft anfühlt. Aber in fünf oder zehn Jahren wird es sich auszahlen. Wenn ihr auf diesem Weg eine anstrengende Situation lösen könnt, ist es das auf jeden Fall wert. Glaubt ihr, dass Jan diese Situation lösen will?

Ulrike: Ja, das glaube ich. Allerdings will er, dass sie sich in fünf Sekunden löst, mit dem geringsten Einsatz und dem größtmöglichen Nutzen. Er hat keine Nerven dazu, hatte viel Stress bei der Arbeit. Aber zum Beispiel in diesem Frühling hat er mit Malin Elternzeit genommen.

Jesper: Okay, wenn er vor Kurzem Elternzeit genommen hat, weiß er natürlich, wie man eine Beziehung zu einem Kind aufbaut. Dann hat er auf diesem Gebiet schon Erfahrung gesammelt.

Ulrike: Aber er sagt ständig, dass ihm die Nerven fehlen, die Situation zu lösen.

Jesper: Wenn Männer sagen, dass sie keine Nerven haben, bedeutet das nach meiner Erfahrung meistens, dass sie nicht wissen, wie sie sich verhalten sollen. Aber wenn wir Vivi helfen wollen, hat er eine Schlüsselfunktion.

Ulrike: Manchmal habe ich das Gefühl, dass ich für meine Kinder Mutter und Vater in einem bin.

Jesper: Was du da sagst, bekräftigt vermutlich, dass er will, aber nicht weiß, wie.

Ulrike: Manchmal denke ich auch, wir sollten es einfach auf sich beruhen lassen, da aber Vivi wahrscheinlich noch eine ganze Weile bei uns wohnen wird, habe ich das Gefühl, dass wir jetzt etwas dagegen tun müssen.

Jesper: Eine Beziehung zu entwickeln muss nicht zwangsläufig lange dauern, es geht in erster Linie um mentale Priorisierung.

> Eine Beziehung zu entwickeln muss nicht zwangsläufig lange dauern, es geht in erster Linie um mentale Priorisierung.
> JESPER

Als sich die Familie das zweite Mal trifft, ist fast ein ganzer Monat vergangen. Wir treffen sie in ihrem Wohnort, und auch Jan ist dieses Mal mit dabei. Die Vivi, der wir begegnen, ist wesentlich fröhlicher.

Jesper: Wie ist es euch seit unserer letzten Begegnung ergangen?

Ulrike: Vivi hat schon im Zug auf dem Nachhauseweg mit ihrer Wunschliste für Jan angefangen. Zum Beispiel hat sie sich gewünscht, dass er ihr ab und zu bei den Hausaufgaben hilft.

Jesper: Und ist es besser geworden?

Vivi: Ja, das ist es. Es ist viel besser geworden.

Jesper: Was sagst du dazu, Jan?

Jan: Wenn ich mir Vivis Liste so ansehe, muss ich wohl sagen, dass ich nicht erfolgreich war. Ich bekomme auf jeden Fall keine Eins mit Sternchen. Ich habe wohl meistens was anderes bevorzugt. Der Tag hat ja auch nur 24 Stunden. Wir schaffen ja kaum, das zu erledigen, was wir zu Hause vorhaben. Ich finde, wir sollten die Aktivitäten reduzieren. Es sind zu viele verschiedene Dinge, so einfach ist das. Und die Zeit, die übrig bleibt, kann nicht spontan genutzt werden, der Alltag ist von Routinen bestimmt.

Darum: Nein, ich kann nicht erkennen, dass ich große Veränderungen vorgenommen habe. Aber es ist ja schön, dass Vivi das findet.

Jesper: Aber du findest, dass es besser geworden ist, Vivi?

Vivi: Ja, er wird nicht mehr so wütend wie früher.

Ulrike: Aber in der kurzen Zeit, die seit unserem ersten Treffen vergangen ist, wart ihr doch auf einem Motorradausflug zusammen. Das fand Vivi toll. Wie können wir denn jetzt weitermachen, damit das nicht nur eine einseitige Wunschliste von Vivi bleibt, zumal wenn Jan sagt, dass sie nicht genug Zeit haben, eine Beziehung aufzubauen?

Jan: Natürlich gibt es genügend Zeit, um eine Beziehung aufzubauen. Aber an den Wochenenden ist immer so viel los. Dann gibt es Handballwettkämpfe und so weiter, da bleibe ich lieber mit der Kleinsten zu Hause, weil ich es gerne ruhiger angehen lasse. Es gibt so selten Zeitlücken, die Tage sind immer verplant, zumindest fühlt es sich so an. Wir haben nie Zeit für Extras, es war reiner Zufall, dass wir für diese Motorradtour Zeit gefunden haben.

Jesper: Du würdest dir also mehr freie Zeit wünschen, in der die Familie etwas spontan unternehmen kann?

Jan: Oh ja, absolut.

Ulrike: Jetzt folgt ja erst einmal eine natürliche Pause, weil die Handballsaison bald vorbei ist. Ich selbst begleite Vivi gerne zum Handball, weil ich es lustig dort finde, obwohl ich gleichzeitig auch verstehen kann, dass Jan meint, wir sind zu viel unterwegs. Das bedeutet selbstverständlich auch, dass weniger Zeit für die Familie bleibt.

Jesper: Aber das hattest du gar nicht gesagt, Jan, oder? Du hast doch gesagt, dass du dir weniger verplante Zeit wünschst?

Jan: Genau. Am Wochenende will man doch entspannen und zu Hause sein. Denn bei der Arbeit habe ich sehr viel mit Menschen zu tun. Wenn ich aber dann zu Hause bleibe, verpasse ich die Möglichkeit, mit Vivi und Lena eine Beziehung aufzubauen, weil das nur möglich ist, wenn ich sie zu den verschiedenen Aktivitäten begleite.

Jesper: Wenn du also eine Wunschliste schreiben würdest, dann würdest du schreiben „mehr Zeit, die nicht schon verplant ist"?

Jan: Ja, die ganze Zeit gibt es Dinge, die erledigt werden müssen. Zu Hause schaffen wir es ja kaum, die laufenden Arbeiten zu erledigen.

Jesper: Empfindet ihr das sehr unterschiedlich?

Ulrike: Ja, ich weiß zum Beispiel, dass wir eigentlich das Kaminholz auffüllen müssten, aber das kann warten. Bestimmte Sachen muss man loslassen, um sich so mehr unverplante Zeit zu verschaffen.

Jesper: Aber wenn ihr über diese Sache sprecht, redet ihr nicht über das Gleiche. Du, Jan, sprichst von Dingen, die dir zu viel sind, die du so nicht mehr haben willst. Und du, Ulrike, sprichst von den Dingen, die du haben willst. Wenn ihr so miteinander redet, kommt ihr nicht weiter in eurer Diskussion. Ulrike, sag stattdessen lieber: „Für mich ist das hier nicht zufriedenstellend."

Vivi begreift sehr wohl, dass Jan Entscheidungen treffen und seine Prioritäten setzen muss, aber sie will natürlich auch nicht ans Ende seiner Liste rutschen! Jan, ich finde, du solltest versuchen, seltener „man" und „die Familie" zu verwenden, und dafür häufiger „ich" sagen. Dann kann die Familie erfahren, was

> Jan, ich finde, du solltest versuchen, weniger „man" und „die Familie" zu verwenden, und dafür häufiger „ich" sagen. Dann kann die Familie erfahren, was du willst, denn das ist wichtig.
> JESPER

du willst, und das ist wichtig. Mir scheint, dass Verantwortung zu übernehmen ein gewichtiger Teil deiner Identität ist.

Jan: Doch, so würden mich vermutlich viele beschreiben.

Jesper: Aber wenn man erst einmal diese Rolle hat, wollen die Menschen immer mehr davon. Und sie sind niemals zufriedenzustellen. Zwischendurch braucht man eine Überraschung, muss verwöhnt werden. Seht das wie einen Lastwagen, der zur Inspektion muss. Vivi braucht das eine, du, Jan, benötigst etwas ganz anderes und Ulrike ein Drittes.

Wir reden heute sehr viel über Zeit. Aber die Zeit verstreicht ja jede Sekunde. Es kommt die ganze Zeit neue Zeit nach. Gleichzeitig muss man Not haben, um Dinge ändern zu können. Ich bin Großvater geworden, habe aber wahnsinnig viel zu tun. Wenn mein Sohn anruft und fragt, ob ich meinen Enkelsohn sehen will, ist es die Wahrheit, wenn ich ihm antworte: „Nein, ich habe keine Zeit"? Kann ich mich im Spiegel ansehen und das sagen? Für dich, Jan, geht es darum, was dir wichtig ist. Was verleiht dir Energie, was ist dein Treibstoff?

Ulrike: Im Frühling hatten wir darüber gesprochen. Jan hat gemeint, er müsste zwischendurch einfach mal Jan sein dürfen. Wie es aussieht, ist dieses Bedürfnis wieder verschwunden.

Jesper: Ich wurde einmal gefragt: „Was willst du in zehn Jahren machen?" Das ist schwer zu beantworten. Oft fällt es uns leichter, zu beantworten, was wir in zehn Jahren *nicht* machen wollen. Es ist schade, eine Beziehung aufzubauen, die nur anstrengend ist.

Ulrike: Du meinst also, wie sollten alle eine Liste mit unseren Wünschen schreiben?

Jesper: Genau. Und überlegt euch, wie ihr eure Batterien aufladen könnt. Was macht euch ruhig? Diese Zeit muss man sich ganz einfach nehmen, die bekommt man nicht geschenkt.

Ulrike: Aber wenn wir Listen machen und Jans Liste passt nicht zu deiner Liste, Vivi, wie wäre das für dich?

Seht das wie einen Lastwagen, der zur Inspektion muss. Vivi braucht das eine, du, Jan, benötigst etwas ganz anderes und Ulrike ein Drittes.
JESPER

134

Vivi: Das wäre okay, solange er mich ab und zu begleitet und mit mir Hausaufgaben macht.

Jesper: Und zumindest habt ihr dann alle einmal gesagt, was ihr wollt, und alle hatten die Chance, Stellung dazu zu nehmen.

Jesper Juuls Tipps für Ulrike, Jan und Vivi

- Übernimm Verantwortung für dich und deine Wünsche. Sag klar und deutlich, was du willst – und was du nicht willst.
- Sprich in „Ich"-Form: „Ich will, dass wir …" Dann wird die Kommunikation verständlicher und es ist leichter, Stellung zu verschiedenen Angelegenheiten zu nehmen.
- Die Bedürfnisse aller Familienmitglieder sind gleich bedeutsam. Überlegt euch gut, was ihr wollt, schreibt es in eure Liste, über die ihr dann in der Runde diskutieren könnt. Alles auf der Liste wird sich nicht machen lassen, aber ein Teil davon.
- Zeit, um Beziehungen aufzubauen, und Zeit miteinander, die bekommt man nicht. Die muss man sich nehmen, und oft muss man Prioritäten setzen.

RÜCKBLICK

Ulrike: Nachdem wir Jesper Juul getroffen haben, geht es uns viel besser. Natürlich begleitet Jan uns noch immer nicht zu vielen Aktivitäten, aber er engagiert sich viel mehr zu Hause, wenn Vivi da ist. Manchmal spielen sie abends zusammen und dadurch herrscht jetzt ein ganz anderes Klima bei uns. Vivi und Jan sprechen mehr miteinander, Vivi wendet sich wesentlich natürlicher und unverkrampfter an ihn, und Jan fragt sie im

Gegenzug häufiger, wie ihr Tag gewesen ist. Vor ein paar Tagen hatte sie einen Wettkampf, und als Erstes hat sie danach Jan angerufen, um ihm zu erzählen, wie es gelaufen ist.

Aber ich gebe auch zu, ich bin ihre Mutter, darum ergreife ich automatisch immer ihre Partei, wenn es etwas gibt. Vermutlich habe ich unterbewusst Mitleid mit den Mädchen, vor allem seit ihr leiblicher Vater weggezogen ist.

Jan: Ich kann nicht behaupten, dass es große Veränderungen gegeben hat. Ich fand es nicht ausreichend, Jesper Juul nur ein einziges Mal zu sprechen, weil ich es schwierig finde, in so kurzer Zeit ein richtiges Bild von den Umständen bei uns zu Hause zu geben.

Aber natürlich ist es positiv, dass Ulrike und Vivi finden, dass sich einiges verbessert hat. Ulrike und ich haben auch darüber gesprochen, die Aktivitäten ein wenig zu reduzieren, obwohl das noch nicht konkret umgesetzt wurde.

Es ist schwer, die Situation zu verändern. Vivi ist selten zu Hause, wenn wir anderen dann einen Ausflug als Familie unternehmen, ist sie oft nicht mit dabei.

Vivi: Es ist alles viel besser geworden. Wir verstehen uns jetzt viel besser, Jan und ich. Wir machen zwar nicht so viele Sachen zusammen, aber das hat bestimmt damit zu tun, dass er so viel Stress bei der Arbeit hat und ich viel in der Schule zu tun habe und so.

Aber mir reicht es schon, dass er mich fragt, ob ich bei irgendwelchen Unternehmungen mitkommen will! Jetzt in den Ferien zum Beispiel, da hat er mich gefragt, ob ich mit zum Schwimmen gehen will. Er hat auch angefangen, mich zu meinen Aktivitäten zu bringen oder abzuholen, und fragt mich, wie die Wettkämpfe gelaufen sind und so weiter.

Vor dem Treffen mit Jesper Juul war ich furchtbar aufgeregt, aber diese Nervosität verschwand sofort. Das Beste an dem Coaching war, dass Jesper mir Hoffnung gemacht hat. Er hat mich

wirklich davon überzeugt, dass wir die Situation zu Hause verändern können! Es ist klar, dass Jan nicht alles getan hat, was
auf meiner Liste steht, aber ein paar Sachen davon hat er gemacht, und das genügt mir.

Was mache ich mit meiner Unsicherheit?

von Jesper Juul

Die Medien beschäftigen sich häufig mit der Unsicherheit moderner Eltern, und oft lässt sich eine leicht arrogante oder offen kritische Haltung zu diesem Thema vernehmen. Man bekommt den Eindruck, sie sind der Ansicht, dass Kinder zu haben, mit ihnen Zeit zu verbringen, sie zu erziehen und sie zu lieben etwas ist, was alle Erwachsenen können, ohne je Zweifel zu haben. Gerade Journalisten, die mich interviewen, sehen oft ein Problem darin, dass so viele Eltern Ratgeber und Fachzeitschriften lesen und im Internet nach Informationen suchen. Doch diese Auffassung teile ich nicht.

Wenn es um das Zusammenleben von erwachsenen Menschen geht, begegnet man einer solchen Haltung nie. Da scheint man viel eher dazu bereit zu sein, die unendliche Komplexität des Menschen, der Liebe und des Lebens anzuerkennen. Wahrscheinlich liegt es daran, dass Kinder und Jugendliche noch immer als nicht ganz vollwertige Menschen angesehen werden. Eher als Objekte und Aufgaben, die ganz einfach gelöst werden müssen.

Die Paare und Eltern der letzten fünfzehn Jahre sind im Grunde mit einer sehr schweren Herausforderung konfrontiert, denn sie müssen sowohl die Partnerschaft als auch die Kindererziehung neu erfinden. Nicht etwa weil unsere Eltern und Großeltern alles falsch gemacht haben – obwohl das in einigen Fällen durchaus zutrifft –, sondern weil unser Wissen über zwischenmenschliche Beziehungen, Kinder und Erwachsene so beträchtlich gewachsen ist und sich dadurch die Voraussetzungen beinahe grundlegend verändert haben. Zum Beispiel haben die meisten der heutigen Eltern in ihrer eigenen Kindheit und Jugend viel mehr Zeit mit Pädagogen und anderem Fachpersonal verbracht als mit ihren eigenen Eltern und Großeltern. Das bedeutet aber, dass die jungen Eltern von heute in hohem Maße Vorschulpädagogen und Erzieher als Vorbilder und innere Ratgeber haben. Dies ist in gewisser Hinsicht eine etwas unglückliche Entwicklung, da sich zwei sehr unterschiedliche Kompetenzen zu einem verwirrenden Kompott vermischen: Erziehung und Zusammenleben im Rahmen der Familie sowie die professionelle Pädagogik – und häufig so unheilvoll, dass die Eltern nicht umhinkönnen, sich als inkompetente Amateure zu fühlen. Das führt dazu, dass die persönlichen Erlebnisse der Eltern, ihre Ansichten und inneren Stimmen von den professionellen Stimmen ertränkt und zum Schweigen gebracht werden und somit zu der Verwirrung noch Unsicherheit dazukommt: Unschlüssigkeit und das Gefühl von Hilflosigkeit bekommen einen guten Nährboden.

So wie sich die Situation für mich heutzutage darstellt, halte ich es für sehr intelligent, unsicher zu sein! Die entscheidende Frage ist nicht, ob Eltern unsicher sind, sondern in welcher Weise sie es sind und was sie mit ihrer Unsicherheit anfangen. Ob der alleinerziehende Vater oder die alleinerziehende Mutter mehr oder weniger unsicher ist oder ob die Unsicherheit sie in ihrer Gewalt hat. Ob sie konstruktiv oder destruktiv unsicher sind. Ob diese Unsicherheit zu einer persönlichen Einsicht, zu Wachstum und Entwicklung führt oder zu einem chaotischen Leben, in dem ein Konflikt dem nächsten folgt.

Wenn man sich als Eltern in der Gewalt dieser Unsicherheit fühlt, wird das zu einem Problem für alle Parteien. In dieser Hinsicht ähnelt das Gefühl der Unsicherheit allen anderen Gefühlen. Es ist ausgezeichnet, mal wütend oder gar außer sich zu sein, aber nicht, sein Verhalten von diesem Gefühl bestimmen zu lassen. Es ist nicht nur okay, sondern auch heilsam, unglücklich und verzweifelt zu sein, aber es ist nicht gut, klinisch depressiv zu sein und so weiter. Die einzige Ausnahme bei den Gefühlen stellt die Verliebtheit dar, die uns umso größere Freude und Lebenslust verleiht, je mehr sie unser Leben dominiert. Aber die Verliebtheit wurde auch aus gutem Grund als ein Zustand temporärer geistiger Verwirrung beschrieben.

Wenn man das Gefühl hat, in der Gewalt der Unsicherheit zu sein, muss man seine Fähigkeit schulen, Informationen von außen mit den eigenen Wahrnehmungen, Gedanken und Bewertungen aufeinander abzustimmen, und sich dann zwingen, so entschlossen wie ein Wissenschaftler Hypothesen aufzustellen und sie im Experiment zu überprüfen. Wenn man so sein Ziel nicht erreicht, kann man sich ziemlich sicher sein, dass man das Problem nicht auf die richtige Weise angegangen hat. Hat man sein Ziel erreicht, wird die Unsicherheit von Gewissheit ersetzt. Es ist ein langsamer Prozess, aber er ist die Mühe wert. Solange man sich in der Gewalt der Unsicherheit befindet, kann man seinen Kindern nicht die notwendige Anleitung und Führung anbieten.

Wenn man „konstruktiv unsicher" ist – das bedeutet, dass man die Unsicherheit in sich trägt, aber nicht in ihrer Gewalt ist –, ist es vernünftig, sich Informationen zu besorgen und mit anderen in den Dialog zu treten. Heutzutage stammen die meisten Informationen von den sogenannten Experten und Spezialisten. In diesem Zusammenhang ist es wichtig, sich daran zu erinnern, dass es keine Erziehungsexperten gibt. Es gibt Fachkräfte, die unglaublich viel beispielsweise über Ernährung, Sprachentwicklung, Kindheit, Neurobiologie und Ähnliches wissen, aber es gibt keine Experten auf dem Gebiet der privaten, auf Liebe basierenden Kindeserziehung. Nicht einmal Eltern, die vier, fünf oder sieben Kinder großgezogen haben, sind Experten. Sie haben nur wesentlich mehr Erfahrung, was in ihrer Familie in Bezug auf die Kinder geglückt beziehungsweise missglückt ist. Davon können sich andere Eltern inspirieren lassen, aber sie sollten es nicht kopieren.

Die wichtigste Quelle, um zu einem größeren Selbstvertrauen zu gelangen, sind die Reaktionen und das Feedback des eigenen Kindes. Diese Wechselwirkung ist in den allermeisten Familien äußerst lebendig, solange das Kind sehr klein ist. In dieser Lebensphase haben wir offene Sinne und lernen bei der Auslegung der kindlichen Signale ununterbrochen aus unseren Fehlern. Vor allem sind wir neugierig und wollen so viel wie möglich über dieses Kind erfahren, das wir glücklicherweise bekommen haben. Nach etwa einem Jahr tritt leider eine Veränderung ein, und zwar insofern, als unsere Neugier und unser Interesse an dem einzigartigen Charakter des Kindes abnehmen. Und so kommt es, dass das gegenseitige Wachstum und Lernen weniger ausgiebig ausfallen, als es im besten Falle sein könnte. Dann greifen die Eltern meist zu anderen Quellen für ihr Selbstvertrauen, im schlimmsten Fall zu billigen Erziehungsmethoden, die nur in Ausnahmefällen Eltern und Kind das geben, was benötigt wird, um eine starke und liebevolle Beziehung aufzubauen.

Ein absolutes Gefühl von Sicherheit wird sich selten einstellen, und warum sollte es auch? Als Eltern haben wir jeden einzelnen Tag die Verantwortung für das Leben, das Lernen und die Entwicklung eines neuen Menschen. Und dabei handelt es sich um wesentlich mehr als die Frage, wann das Kind schläft, was es isst und ob es die Hausaufgaben rechtzeitig fertig hat. Das sollte uns ein wenig bescheiden machen.

ALLTAGS-CHAOS

mit JESPER JUUL

Seit das zweite Kind auf der Welt ist, ist Mama immer müde

Helena und Björn sind die Eltern von Maja, 5 Jahre, und Max, 9,5 Monate.

Als ihr Sohn Max auf die Welt kam, veränderte sich die Familie von Helena und Björn nicht nur numerisch. Helenas Verhältnis zu ihrer Tochter Maja hat sich gewandelt, denn Helena hat weniger Zeit und Kraft als vorher und wird von schlechtem Gewissen geplagt.

Helena hat ihrer Tochter Maja immer sehr nahegestanden. Glaubt man Björn, hatten die beiden ein nahezu symbiotisches Verhältnis. Als der kleine Bruder Max vor neuneinhalb Monaten geboren wurde, veränderte sich Helenas und Majas Beziehung über Nacht.

Helena hat das Gefühl, dass sie beiden Kindern nicht genügen kann. Außerdem bekommt sie nicht genug Unterstützung von Björn. Zurzeit stillt sie beide Kinder und ist jede Nacht auf den Beinen. Helena hat keinen Moment für sich allein und geht auf dem Zahnfleisch vor Müdigkeit.

Helena: Der Schock, wenn das zweite Kind kommt, hat bei uns Gestalt angenommen. Ich hatte eine ziemlich traumatische Geburt und Max hat praktisch nur an meiner Brust gehangen. Er wollte ununterbrochen bei mir sein. Für Maja, mit der ich ein so inniges Verhältnis hatte, war das hart – aber auch für mich. Ich habe eine Art Trauerprozess durchlebt, weil unsere Beziehung sich so verändert hat.

Björn: Ihr wart ja wie ein und dieselbe Person.

Helena: Als Max unterwegs war, dachte ich: „Das schaffe ich." Aber es wird ja nie so, wie man sich das ausmalt. Und als er dann auf die Welt kam, sollte Björn sich um Maja kümmern, aber er hat das nicht so gemacht, wie ich mir das vorgestellt hatte.

Hallo!

Ich heiße Helena und habe schon viele Ideen von Jesper Juul umgesetzt. Viel Zeit und Respekt habe ich darauf verwendet, habe eher Ja als Nein gesagt, meine Tochter und ihren Willen respektiert (wenn auch oft in umgekehrter Reihenfolge), habe zugehört, hatte Geduld und war aufmerksam. Meine Tochter ist resolut, lebhaft und offenherzig. Ihr gelingt es, andere Kinder zu motivieren, sie ist fröhlich und andere nehmen sie als sehr lebhaft wahr, aber auch als freundlich und fürsorglich.

Früher hatten wir ab und zu Schwierigkeiten, weil sie sich immer die falschen Kleidungsstücke anziehen wollte, aber auch das haben wir mit viel Geduld gelöst. Sie hatte immer einen starken Willen, was ich allerdings als Vorteil für ein Mädchen empfunden habe.

Jetzt aber, nachdem wir den heiß ersehnten kleinen Bruder bekommen haben, funktionieren diese alten „Methoden" nicht mehr. Jetzt haben wir einen sehr fordernden Säugling und eine wütende, frustrierte große Schwester, die Bettzeug zerreißt, schreit, sich prügelt und manchmal uns und auch den kleinen Bruder attackiert.

Aber vielleicht liegt es auch an uns, weil wir weniger Geduld haben, seit wir den kleinen Säugling haben, der lange unter Koliken litt. Ich trauere um meine alte, respektvolle und sehr nahe Verbindung zu meiner Tochter (denn hauptsächlich habe ich mich um sie gekümmert).

Ihr Vater Björn findet sie ungehorsam und aufsässig, denn er muss jetzt seine Erziehungsfunktion häufiger erfüllen, weil mich das Baby in Beschlag nimmt.

Wir sind in einem Muster gefangen, wo die große Schwester ihren Bruder zu ruppig und übergriffig behandelt, uns Erwachsenen nicht gehorcht und wir als Eltern unglücklich und verwirrt sind. Wir möchten unsere alte Harmonie, die uns verloren gegangen ist nach dem Schock des zweiten Kindes, welcher uns stärker erschüttert hat, als wir alle erwartet haben, zurückgecoacht bekommen.

Mit freundlichen Grüßen
Helena, Björn, Maja und Max.

Jesper: Tut ihr das so unterschiedlich?

Helena: Im Grunde genommen wollen wir ja das Gleiche, aber wir haben nicht genug Kraft. Früher habe ich das meiste gemacht. Und als Max auf die Welt kam und Björn einen Teil der Verantwortung übernehmen sollte, war er vollkommen unvorbereitet.

Björn: Wir wollen schon dasselbe, aber die Kinder sind harte Brocken.

Jesper: Hat Maja selbst schon etwas über die Veränderungen gesagt?

Helena: Am Anfang ging es sehr gut. Wir haben viel darüber gesprochen, aber dann schwenkte das plötzlich um und auf einmal fand sie Max doof. Sie will alles vor ihm haben.

Jesper: Habt ihr mit Maja eigentlich schon über die Tatsache gesprochen, dass sie 50 Prozent von allem verloren hat, was sie früher hatte?

Björn: Sie spricht das in der Regel von sich aus an.

Helena: Und wir haben es auch bejaht, dass es hart für sie sein muss und dass sie ihren Bruder nicht unentwegt lieben muss. Ich sage, dass es okay ist, wenn sie zwischendurch sauer auf ihn wird. Aber auch, dass sie dann etwas anderes hauen muss als ihren kleinen Bruder, auch wenn sie auf ihn wütend ist. Sie soll das Kissen oder das Bett hauen oder sich eine Puppe holen und ihr das Genick brechen. Aber das funktioniert nicht. Vermutlich hat das auch damit zu tun, wie Björn und ich miteinander umgehen, wenn wir Stress haben. Und natürlich klingt es bei einer Fünfjährigen schlimmer, als wenn wir so reden... Wenn wir müde und genervt sind, werden wir schnell schärfer im Ton und verwenden Worte, die härter sind als notwendig.

Als wir nur Maja hatten, gab es auch schlechte Wochen, aber damals haben wir dann darüber gesprochen, wenn wir sie ins Bett gebracht haben. Und wir haben versucht, ihr Verhalten zu verstehen. Am nächsten Morgen konnten wir ihr dann meistens mit einer ganz anderen Einstellung begegnen.

Jesper: Arbeitet ihr beide viel?

Björn: Ich arbeite, Helena ist zu Hause.

Jesper: Was ist euch heute am wichtigsten, worüber wollen wir sprechen?

Helena: Wie wir Maja behandeln sollen. Ich kann mich keine einzige Sekunde entspannen, kann noch nicht einmal die Zeitung aufschlagen. Ich muss die beiden die ganze Zeit im Auge behalten. Außerdem bin ich so müde.

Jesper: Und wenn ihr mit Maja darüber sprecht, was sagt sie dann?

Helena: Ich bekomme so ein Gespräch nicht zustande. Außerdem rede ich zu viel, wenn wir gerade mitten in einer Auseinandersetzung sind. Ich weiß genau, dass sie nur Aufmerksamkeit haben will. Wenn ich Max stille zum Beispiel, springt sie auf dem Bett herum.

Jesper: In gewisser Weise ist eure Situation relativ einfach und klar: Alle Familienmitglieder erleben sie beinahe identisch. Es klingt, als hättet ihr Schwierigkeiten, euren jeweiligen Platz in der neuen Familie zu finden und damit zufrieden zu sein.

Helena: So habe ich das bisher noch nicht betrachtet. Aber es stimmt: zuerst dieser lange Trauerprozess, der schließlich in einen Frustrationsprozess mündete.

Jesper: Genau. Ihr seid erwachsen, ihr könnt das erkennen, aber Maja kann es nicht. Sie befindet sich nach wie vor mittendrin. Wenn ich sie mir ansehe, dann höre ich ihre Gedanken: „Okay, ich muss mich um mich selbst kümmern", „Ich muss in dieser Familie allein klarkommen". Daran ist nichts verkehrt, aber ich habe den Eindruck, dass es euch nicht gelingt, ihrem Problem und ihrer Frustration zu begegnen.

Ich finde, ihr solltet mit ihr reden. Erklärt ihr, dass ihr nicht zufrieden mit der Stimmung in eurer Familie seid. Sagt ihr:

> Es klingt, als hättet ihr Schwierigkeiten, euren jeweiligen Platz in der neuen Familie zu finden und damit zufrieden zu sein.
> JESPER

147

> Ich glaube wirklich, dass sie Hilfe dabei benötigt, ihre Rolle in der Familie zu finden. Und dass sie Raum bekommt, zu schildern, wie es ihr geht.
> JESPER

„Ich bin nicht zufrieden, so und so habe ich das empfunden, wie hast du es empfunden?" Ich glaube, sie wird ihre Gefühle ausdrücken können. Ich glaube wirklich, dass sie Hilfe dabei benötigt, ihre Rolle in der Familie zu finden. Und dass sie Raum bekommen muss, zu schildern, wie es ihr geht. Sie weiß ja schon, dass es in Ordnung ist, genervt zu sein. Aber ich glaube, das wäre wichtig für sie.

Hast du schon Pläne, wann du mit dem Stillen aufhören willst, oder willst du so lange stillen, wie es geht?

Helena: Ich will so lange stillen, wie ich kann.

Jesper: Wann hast du Maja abgestillt?

Helena: Ich habe noch nicht ganz aufgehört. Ich kämpfe noch immer, um ihr ihren Platz einzuräumen.

Jesper: Das ist in Ordnung. Aber ich kann ihr ebenfalls ansehen, dass es nicht abgeschlossen ist. Noch nicht ganz, für sie ist es eben noch kein „So war das einmal – aber jetzt ist es so nicht mehr und wird auch niemals wieder so sein". Sie benötigt eine Art Ritual, nicht zwei Erwachsene, die vergeblich versuchen, einen Verlust zu kompensieren. Man kann sie für das Geschehene nicht entschädigen.

Helena: Und ich vermute, dass wir genau da festgefahren sind. Ich glaube nämlich nach wie vor daran, dass ich es ausgleichen kann. Wir kämpfen dagegen an, anstatt die Situation zu akzeptieren und zu versuchen, das Ganze, so gut es geht, zum Laufen zu bekommen.

Jesper: Und darum ist es für sie auch sehr schwer, die Situation zu akzeptieren.

Helena: Weil ich sie auch noch nicht akzeptiert habe ...

Jesper: Wenn die eigene Mutter mit der Situation nicht zufrieden ist, wieso sollte Maja es dann sein? Das erinnert an den Umstand, wenn Eltern sich scheiden lassen. Sie befürchten, dass die Kinder leiden, und wollen mehr Zeit zusammen verbringen, um den Schmerz zu lindern. Aber so funktioniert das eben nicht. Dasselbe gilt für euch beide, Helena und Björn. Ihr habt momentan nicht ausreichend Zeit für euch als Paar, aber das lässt sich auch nicht kompensieren. Man kann nicht in der Erinnerung leben an das, was war, oder auf das hinleben, was hoffentlich sein wird.

Helena: Da habe ich mich auch täuschen lassen. Alle, mit denen ich gesprochen habe, sagten zu mir: „Maja hat so einen tollen Start ins Leben gehabt, sie ist so resolut, sozial und behütet. Das wird schon werden."

Jesper: Sie wird sich hervorragend zurechtfinden! Sie hat bekommen, was sie brauchte, und sogar noch ein bisschen mehr. Beide Kinder haben alles bekommen, was sie benötigen, und ein bisschen mehr als das. Darüber sprechen wir gar nicht. Wir reden darüber, was in Intervallen bei euch passiert. Es gibt keinerlei Grund für euch, ein schlechtes Gewissen zu haben.

Wenn man aber genauer hinsieht, was die Eltern im Gegenzug bekommen haben, scheint zu viel Aufmerksamkeit und Engagement bei den Kindern zu liegen. Diese neue Situation müsste anders betrachtet werden und ihr müsstet sagen: „So ist es jetzt und so wird es werden." Maja braucht Unterstützung, mit dem Verlust umzugehen. Im Moment ist es so, dass sie etwas beobachtet und daran teilhaben will, wie das Stillen zum Beispiel. Da kommt sie dazu.

Helena: Wie soll ich das machen? Ich sehe jetzt alles aus einer ganz anderen Perspektive, so wie ich es bisher noch nie betrachtet habe. Aber ich kann da nicht raus, ich bin gefangen: Ich habe zwei Kinder, ich habe meine Tochter, für die ich nicht mehr so viel Zeit habe wie früher.

Jesper: Wenn du sie ins Bett bringst, kannst du ihr sagen: „Dieser Tag ist jetzt zu Ende, was war für dich das Schlimmste heute?" Dann hat sie die Möglichkeit, zu erzählen, was für sie das Schlimmste war. Und ihr beide habt die Gelegenheit, darüber zu sprechen.

> Wenn die eigene Mutter mit der Situation nicht zufrieden ist, wieso sollte Maja es dann sein?
> JESPER

149

Helena: Ich habe ein bisschen Angst vor dieser Frage: „Was war das Schlimmste am heutigen Tag?" Ich will den Fokus nicht auf die schlechten Erlebnisse richten. In den vergangenen Jahren habe ich immer versucht, am Ende jeden Tages über das Schöne zu reden, was gut war, was ich richtig gemacht habe, so in der Art: „Da war ich für sie da", „Das habe ich gut gemeistert".

Jesper: Es geht nicht darum, dass ihr euer Verhalten kritisch beleuchtet. Es geht um den Mut, den man als Fünfjährige aufbringen muss, um zu sagen, was man empfindet. Sie weiß genau, dass ihr Bruder klein und heiß ersehnt ist. Es erfordert sehr viel Mut von ihr, zu sagen, was sie fühlt und vermisst. Ich fürchte vielmehr, dass sie gar nicht in ausreichendem Maße von einem schlimmen Erlebnis berichten darf.

Helena: Du meinst, sie könnte dann das Erlebte hinter sich lassen?

Jesper: Genau, dann könnte sie es hinter sich lassen. Sie muss nämlich nicht immerzu die liebe große Schwester sein. So erfährt sie, dass alle Seiten ihrer Persönlichkeit in dieser Familie willkommen sind. Ich finde auch, dass du deinen Fokus viel mehr auf deine eigenen Bedürfnisse richten solltest. Du hast dich vollkommen aufgegeben.

Björn: Das ist wahr.

Jesper: Es geht darum, sich nicht selbst zu verlieren, auch wenn man sich für andere engagiert. Zum Beispiel so: „Eigentlich will ich jetzt schlafen, aber weil du noch so klein bist, bin ich für dich da und kümmere mich um dich." Verstehst du, wie ich das meine?

Helena: Ich verstehe, was du damit meinst, daran arbeite ich schon lange, aber ich bekomme Schuldgefühle. Manchmal genügt es mir schon, dass ich sagen kann, was ich fühle. Dass ich sagen darf, wie bescheuert ich das finde, dass sie schon wieder mitten in der Nacht aufgewacht ist.

Jesper: Wenn die Kinder auch noch unsere Seele bekommen, dann

> Sie weiß genau, dass ihr Bruder klein und heiß ersehnt ist. Es erfordert sehr viel Mut von ihr, zu sagen, was sie fühlt und vermisst.
> JESPER

ist das zu viel. Es stellt sie auch nicht zufrieden, sie wollen dann immer mehr und mehr und noch mehr. Und wir Erwachsenen werden immer leerer und leerer. Es ist wichtig, dass du an deinen Wünschen festhältst. Ich habe euch jetzt noch nicht so viel in Aktion gesehen, aber ich habe das Gefühl, dass eure Kinder sehr schnell sehr viel Aufmerksamkeit bekommen. Und zwar sofort, wenn sie etwas sagen oder tun.

Das bedeutet aber auch, dass du, Helena, mehr auf das hören musst, was Björn sagt. Ich weiß, dass dir das schwerfällt. Von außen ist es einfacher zu beurteilen, ob etwas zu viel ist oder nicht. Ihr hattet ein Baby mit Koliken, aber ihr hättet natürlich auch ein Kind mit einer schweren chronischen Erkrankung bekommen können, dann wäre es euch die nächsten zwanzig Jahre so ergangen. In einem solchen Fall muss man sehr auf sich achtgeben, Freiräume für sich reservieren und die Kunst des Neinsagens erlernen. Und zwar mit gutem Gewissen. Warum? Weil es nun einmal so ist. Du bist der Boss, und darum ist es wichtig, dass *du* die Bedingungen stellst und Hilfe von außen annimmst.

Helena: Ich finde schon, dass ich um Hilfe bitte …

Jesper: Aber es ist unmöglich, dir Hilfe anzubieten, wenn du innerlich nicht darauf eingestellt bist, sie anzunehmen, weil du dir selbst keine hohe Priorität beimisst. Es geht darum, dass du nicht das Opfer deiner Kinder wirst. Natürlich darf man das ab und zu mal sein, aber es sollte nicht der Normalfall, nicht zum Teil deiner Identität werden.

Helena: Dazu ist es wohl fast gekommen. Ich habe die ganze Zeit das Gefühl, nicht zu genügen.

Jesper: Ich glaube, es funktioniert nicht, wenn andere in der Nähe sind. Dann gibst du dich auf und allen anderen zu viel von dir. Das merken die Kinder, sie werden unverschämt und wollen immer mehr und mehr und mehr haben.

Helena: Aber wie kann ich das konkret ändern?

Ich habe die ganze Zeit das Gefühl, nicht zu genügen.
HELENA

151

Jesper: Hast du schon mal darüber nachgedacht, was passiert wäre, wenn du Max gerade jetzt nicht hoch genommen hättest? Wenn du dir selbst eine höhere Priorität beigemessen und gesagt hättest: „Ich habe jetzt eine Stunde, um über unsere Probleme zu sprechen. Es ist wichtig, dass wir diese Stunde so gut wie möglich nutzen." Das wäre eine gute Wahl gewesen. Dein Kind wäre auch so zurechtgekommen. Du siehst ja, dass sein Bedürfnis gar nicht so groß war... Eltern müssen sich abgrenzen und sagen: „Das hier will ich nicht. Jetzt will ich für mich allein sein." Ich rede nicht von Wellness, ich rede von Alltag.

Helena: Du meinst damit die Sachen, die man im Alltag macht, so zwischendurch. Kleinigkeiten, keine großen Dinge?

Jesper: Man muss das an erste Stelle stellen, was man am Ende rausbekommen will: „Wir sitzen jetzt hier und haben eine Stunde Zeit."

Helena: Es ist so schwer, die Balance zu finden, ich will meine Kinder ja auch nicht ignorieren.

Jesper: Dass wir über Kompensation und Wiedergutmachung sprechen, scheint in gewisser Weise neu für dich zu sein. Ich weiß nicht, ob ihr beide darüber gesprochen habt, ob ihr eine Idee habt, wie ihr diese Situation ganz praktisch lösen wollt? Hast du dich schon immer für andere geopfert?

Helena: Ich bin ziemlich geübt darin, mich für andere aufzuopfern. In den vergangenen zehn Jahren war ich viel in Therapie, um das loszuwerden. Ich konnte diese Gefühle vom Kopf her von mir fernhalten, aber seit die Kinder da sind, schaffe ich das nicht mehr.

Jesper: Vielleicht solltest du dich von ein paar Vorstellungen trennen? Vielleicht solltest du früher oder später mit dem Stillen aufhören, denn das macht dich ungeheuer unflexibel. Du kannst ja nicht viel machen, solange du stillst.

Helena: Wir sollten darin wirklich besser werden. Aber wenn ich sage, dass ich mich zurückziehen will und Björn bitte, eine

Weile auf die beiden aufzupassen, setzt er sich vor den Computer und dann gibt es Tränen und Geschrei.

Jesper: Wenn du selbst entscheiden dürftest, was würdest du dir
dann wünschen?

Helena: Ich wünsche mir kleine Pausen im Alltag, Verstehst du,
was ich meine?

Jesper: Die Hauptsache ist, dass Björn dich versteht.

Helena: Eigentlich verlange ich nicht mehr, als kleine, regelmäßi-
ge, wiederkehrende Pausen. Ich möchte mal in Ruhe meinen
Kaffee trinken, ohne dass mir jemand die ganze Zeit am Bein
zieht. Aber stattdessen setzt du dich an den Computer, und die
Kinder prügeln sich und schreien und ich kann mich nicht entspannen. Dann werde ich so wütend auf dich. Ich bekomme
nicht, worum ich gebeten habe. „Ich hatte wieder eine harte
Nacht, ich muss eine Stunde verschnaufen." Ich bekomme keinen Respekt. Vielleicht muss ich deutlicher werden, aber vielleicht bin ich auch zu weinerlich.

Jesper: Björn, hörst du, was Helena da sagt?

Björn: Ich weiß, was sie sagt.

Jesper: Du kennst es schon, das glaube ich gerne. Aber sie bittet
nicht um sehr viel. Und es reicht auch nicht aus. Du bittest ja
nur um Entlastung, Helena. Ich finde nicht, dass das genügt.
Und ich finde vor allem, dass du nicht deutlich genug bist. Du
überträgst ihm nicht die Verantwortung, du bittest zwar um
Hilfe, die Verantwortung trägst aber nach wie vor du. Du sagst,
dass du dich ausruhen und die Zeitung lesen willst, und er soll
so lange die Kinder im Auge behalten. Du bist wie eine alleinerziehende Mutter, bei der die gesamte Verantwortung liegt. Du
hast lediglich jemanden, der dir ein bisschen zur Hand geht.

Björn: Ich finde es total bescheuert, nur da rumzustehen und aufzupassen, das fühlt sich so unbedeutend an.

Jesper: Entweder muss Helena sich entscheiden, die Verantwortung abzugeben, oder du, Björn, musst dich dazu entschließen,

> **Du bist wie eine alleinerziehende Mutter, bei der die gesamte Verantwortung liegt. Du hast lediglich jemanden, der dir ein bisschen zur Hand geht.**
> JESPER

153

die Verantwortung zu übernehmen. „Jetzt mache ich das auf meine Weise und ich werde es schon bewältigen." Die Kinder haben den Vater, den sie haben, und damit müssen sie leben lernen. Ihr könnt sie dafür nicht auch noch entschädigen!

Helena: Ich wünsche mir, dass du aktiv wirst und dir die Verantwortung nimmst. Ich habe so große Probleme, loszulassen.

Jesper: Wenn du dich das nächste Mal so fühlst, dann gibst du Björn euren Max in den Arm und sagst: „Jetzt bin ich müde." Und du, Björn, übernimmst und sagst deinem Sohn: „So, jetzt will ich Zeit mit dir verbringen."

Helena: Dann entspricht es meinem inneren Bedürfnis und ist keine Kompensation für irgendetwas.

Jesper: Genau. Denn was du mit Sicherheit sagen kannst, ist, dass du nicht allein mit der gesamten Verantwortung dastehen willst. Dir gefällt der Posten als Chef nicht. Doch dafür könnte es notwendig sein, abzustillen und die Kinder für ein paar Tage abzugeben. Denn wenn man so eine Partnerin hat wie du, Björn, eine, die so engagiert ist, ist es sehr schwer, seine Position einzunehmen. Es kann erforderlich sein, dass du, Helena, die Kinder für ein paar Tage bei Björn lässt und verreist. Ganz simpel ausgedrückt, könnte man sagen, dass die Mutter einen Vorsprung hat. Einen Vorteil, da sie ja neun Monate lang das Kind in sich getragen hat. Es ist schwer, der Partner eines so engagierten und hingebungsvollen Elternteils zu sein. Wenn du, Björn, mit den Kindern ein paar Tage alleine bist, gibt es niemanden, der dich kritisieren kann, und du musst dich selbst um die Kinder kümmern. Das könnte ein guter Weg sein.

Es könnte schon ausreichen, dass du, Helena, sagst: „Jetzt bin ich bereit, die Verantwortung zu teilen." So wie es im Moment ist, liegt darin nur negative Energie, du rufst ihn nur, wenn du keine Kraft mehr hast. Aber dann rufst du nicht deinen Partner, sondern einen Notarztwagen. Der letzte Ausweg, im letzten Augenblick. Und dann ist es für Björn ja praktisch unmöglich,

> Die Mutter hat einen Vorsprung, einen Vorteil, da sie ja neun Monate lang das Kind in sich getragen hat.
> JESPER

Nein zu sagen. Wenn du es anders machst, mit einem anderen Motiv, wenn du sagst, du willst dich um dich selbst kümmern und zwei Stunden für dich allein haben, dann ist es leichter für ihn, zu übernehmen.

Jesper Juuls Tipps für Helena und Björn
- Redet mit dem älteren Geschwisterkind. Fragt sie, wie sie es findet, dass ein Baby in die Familie gekommen ist. Erzählt ihr, dass ihr das Baby auch manchmal anstrengend findet.
- Versucht nicht, zu kompensieren. Man kann das ältere Kind nicht für das Verlorene entschädigen. Arbeitet eher daran, wie ihr die Situation ändern könnt.
- Teilt euch die Verantwortung. Der eine Part muss loslassen, der andere muss aktiver seinen Anteil einfordern und ihn sich nehmen. Macht daraus eine Routine, nicht nur einen Notfalleinsatz, wenn alles drunter und drüber geht.
- Ihr dürft euch selbst an erste Stelle setzen. Ihr müsst kein schlechtes Gewissen haben, auch Eltern müssen ab und zu in Ruhe Energie tanken dürfen.

RÜCKBLICK

Helena: Jesper hatte in vielem recht. Es war ein gutes Gefühl, zu erkennen, dass man nicht automatisch zu einer Familie wird, nur weil ein Familienmitglied dazukommt. Das hatten wir als eine Selbstverständlichkeit betrachtet, nach dem Gespräch mit Jesper haben wir erkannt, dass es keineswegs immer selbstverständlich ist.

Wir haben versucht, mit Maja darüber zu sprechen, dass wir es auch anstrengend fanden, seit Max auf der Welt ist. Aber das

155

hatte keine richtige Wirkung auf sie. Die meiste Zeit sagte sie nur „Hmm…" und wir bekamen keine Antwort.

Mit hat es gutgetan, von Jesper zu hören, dass wir Maja nicht dafür entschädigen können, dass sie einen kleinen Bruder bekommen hat; dass es noch nicht einmal Sinn macht, es zu versuchen. Jetzt ist es so, wenn Maja kommt und will, dass ich ihr etwas vorlese, ich aber gerade mit Max beschäftigt bin, dann sage ich zu ihr: „Ich lese dir später vor, wenn Max im Bett liegt." Ich kann noch nicht aufrichtig behaupten, dass diese Sache gelöst ist, aber ich bemühe mich, und ich begreife, dass es seine Zeit braucht.

Wir sind nach wie vor ziemlich müde und schlafen schlecht. Auch an der Verantwortungsfront ist nicht besonders viel passiert, dass also Björn aktiv wird und übernimmt. Aber ich versuche, mehr loszulassen.

Vor allem aber hat uns beiden geholfen, dass Jesper Juul gesagt hat, unsere Kinder würden bekommen, was sie brauchen. Er hat uns die Augen geöffnet und uns aufgezeigt, wie wir uns verhalten, und das war eine große Hilfe!

Felix ist langsam – und Papa verliert schnell die Geduld

Lennart und Eva sind die Eltern der Zwillinge Felix und Samuel, 4,5 Jahre, und von Nils, 1 Jahr.

Evas und Lennarts Anfangszeit als Eltern war chaotisch: Ihre Söhne Samuel und Felix wurden kurz nach der Geburt schwer krank und verbrachten ihr erstes Lebensjahr im Krankenhaus. Die Kinder überlebten, aber es besteht der Verdacht, dass Felix Hirnschäden davongetragen hat. In dem Jahr, in dem der jüngste Sohn Nils auf die Welt kam, wurde bei Samuel Krebs diagnostiziert.

Eva und Lennart haben drei Kinder unter fünf Jahren und ein paar sehr intensive und bedrückende Jahre hinter sich. Als ihre Söhne Samuel und Felix vor viereinhalb Jahren geboren wurden, erkrankten sie so schwer, dass sie ihr erstes Lebensjahr im Krankenhaus verbrachten und zwischen Leben und Tod schwebten. Sie mussten mehrere schwere Operationen über sich ergehen lassen, wurden transplantiert und lagen zeitweise im Koma. Die Zwillinge überlebten, aber niemand konnte sagen, in welchem Ausmaß die Krankheit sie in Zukunft beeinträchtigen würde, ob ihr Zustand stabil bleiben würde und ob die Zeit im Koma ihrem Gehirn Schaden zugefügt hatte.

Nachdem die Familie aus dem Krankenhaus entlassen worden war, erwies sich, dass Felix' Gehirn doch Schäden davongetragen hatte. Felix ist ein lebhafter und ziemlich lautstarker Junge mit einem unglaublich positiven Blick auf die Welt, trotz allem, was er durchgemacht hat. Aber er ist verzögert in seiner Entwicklung, allem voran sprachlich. Seine Mutter Eva hat sehr viel Geduld mit ihm, sein Vater Lennart braust wesentlich schneller auf. Er verliert oft die Geduld, und Eva hat Angst, dass seine Ausbrüche Felix verletzen und demütigen.

Hallo!

Ich drücke uns die Daumen, dass wir einen Termin bei Jesper Juul bekommen. In den letzten Monaten gab es einige Aufs und Abs. Felix geht es nach ein paar Infektionen wieder ganz gut. Samuel hatte mehrere Lungenentzündungen, wurde wegen eines Zwerchfellbruches operiert und im Dezember bekamen wir die Diagnose Krebs. Das ist wahrscheinlich eine Nebenwirkung seiner immunsenkenden Medikamente.

Wegen der vielen Medikamente hatten Samuel und Felix verschiedene Virusinfektionen, was bei vielen Transplantierten üblich ist. Samuel hatte furchtbare Magenschmerzen und zuerst dachten die Ärzte, er hätte einen Darmverschluss. Er wurde erneut operiert und dabei entdeckten sie den Tumor. Der Tumor wurde entfernt, aber er hat einen zweiten (ein Lymphom) im Magen. Der hat aber jetzt auf die Behandlung reagiert. Die Ärzte wollten ihn nicht entfernen, weil er zu nah an der Hauptschlagader liegt. Samuel hat schon vier Bestrahlungen hinter sich und noch drei vor sich. Eine Woche lang liegt er im Astrid-Lindgren-Krankenhaus in Stockholm, zwei Wochen ist er zu Hause, danach wird er wieder eingeliefert.

Während der zwei Wochen, die er zu Hause ist, fahren wir fast täglich in das Krankenhaus in unserem Heimatort, manchmal sind es sogar zwei Besuche am Tag. An einigen Tagen werden auch wir stationär aufgenommen.

Samuel kommt sehr gut damit zurecht, obwohl er es natürlich manchmal auch doof und anstrengend findet. Er ist ein charmanter kleiner Kerl, der es doppelt faustdick hinter den Ohren hat.

Natürlich haben wir große Angst, dass auch Felix davon betroffen sein könnte, aber wir können nichts tun, außer zu warten und zu hoffen. Die meisten Patienten erkranken im ersten Jahr nach der Transplantation an Krebs, bei Samuel hat es drei Jahre gedauert.

Beide gehen in den Kindergarten. Im ersten Jahr waren sie in einer eigener Gruppe mit einer speziellen Erzieherin, weil sie so infektanfällig waren. Seit letztem Herbst gehen sie in die große Gruppe. Sie wurden gegen Halsinfektionen geimpft und Samuel bekommt prophylaktisch Antibiotika gegen Lungenentzündung. Jetzt war er seit fast einem halben Jahr nicht mehr im Kindergarten.

Felix geht es gesundheitlich so weit gut, aber er ist in seiner Entwicklung verzögert und das kostet viel Energie. Er ist ein positiver und fröhlicher Kerl, energisch, impulsiv, lautstark und prügelt sich viel. Das führt dazu, dass er sehr oft ermahnt und zurechtgewiesen wird. Er ist nun mal entwicklungsverzögert. Sein Vater Lennart verliert schnell die Geduld und ich habe Angst, dass wir mit den vielen Zurechtweisungen sein Selbstwertgefühl erschüttern und seinen positiven Blick aufs Leben zerstören. Ich habe Angst, dass Lennarts Art, mit Felix umzugehen, ihn zu sehr verletzt. Darum würden wir sehr gerne Jesper Juul treffen.

Ich hoffe, wir hören voneinander.

Grüße von Eva

Vor einigen Monaten wurde bei Samuel zudem noch Krebs diagnostiziert, und die Familie musste erneut viel Zeit im Krankenhaus verbringen. Die Eltern sind müde, doch in erster Linie traurig und besorgt.

Zur Familie gehört noch der kleine Knirps Nils, ein Jahr, der alle Mitglieder mit Energie versorgt.

Als die Familie zum Coaching kommt, wünschen sich die Eltern Hilfe und Rat, wie sie Felix anders behandeln und sein Selbstwertgefühl stärken können. Sie wünschen sich darüber hinaus auch Unterstützung bei der Suche nach mehr Einigkeit beim Thema Kindeserziehung.

Eva: Felix befindet sich gerade in einer ganz guten Phase, er entwickelt sich schneller und gut. Wir haben einiges über ADHS gelesen und mit ihm eine spezielle Bewegungstherapie begonnen.

Jesper: Und hat es gewirkt?

Eva: Ja. Wir geben ihm auch ein besonderes Omega-3-Öl, davon ist er viel ruhiger geworden und er kann sich besser erinnern. Außerdem haben wir festgestellt, dass er schneller denkt als früher.

Jesper: Wurde sein Hirnschaden medizinisch diagnostiziert?

Eva: Er wurde mit anderthalb gescannt, und da konnte man sehen, dass sein Gehirn in Mitleidenschaft gezogen worden ist, aber diagnostiziert wurde es noch nicht. Was man damals sehen konnte, war ziemlich diffus. Im Moment sagen sie, dass es keinen Sinn macht, ihn erneut zu scannen. Außerdem ist er schon so vielen Strahlen ausgesetzt gewesen, dass die Ärzte noch ein paar Jahre warten wollen.

Und der im blauen Pulli, das ist Samuel, der ziemlich krank geworden ist. Ein Tumor, aber die Strahlenbehandlung ist abgeschlossen. Es scheint ganz gut gegangen zu sein.

Ich mache mir viele Gedanken darüber, was unsere Kinder verletzen könnte. Zwischendurch geht es mir ganz schlecht, aber

159

ich weiß nicht, ob ich nur empfindlich bin. Wir haben schon ein paarmal darüber gesprochen, aber du, Lennart, verstehst gar nicht immer, was ich meine.

Lennart: Oder ich will nicht richtig verstehen, was du meinst ...

Eva: Wir haben uns relativ weit voneinander entfernt, wir verstehen uns nicht mehr richtig.

Jesper: Eva, du hast geschrieben, dass Felix von Samuels erneuten Krankenhausbesuchen beeinflusst wurde und er da viel zurückstehen musste. Hatte das eine positive Auswirkung auf ihn?

Eva: Nein, er ist noch viel unruhiger geworden.

Lennart: Und das äußert sich dann darin, dass er eine Frage enorm viele Male wiederholt. Wenn ich bei der Arbeit bin, zum Beispiel: „Wo ist Papa?" Und Eva antwortet: „Bei der Arbeit." Dann fragt er gleich noch einmal: „Wo ist Papa?" Und Eva antwortet ihm erneut. Er wiederholt manchmal seine Frage fünf oder sechs Mal hintereinander. Am Ende verliert man da echt die Geduld.

Eva: Aber damit hat er aufgehört. Und es hatte bestimmt damit zu tun, dass unsere Familie auseinandergerissen war. Mal waren Samuel und ich weg, mal war Lennart mit ihm unterwegs.

Jesper: Dann ist es ja nicht besonders verwunderlich, dass ihn das beunruhigt hat. Ich würde gerne etwas zu euren Themen sagen: dass man sich unterschiedlich verhält und was kränkend ist und was nicht. Sehr wichtig ist es – in Felix' Fall, aber auch bei anderen Kindern –, sich vor Augen zu halten, dass er sehr damit beschäftigt ist, das Erlebte zu kompensieren. Dabei muss man berücksichtigen, was wir heutzutage über die Entwicklung des menschlichen Gehirns wissen: So ein junges Gehirn kann zum Großteil kompensieren, was ihm zugestoßen ist. Für jede Sache, die ein Kind erlernen und können soll, hat es fast fünf Millionen Synapsen zur Verfügung, auch wenn es nur zwei davon benutzt! Bei ihm dauert es länger, sich diese Dinge anzueignen. Es geht nicht nur darum, was ihn emotional verletzen oder kränken könnte und was nicht. Es geht auch um die Gefühle und Stimmungen, die das Lernen begleiten. Früher arbeitete man in der Schule viel mit Kritik und Bestrafung. Das ist kein gutes Klima für das Lernen.

Es wäre gut, wenn ihr akzeptieren könnt: „Okay, so ist das mit ihm, er ist langsam im Kopf." Ihr müsst begreifen, dass er die Fragen nicht wiederholt, um Aufmerksamkeit zu bekommen, sondern weil er es tatsächlich nicht mehr weiß, denn er versucht so, sein Kurzzeitgedächtnis wieder zu aktivieren.

Lennart: Dann ist es in Ordnung, auch mal Nein zu sagen?

Jesper: Es ist in Ordnung, Nein zu sagen. Und in einer Familie wie eurer, in der so viel Energie und Engagement vonnöten sind, ist es noch mal extra wichtig.

Kinder fordern viel, aber sie benötigen nicht so viel, wie sie einfordern! Es ist in Ordnung, auch mal Nein zu sagen.

Felix muss trainieren, damit er auf dasselbe Niveau wie Samuel kommt. Es ist darum okay, ihm zu sagen: „Nein, jetzt will ich nicht mehr antworten." Die Frustration, die entsteht, wenn er seinen Willen nicht bekommt, ist tatsächlich wichtig für die Entwicklung des Gehirns. So entsteht Empathie!

Könnt ihr euch an die Debatte vor ein paar Jahren erinnern, als es um die sogenannten Curling-Kinder ging? Wenn Eltern sich so verhalten, wenn sie dieser Art Kuschelpädagogik anhängen und ihren Kindern jedes noch so kleine Hindernis aus dem Weg räumen, dann wachsen Kinder ohne Empathievermögen heran. Es geht um eine Art Hirngymnastik, wenn man so will.

Eva: Es hat gedauert, bis wir eingesehen haben, dass er minderbegabt ist. Die Ärzte hatten die ganze Zeit gedacht, er würde es noch aufholen, aber wir haben seine Minderbegabung jetzt anerkannt und das hat uns wieder mehr Geduld gegeben.

Jesper: Mit so einem Gehirn ist alles möglich! Unser Gehirn ist das einzige formbare Organ, das wir haben; wir haben keine Ah-

> „Es wäre gut, wenn ihr akzeptieren könnt: „Okay, so ist das mit ihm, er ist langsam im Kopf."
> **JESPER**

nung, was mit seinem Gehirn passieren wird. Jede Gymnastik für sein Gehirn ist gut! Darum ist es positiv, wenn er seine Frage wiederholt, wenn er die Antwort vergessen hat. Es ist sehr gut, dass er nicht resigniert.

Aber es ist genauso in Ordnung, dass ihr die Geduld verliert, wütend werdet und schimpft. Doch verletzt ihn dabei nicht. Sagt ihm nicht: „Ich habe es so satt, dass du immer…" oder „Du bist so…". Die Musik, also das laute Schimpfen, das verletzt nicht; es sind die Worte, die kränken.

Ihr lebt mit drei Kindern zusammen, die so unterschiedlich sind und schon so viel im Gepäck haben – es ist überhaupt kein Wunder, dass ihr ab und zu die Geduld verliert! Eure Kinder wissen, dass sie es euch nicht leicht machen. Ihr könnt beobachten, wie sie ruhiger werden, weil wir Erwachsenen ganz in unser Gespräch vertieft sind. Es ist wichtig für einen Erwachsenen, dass er sich auf ein Gespräch konzentrieren kann. Ihr müsst euch diese Zeit zwischendurch nehmen und nicht nur darauf fixiert sein, den Kindern die gesamte Aufmerksamkeit zu geben.

Eva: Wir müssen nur die richtigen Worte finden.

Jesper: Ja, aber ihr müsst das nicht mit einer „lieben Stimme" sagen. Sagt ruhig: „Jetzt brauche ich eine Pause, jetzt will ich in Ruhe die Zeitung lesen." Ihr müsst auch gar nicht immer eine Begründung geben! Besonders bei Felix nicht, er hat keine Kapazität für zu viele Erklärungen.

Lennart: Stimmt, Felix kommt nicht klar, wenn wir zu viel erklären. Dann fragt er nur die ganze Zeit: „Warum?" Er sagt dann „Warum", weil er nichts anderes sagen kann als „Warum", was anderes schafft er nicht.

Jesper: Dann könnt ihr einfach sagen: „Das kann ich dir jetzt nicht erklären." Das Gehirn birgt so viele Geheimnisse in sich. Aber, nach dem, was ich hier beobachtet habe, würde ich nicht behaupten, dass Felix ADHS hat, er ist ja in keinster Weise hyperaktiv.

Eva: Was ist mit unserem Problem, dass Lennart und ich uns nicht einig sind, wie wir mit den Kindern umgehen sollen?

Jesper: Wir haben eine altmodische Vorstellung davon, dass wir Eltern immer einer Meinung sein müssen. Man muss nicht immer dasselbe sagen, man muss als Eltern auch nicht immer dasselbe denken! Das Wichtigste ist vielmehr, dass ihr beide es in Ordnung findet, dass ihr die Dinge unterschiedlich angeht. Denn natürlich ist es nicht in Ordnung, wenn ihr die ganze Zeit darüber streitet, dass ihr unterschiedlich denkt und handelt.

Eva: Aber ich finde es nicht gut für die Kinder, wenn Lennart sich ihnen gegenüber so verhält, wie er es tut. Das tut mir weh.

Jesper: In diesem Moment handelst du als Mutter deiner Kinder und nicht als Lennarts Partnerin.

Eva: Ja, natürlich handele ich als Mutter. Mir tut es als Mutter weh, was er macht.

Lennart: So geht es mir auch. Wenn Eva die Kinder ausschimpft, tut es mir auch weh.

Eva: Es geht einem immer näher, wenn der andere schimpft. Aber du schimpfst zum Beispiel immer beim Essen.

Lennart: Aber ich verliere die Geduld nicht sofort, denn ich weiß ja, dass er ordentlich essen kann, ohne alles vollzuschmieren und zu kleckern.

Eva: Das kann er eben nicht, weil er mit den Armen herumzuckt. Und dann wird er traurig, weil du wütend bist. Er traut sich nicht zu weinen, weil er weiß, dass dich das nervt. Und ich sehe ihn am Tisch sitzen mit Tränen in den Augen und dass er sich nicht traut zu weinen. Ich weiß dann nicht, was ich machen soll, ob ich dir widersprechen oder bei diesem Spiel mitmachen soll, obwohl ich es nicht richtig finde.

Jesper: Kannst du erkennen, Lennart, dass dein Versuch, seine Kompetenz auf diesem Gebiet zu erhöhen, Felix traurig macht und er gar nicht weiß, ob es in Ordnung ist, traurig zu sein?

Lennart: Ich sehe schon, dass er traurig wird, aber das will ich gar

> **Wir haben eine altmodische Vorstellung davon, dass wir Eltern immer einer Meinung sein müssen. Man muss nicht immer dasselbe sagen, man muss als Eltern auch nicht immer dasselbe denken!**
> JESPER

163

nicht, das ist nicht meine Absicht.

Jesper: Was du willst, ist, dass er sich anstrengt und sein Bestes gibt, und du weißt, dass er es kann. Aber du willst natürlich auch nicht, dass er traurig wird. Da gibt es also schon einmal keine Unstimmigkeit.

Eva: Meinst du damit, dass wir uns einig sind?

Jesper: Ihr seid euch einig über die Intention, dass Felix ordentlich essen soll, ohne traurig zu werden. Lennarts Intention ist gescheitert. Lennart ist in diesem Moment gescheitert, weil er Felix traurig gemacht hat. Also, Eva, was könntest du Lennart sagen?

Eva: Dass Felix nicht essen kann, ohne zu kleckern, und dass er traurig sein darf …

Jesper: Jetzt sprecht ihr beide von Felix, merkt ihr das?

Eva: Ja, aber es geht doch auch um Felix.

Jesper: Nein, es geht dir auch um Lennart. Es geht darum, dass Lennart etwas mit einer richtigen Intention getan hat, es ihm aber nicht geglückt ist. „Papa hat etwas versucht, aber es ist ihm nicht geglückt." Natürlich ist es nicht gut, unglücklich zu werden, wenn der Papa etwas in bester Absicht sagt. Ihr solltet vielmehr überlegen, wie Lennart es stattdessen sagen könnte …

Das ist der Unterschied, ob du die Mutter der Kinder und die Partnerin des Vaters bist. Wenn Frauen Kinder bekommen, ist es oft so, als hätten sie zwei Handys: Wenn der Mann anruft, nimmt plötzlich die Mutter der Kinder den Hörer ab und nicht seine Partnerin.

Eva: Aber Lennart, siehst du es denn als ein Scheitern an?

Lennart: Natürlich tue ich das! Natürlich will ich meine Kinder nicht zum Weinen bringen! Wenn ich das wollte, wäre ich doch krank. Und außerdem bringe ich ihn so auch nicht dazu, nicht mehr so beim Essen zu kleckern …

Jesper: Es geht nicht darum, etwas falsch gemacht zu haben, sondern um das Scheitern. Man hat eine gute Intention, aber die

muss die Umgebung auch wertschätzen. Eva, dein Verhalten vorhin zum Beispiel, als Felix an der Tür stand und nach seinem Großvater rief. Du wolltest, dass wir unsere Ruhe im Zimmer haben, und hast ihm gesagt: „Felix, Opa kann dich nicht hören." Du hättest ihn natürlich auch anschreien können. Was du aber getan hast, nenne ich gute, empathische Anleitung! Wenn du ihn ausgeschimpft hättest, wäre er vielleicht in Tränen ausgebrochen und du wärst mit deinem Vorhaben gescheitert. Und wir hätten hier alles andere als Ruhe gehabt. Aber so kann man sich auch seinem Partner gegenüber verhalten. Sprich Lennart später darauf an. „Wolltest du, dass Felix anfängt zu weinen? Findest du, das vorhin ist glücklich gelaufen?"

Eva: Ja, ich kann in solchen Situationen manchmal ganz schön vorwurfsvoll werden.

Jesper: Wenn man Kinder bekommt, die eine so große Herausforderung darstellen wie Felix, berührt das ganz empfindliche Punkte in einem. Und dann dauert es eine Weile, bis man einen Weg gefunden hat, der funktioniert. Geht er schon in den Kindergarten?

Lennart: Ja, fünf Stunden am Tag.

Jesper: Das genügt für die tägliche pädagogische Dosis. Ihr als Eltern müsst dann nicht auch noch pädagogisch sein.

Eva: Und was ist mit Felix' Selbstwertgefühl? Wie groß ist die Gefahr, dass es beeinträchtigt wird?

Jesper: Selbstwertgefühl wird durch Schuld demontiert. Was allerdings in Mitleidenschaft gezogen wird, ist Lennarts und Felix' Beziehung. „Wenn Papa das Sagen hat, dann darf man dies und das nicht machen." Hat Lennart etwas falsch gemacht, kann er aber nach einer Weile zu Felix gehen und ihm sagen: „Ich habe einen Fehler gemacht." Es hat eine große Bedeutung, dass die Eltern dort Verantwortung übernehmen. Ihr werdet es spüren, wenn ihr ihn gekränkt habt. Das spürt man. Auch da kann man auf das Kind zugehen und sagen: „Ich wollte eigentlich nur, dass du ordentlich mit dem Löffel isst. Ich habe einen Fehler gemacht."

Lennart: Dann fühle auch ich mich besser.

Jesper: Sag ihm: „Ich habe bemerkt, dass du so traurig geworden bist, und habe darüber nachgedacht. Ich habe einen Fehler gemacht." Ich glaube, ihr beide müsst einen Weg finden, um zu erkennen, ob ein Vorhaben gescheitert oder geglückt ist. Wenn ich mir eure Jungs ansehe, sehe ich keine Kinder mit geringem Selbstwertgefühl; im Gegenteil, ich sehe zwei Jungen, die lebhaft und froh sind. Um sie würde ich mir keine Sorgen machen.

Eva: Aber manchmal sieht Felix so bekümmert und ängstlich aus...

Lennart: Wenn ich ihn zu Bett bringe, sage ich ihm zum Beispiel: „Ach, Felix, du bist so ein toller Kerl!" Dann antwortet er: „Nein, Samuel ist toll, Felix ist dumm!"

Jesper: Aber so empfindet er es. Dann müsst ihr ihm zeigen, dass ihr ihn deswegen nicht weniger liebt. Wenn er so etwas sagt, dann nimm ihn in den Arm, halte ihn fest, doch korrigiere ihn nicht. Er weiß es ja schon. Wenn ihr ihn in solchen Momenten korrigiert, verunsichert ihr seine Selbstwahrnehmung. Aber ich verstehe sehr gut, wie einem das ins Herz sticht, wenn er so etwas sagt.

Eva: Mir hat gutgetan, was du vorhin gesagt hast, dass ich als Mutter der Kinder spreche und nicht als Partnerin. Können wir eigentlich offen miteinander sprechen, wenn die Kinder dabei sind? Lennart und ich haben ja kaum Zeit, uns in Ruhe zu unterhalten.

Jesper: Das ist in Ordnung, das macht überhaupt nichts. Nehmt euch ruhig Zeit, die Kinder merken sehr wohl, dass ihr euch bemüht, etwas an der Situation zu ändern. So lernen sie, dass man über Probleme und Fragen reden kann. Wenn solch eine Situation entsteht, über die wir gesprochen haben, dann sag zu deinem Partner: „Du bist der Erwachsene, der mich am besten kennt, der am meisten über mich weiß. Was hättest du an meiner Stelle getan?"

Jesper Juuls Tipps für Eva und Lennart

- Mache dir Gedanken darüber, welche Intention dein Partner mit seinem Verhalten gehabt haben könnte, und sprich mit ihm darüber. Vielleicht seid ihr euch gar nicht so uneinig?
- Wenn du das Verhalten deines Partners nicht gut findest, dann warte die Situation ab und sprich ihn später darauf an. „Wolltest du, dass Felix vorhin beim Essen anfängt zu weinen? Findest du, das vorhin ist glücklich gelaufen?" Dann hat eure Diskussion eine bessere Grundlage.
- Versucht, als Partner zu handeln, nicht als Eltern. Vermutlich kennst du deinen Partner am besten, und du kannst ihm dabei helfen, einen anderen Weg zu finden, um den Konflikt zu lösen. Einen Weg, der auch ihm leichter fällt.
- Eltern müssen in puncto Kindererziehung nicht einer Meinung sein! Aber ihr müsst euch darüber einig sein, dass es in Ordnung ist, unterschiedlich darüber zu denken.

RÜCKBLICK

Eva: Wir waren beide sehr zufrieden, es hat uns sehr viel gebracht. Es dauerte allerdings eine Weile, bis wir Zeit hatten, Jespers Ideen in Ruhe durchzugehen. Ich hatte den Eindruck, dass Jesper unsere Situation sehr schnell erkannt hat und sich auch ein klares Bild von unseren Kindern machen konnte. Natürlich hat sich nicht alles in Wohlgefallen aufgelöst, einfach so. Es genügt nicht, den Gedanken zu haben: „Alles klar, ab morgen machen wir das einfach so." Es geht um eine neue Denkweise im Ganzen. Vor dem Treffen hatte vor allem ich die Bücher von Jesper Juul gelesen, jetzt hatten wir beide die Gelegenheit, ihn zu erleben und zu hören. Es fühlt sich gut an, eine gemeinsame Basis zu haben, das hilft uns sehr in unseren Diskussionen.

Mir haben Jespers Worte über das Selbstwertgefühl sehr geholfen, gerade in Bezug auf meine Sorge, dass Lennart den Kindern nicht erlaubt, zu weinen. Es tat auch gut, von einem Außenstehenden zu hören, wie wichtig es ist, dass Eltern die Schuld auf sich nehmen müssen, wenn man wütend geworden ist.

Felix hat sich zum Besseren verändert, seit wir beim Coaching waren. Er ist ruhiger geworden, kann schon viel mehr Sachen bewältigen, und Lennart wird nicht mehr so häufig wütend auf ihn. Es ist seit unserem Treffen nur ein paarmal passiert, dass er es übertrieben hat, wie vor ein paar Tagen zum Beispiel. Ich habe Lennart ein paar Stunden später darauf ansprechen wollen und hatte die ganze Zeit „Jesper Juul, Jesper Juul" im Kopf. Aber dann ist es mir doch nicht so gelungen, sondern ich habe gesagt, was mich gestört hat, allerdings in einem ganz milden Ton. Nachdem ich meine Sache losgeworden bin, habe ich einen Augenblick darüber nachgedacht und ihm einen Vorschlag in Jesper-Juul-Manier unterbreitet. Und siehe da, danach konnten wir ganz vernünftig über die Angelegenheit reden. Wir haben eine Menge Arbeit vor uns.

Lennart hat am besten gefallen, dass Jesper gesagt hat, dass ich nicht auf ihn wütend werden, sondern ihm helfen soll.

In der siebenköpfigen Familie herrscht Anarchie

Mira und Sven sind die Eltern von Leo, 6 Jahre, Kalle, 4 Jahre, Jacob und Ellen, 2 Jahre, und Simon, 2 Monate.

Eine große Familie = Glück, Liebe und Harmonie? Absolut! Aber es fordert sehr viel von den Eltern, mit fünf Kindern und fünf verschiedenen Persönlichkeiten zurechtzukommen. Mira und Sven haben das Gefühl, dass die Familie zugrunde geht, und benötigen schnell Hilfe.

Es ist eine sehr große Familie, die bei Jesper Juul und dem Elterncoaching Hilfe sucht: Fünf lebhafte, aber frustrierte Kinder und zwei müde, genauso frustrierte Erwachsene erscheinen eines frühen Morgens.

Im Raum herrscht große Aktivität. Die Kinder rennen durch die Gegend und mittendrin liegt Simon, zwei Monate, und rollt sich vergnügt auf seiner Decke hin und her. In regelmäßigen Abständen muss das Gespräch unterbrochen werden, weil die Eltern zwischen den Kindern vermitteln müssen. Es ist zeitweise unmöglich, sein eigenes Wort zu verstehen, weil es so laut ist, doch Mira und Sven scheinen das gar nicht zu registrieren. Vielleicht liegt es daran, dass sie sich daran gewöhnt haben?

Mira und Sven hatten eine so große Familie nicht geplant, aber natürlich sind sie sehr froh und stolz auf ihre tollen Kinder. Doch etwas läuft schief. Die Kinder streiten viel miteinander und prügeln sich. Die Tage sind ausgefüllt mit einer unendlichen Anzahl kleinerer und größerer Konflikte zwischen den Kindern.

Damit sie wirtschaftlich über die Runden kommen, muss Sven viel arbeiten, was bedeutet, dass Mira den größten Teil des Tages allein ist mit der Kinderschar.

Sowohl Mira als auch Sven sind müde, haben das Gefühl, gescheitert zu sein, und sind von der Situation frustriert. Es muss etwas geschehen.

Mira: Meistens streiten Jacob und Kalle, sie sind auch beide gleich dickköpfig. Oft ist es so, dass sie auf dem Boden liegen, schreien und sich streiten und nicht machen wollen, worum ich sie

Hallo!

Wir sind eine Familie mit fünf Kindern, Leo, sechs Jahre, Kalle, vier Jahre, Jacob und Ellen, zwei Jahre, und Simon, zwei Monate. Bisher lief alles ganz gut, aber jetzt hat der Vater Sven wieder angefangen, Vollzeit zu arbeiten, was bedeutet, dass ich (die Mutter Mira) viel mit den Kindern alleine bin. Das geht gut, solange Leo und Kalle für sich alleine spielen und Jacob und Ellen ebenfalls alleine spielen, aber sobald sie in einem Zimmer sind, zusammen in den Hof gehen oder wir irgendwohin müssen, geht das Gestreite los.

Am schlimmsten ist es zwischen Jacob und Kalle. Sie sind beide sprachlich nicht weit entwickelt und haben Schwierigkeiten, sich verständlich zu machen und zu kommunizieren, sowohl untereinander als auch mit anderen. Das wiederum führt oft zu Missverständnissen und zu noch mehr Streit. Wenn ich zu Hause bin und stille, Windeln wechsle oder Essen koche, haben sie die wunderbare Fähigkeit, sich zusammenzutun und zu streiten. Ich habe es jetzt so aufgeteilt, dass die zwei Großen im Kindergarten sind und die anderen zwei zu Hause bleiben, aber wenn ich sie nachmittags abhole, geht alles von vorne los. Und abends sind wir gezwungen, die Familie zu teilen, damit es weniger Streit gibt.

Ich finde es furchtbar anstrengend, dass es so geworden ist, und wir wissen nicht, wie wir es lösen können. Wir benötigen dringend Hilfe.

Mit freundlichen Grüßen
Mira

gebeten habe. Ich bin dann gestresst und die anderen Kinder fangen auch an zu quengeln.

Jesper: Das kann also jederzeit passieren?

Mira: Ja. Wenn sie für sich allein sind, funktioniert alles super, aber sobald jemand dazukommt, dann fangen sie an, sich zu ärgern und zu schlagen. Eine Zeit lang war es so, dass Kalle spielen wollte, aber Jacob Angst hatte und um sich schlug, und dann ging das wieder von vorne los. Das ist jetzt ein bisschen besser geworden, vor allem weil Kalle besser sprechen kann.

Jesper: Wie verhaltet ihr euch, wenn so etwas passiert?

Mira: Wenn wir zum Beispiel irgendwohin müssen, dann erkläre ich Kalle, dass ich zuerst Jacob und Ellen anziehen muss und dann ihm helfe. Daraufhin geht er oft auf eines der anderen Kinder los und schlägt es oder schreit und weint. Wenn ich ihn dann auf einen Stuhl setze, damit er sich beruhigt, fängt er entweder an zu lachen oder er schmeißt sich auf den Boden und schreit oder schlägt die anderen. Er begreift nicht, dass es dann Ernst ist.

Jesper: Empfindest du das ähnlich, Sven?

Sven: Ja, so ist es oft.

Mira: Kalle hat eine unglaubliche Fantasie. An dem einen Tag ist er ein Monstertruck und am nächsten ein Zug. Und dann hat er noch eine fiktive Schwester, er ist dann ganz in dieser Welt versunken.

Kalle: Ich habe Agnes! Meine Agnes ist sieben oder acht Jahre alt!

Mira: Ganz genau. Du hast deine Agnes. Eine Zeit lang hatte er auch eine Schwester, die Kuschel hieß. Sie gab es lange, da war kein Entkommen.

Jesper: Ist Kalle Kind Nummer zwei?

Mira: Ja. Und er ist wirklich eingequetscht worden, denn die Zwillinge kamen ja so dicht hinterher. Jetzt hat er angefangen, Ellen auf seine Seite zu ziehen. Wenn Ellen nicht da ist, herrscht Ruhe, sie hat auch schon angefangen, zu stänkern und so was.

Jacob wird dann ausgeschlossen. Im Moment sind alle gegen Jacob.

Jesper: Ich habe eine Theorie dazu, und die besagt, dass man für so eine Aufgabe einen Anführer braucht. Wie seht ihr beide das? Wie betrachtet ihr euch gegenseitig und euch selbst, wenn es darum geht, Chef zu sein?

Sven: Das ist so: Wenn Mira da ist, ist sie der Chef. Wenn ich etwas sage und sie ist der Meinung, das war falsch, korrigiert sie mich vor den Kindern und dann wird es manchmal wirklich falsch. Auf der anderen Seite verlasse ich mich vollständig auf sie. Sie ist ja den ganzen Tag zu Hause, wenn ich bei der Arbeit bin.

Jesper: Und wenn du dich selbst als Chef betrachtest, Mira, hast du eine Vorstellung davon, was du tun willst und was nicht? So, wie es im Moment aussieht, habt ihr zu Hause einen Betrieb, in dem sich alle nur zu etwa 70 Prozent wohlfühlen.

Was würdest du gerne lernen? Wie siehst du dich selbst als Chef dieser Gang?

Mira: Ehrlich gesagt weiß ich es nicht.

Jesper: Wenn ich das richtig sehe, hat es sich auch nicht verbessert, seit Sven wieder angefangen hat zu arbeiten.

Mira: Wir hatten jetzt vier Wochen Ferien und ich habe mal darüber nachgedacht, in welchen Situationen Konflikte entstehen. Wenn ich mit den Kindern allein zu Hause bin, geht es so einigermaßen. Aber ich bin auch nach den vielen Schwangerschaften total müde und fertig und habe keine Kraftreserven mehr. Wenn Sven dann nach Hause kommt, entspanne ich, aber dann wird alles nur drei Umdrehungen schlimmer.

Allerdings fällt es mir schwer, mich wirklich zu entspannen. Ich glaube, ich traue mich nicht richtig, die Verantwortung abzugeben. Ich müsste vielleicht weggehen und Sven mehr Verantwortung übernehmen lassen.

Sven: Es ist ja auch schwer, in einem Haushalt mit fünf Kindern zu entspannen. Manchmal sagt mir Mira, wenn ich nach Hau-

> So, wie es im Moment aussieht, habt ihr zu Hause einen Betrieb, in dem sich alle nur zu etwa 70 Prozent wohlfühlen.
> JESPER

se komme: „Jetzt übernimmst du." Aber dann mischt sie sich trotzdem die ganze Zeit ein. Zwischendurch denke ich, es wäre leichter, wenn sie dann eine Weile von zu Hause weggeht.

Mira: Es geht auch darum, wie viel man bereit ist zu akzeptieren. Ich versuche, immer schon einen Schritt voraus zu sein und früh zu erkennen, ob gerade ein Konflikt aufflackert. Dann versuche ich den abzuwenden, damit es gar nicht erst zum Konflikt kommt.

Sven kann es ganz gut aushalten, wenn um ihn herum Geschrei und Lärm ist. Aber ich kann das nicht vertragen. Die Kinder dürfen gerne spielen und auch Geräusche machen, aber ich will keinen Streit. Ich versuche, die Stimmung wahrzunehmen und früh genug einzugreifen, bevor sie überdrehen. Aber das ist schwer, weil Sven und ich nicht derselben Ansicht sind. Und genau da hakt sich Kalle ein, er versucht uns manchmal gegeneinander auszuspielen.

Sven: Ich bin ja ein Mann. Ich finde es vollkommen in Ordnung, eine Hindernisstrecke im Wohnzimmer zu bauen und so was... Aber das finden Mütter nicht gut. Ich finde es in Ordnung, wenn es ein bisschen mehr Action gibt. Mira will die Kinder immer lieber zu ruhigeren Spielen überreden, wie Zeichnen und so etwas.

Jesper: Es kann ziemlich schwer sein, so eine Schar zu betreuen. Aber wenn es zusätzlich Probleme bei den Anführern gibt, kann es doppelt so kompliziert werden. Die erste vordringliche Frage ist die: Wie könnt ihr euch um dich kümmern, Mira? Damit du nicht so gestresst bist. Und die zweite Frage ist, ob du Sven nicht vertraust oder ob ihr ganz einfach unterschiedlich denkt?

Mira: Ein Beispiel: Eine Situation diesen Sommer, da hatte Ellen einen Mixer, mit dem sie gespielt hat. Sie war auf dem Weg zum Swimmingpool. Ich habe ihr gesagt, dass sie ihn nicht mit zum Pool nehmen darf, aber da war Sven schon aufgesprun-

> Es kann ziemlich schwer sein, so eine Schar zu betreuen. Aber wenn es zusätzlich Probleme bei den Anführern gibt, kann es doppelt so kompliziert werden.
> JESPER

174

gen, hat ihr den Mixer aus der Hand genommen und weggetan. Ellen wurde sauer und fing an zu schimpfen. Statt aber mit ihr zu sprechen und zu erklären: „Ich habe doch gesagt, dass du den Mixer nicht mit zum Pool nehmen sollst", fing Sven an, Quatsch mit ihr zu machen und sie abzulenken. Ich bin der Meinung, dass man an anderer Stelle gerne Quatsch machen kann, aber nicht als Trost, weil sie wütend geworden ist. Es gibt viele solcher Situationen, wo wir nicht einer Meinung sind oder wo wir uns auf etwas geeinigt haben und dann nicht danach handeln. Gleichzeitig muss man auch darauf Rücksicht nehmen, wie der Tag so gelaufen ist. Wenn die Kinder sehr müde sind, sollte man nicht so hart zu ihnen sein. Aber wenn wir uns über etwas geeinigt haben, dann findet Sven, dass wir es genau so durchführen müssen. In diesem Punkt sind wir uns auch sehr uneinig.

(Im Raum herrscht lautes Chaos: Einige der Kinder weinen, andere schreien, eines der Kinder fragt beharrlich nach Papier und Stiften, wiederum ein anderes Kind sitzt in einer Ecke und singt. Es ist fast unmöglich, ein Gespräch zu führen.)

Jesper: Bei euch zu Hause laufen ein paar Sachen schief. Wenn du sprichst, Mira, dann redest du davon, was man tun soll. Ich hingegen spreche über das, was tatsächlich passiert. Es herrscht ja Chaos. Es ist sehr wichtig, dass sich Eltern einig sind, heißt es immer wieder. Das ist eine Auffassung, die seit bestimmt zweihundert Jahren vertreten wird. In meiner Zeit als Familientherapeut habe ich an die tausend Familien kennengelernt. Ich kann dir sagen, dass bis heute kein einziges Paar darunter war, das sich einig war. Die Partner können theoretisch einer Meinung sein, aber nicht in der Praxis.

In eurer Familie seid ihr alle sieben in höchstem Maße individualistisch. Ihr seid alle sehr mit euren eigenen Bedürfnissen beschäftigt. Das kommt von oben, von euch Eltern, denn ihr seid auch Individualisten. Du zum Beispiel, Mira, willst nicht nur

In meiner Zeit als Familientherapeut habe ich an die tausend Familien kennengelernt. Ich kann dir sagen, dass bis heute kein einziges Paar darunter war, das sich einig war.
JESPER

175

fünf Kinder kontrollieren, sondern auch noch deinen Mann. Und das ist zu viel, wenn ihr meine Meinung dazu hören wollt. Die Frage ist also, ob du Sven die Sachen so machen lassen kannst, wie er das will? Das erfordert aber, Mira, dass es für dich wichtiger ist, dass ihr euch über die Notwendigkeit einer Zusammenarbeit einig seid; das Wie spielt dann eine untergeordnete Rolle.

Mira: Ich sage Sven oft, dass wir uns besprechen müssen, wie wir etwas tun wollen. Aber Sven sagt zu allem, was ich vorschlage, Ja: „Wir machen das so, wie du sagst."

Jesper: Wenn man in so eine Position gerät, dann wird das oft zu einem Freifahrtschein dafür, sich aus der Verantwortung zu ziehen, genau wie es Sven bei euch zu Hause macht. Aber die Medizin ist auch hier dieselbe. Entweder musst du, Mira, ihn das so machen lassen, wie er will, oder du, Sven, musst die Verantwortung an dich nehmen und sagen: „Jetzt lässt du mich das auf meine Art machen." Denn so, wie es jetzt ist, habt ihr eine alleinerziehende Mutter in eurer Familie, die ab und zu Hilfe und Entlastung bekommt. Das genügt nicht.

Bloß mit ein bisschen Entlastung kann man auch nicht zufrieden sein. Und wenn die Chefin mit der Form der Entlastung nicht zufrieden ist, dann gibt es Schwierigkeiten. Und ich habe den Eindruck, dass die Chefin in diesem Fall nicht zufrieden ist.

Sven: Zwischendurch ist es für mich leichter, einfach gar nichts zu tun.

Jesper: Mira fühlt sich die ganze Zeit für alles verantwortlich. Das ist eine geläufige Krankheit bei Frauen und Müttern.

Sven: Aber das ist doch etwas ganz Natürliches.

Jesper: Ja, man kann es als etwas Natürliches betrachten. Aber wenn die Natur zu einer Situation führt wie der, in der ihr euch befindet, dann ist das für euch nicht ausreichend. Im Moment ist es zu ehrgeizig, vorzuschlagen, dass ihr euch hinsetzen und euch einig werden solltet, wie ihr eine Lösung finden wollt. Es ist besser, zu sagen: „Okay, heute will ich nicht mehr zuständig sein. Jetzt musst du übernehmen." Und dann auch keine Kommentare mehr dazu geben, wie Sven es macht. Ihn wirklich und wahrhaftig die Verantwortung übernehmen lassen.

Später, wenn die akute Situation überstanden ist, könnt ihr euch zusammensetzen und besprechen, was richtig und was falsch war. Denn Sven wird garantiert Sachen machen, die in deinen Augen falsch sind. Aber Sven muss aus seinen eigenen Erfahrungen lernen, nicht aus deinen.

Das ist der erste Schritt dahin, dass ihr beide ein Team werdet und einen Teamgeist entwickelt, auch unter den Kindern. Die Kinder sind im Moment alle Einzelkämpfer. Sie sind sehr individualistisch, was es nicht nur schwer macht, mit ihnen umzugehen. Es wird auch moralisch gesehen zu einem Problem, dass sie einander nicht respektieren.

Sven: Ja, die Kinder sind sehr unterschiedlich. Leo ist ein kleiner Philosoph, er kann stundenlang dasitzen und puzzeln. Aber er darf nicht oft in Ruhe zu Ende puzzeln. Es ist selten, dass er in Frieden gelassen wird. Die anderen vier Kinder sind viel physischer.

Jesper: Was haltet ihr von dem, was ich euch heute gesagt habe?

Mira: Das ist schon alles richtig. Aber ich habe große Schwierigkeiten, zu akzeptieren, dass es immer so entgleisen muss. Dass Kalle sich so benimmt, wie er es tut. Ich mische mich ein, wenn sie anfangen, sich zu prügeln und so weiter.

Sven: Wenn ich von der Arbeit nach Hause komme, sind die Kinder oft ein bisschen aufgedreht. Dann aber sagt Mira, sie braucht ein bisschen Ruhe, und will zum Beispiel stillen. Ich soll mich dann um die Kinder kümmern und Nudeln fürs Abendessen kochen und die Spülmaschine ausräumen. Und dann gibt es Chaos. Ich werde total unvorbereitet in die Situation geworfen.

Jesper: Genau, so sieht die Situation aus, in der ihr euch befindet. So ist das für euch, so geht es eurer Familie. Es wäre wunderschön, wenn Mama nicht so frustriert wäre, und es wäre wunderschön, wenn die Kinder nicht so frustriert wären.

Der erste Schritt muss nicht sein, die große Harmonie zu erzeugen, der erste Schritt heißt akzeptieren: „Okay, wenn Mira es macht, dann macht sie es auf ihre Weise", und: „Wenn Sven es macht, dann macht er es auf seine Weise." Wenn eure fünf Kinder dann wissen, so ist es, wenn Papa es macht, und so ist es, wenn Mama es macht, wenn sie da Sicherheit gewinnen, dann haben sie die Möglichkeit, ruhiger zu werden.

Später kann man dann weitergehen und tiefere, philosophische Debatten über Richtig und Falsch führen. Aber diese Art von Dialog ist im Moment, soweit ich das sehe, nicht möglich. Oder liege ich da falsch?

Mira: Nein. Aber dann muss ich es auch auf meine Art machen dürfen. Wenn ich Wäsche zusammenlege oder putze, dann kommt Sven ganz oft und sagt mir, wie ich es zu tun habe. Genauso, wie ich es mache, wenn er sich um die Kinder kümmert.

Jesper: Ja, das ist ein ganz gewöhnlicher Machtkampf, um den es hier bei euch geht. Die oberste Priorität ist also, diesen Machtkampf zu beenden. Dem unterschiedlichen Umgang mit den Kindern Respekt entgegenzubringen. So lernen auch die Kinder, dass man Respekt voreinander hat, etwas, was sie im Moment noch nicht haben.

Mira: Wenn Sven von der Arbeit nach Hause kommt und ich will einen Spaziergang machen, habe ich manchmal ein schlechtes Gewissen, wenn ich zum Beispiel nur Simon mitnehme und ihn mit den vier anderen Kindern alleine lasse. Oder in den Ferien, da bin ich für ein paar Tage weggefahren und habe drei der Kinder mitgenommen, weil ich dachte, ich könnte Sven nicht mit mehr als zwei alleine lassen.

Jesper: Hat das Sven verlangt oder hattest nur du dieses Gefühl?

Sven: Nein, sie kann einfach nicht von den Kindern weg sein.

Jesper: Wenn es irgendwie machbar ist mit so vielen Kindern, fin-

Die oberste Priorität ist also, diesen Machtkampf zu beenden. Dem unterschiedlichen Umgang mit den Kindern Respekt entgegenzubringen. So lernen auch die Kinder, dass man Respekt voreinander hat, etwas, was sie im Moment noch nicht haben.
JESPER

de ich, sollte man versuchen, jeden Tag für einen kurzen Augenblick für sich allein zu sein.

Das Wichtigste für dich und die Kinder ist, Mira, dass du dich um dich selbst kümmerst. Das beinhaltet, dass du akzeptierst, dass deine Kinder den Vater haben, den sie haben. So ist das. Du wirst das so, wie es jetzt ist, nicht mehr lange aushalten können. Es gibt viel zu viele Unklarheiten und kleine Konflikte zwischen euch Erwachsenen, darum haben eure Kinder keine Möglichkeit, sich zu orientieren. Und jedes der Kinder hat seine Art und Weise, damit umzugehen. Darf ich fragen, ob ihr eine so große Familie haben wolltet?

Sven: Wir haben am Anfang von vier Kindern gesprochen.

Mira: Aber natürlich nicht so dicht hintereinander …

Jesper: Und habt ihr das Thema abgeschlossen?

Mira und Sven: Das wissen wir noch nicht.

Sven: Wir vermeiden es, von Simon als unserem letzten Kind zu sprechen. Wir sagen lieber, dass er das jüngste Kind ist … Obwohl ich zugeben muss, dass es im Moment ein bisschen viel ist. Aber auf lange Sicht, wer weiß.

Mira: Aber wie soll ich die Situation mit Kalle lösen, bis wir das andere gelöst haben, mit dem Team und so? Zum Beispiel wenn er in den Kindergarten soll und nur schreit und schimpft. Soll ich ihn weitermachen lassen? Wie soll ich damit umgehen?

Jesper: Er hat unglaublich viel Frustration angesammelt, aber er wird sich beruhigen, wenn euch das mit dem Zusammenspiel im Team gelingt. Was würdest du denn am liebsten machen, wenn Kalle sich so verhält?

Mira: Ich warte ab, bis ich wieder mit ihm reden kann. Aber er ist eigentlich nicht ansprechbar.

Jesper: Und was machst du dann?

Mira: Meistens endet es damit, dass ich ihn hoch nehme und schreiend in den Kindergarten bringe.

Jesper: Will er nicht in den Kindergarten? Was sagt er denn dazu?

> Es gibt viel zu viele Unklarheiten und kleine Konflikte zwischen euch Erwachsenen, darum haben eure Kinder keine Möglichkeit, sich zu orientieren.
> JESPER

179

Mira: Er will gar nichts. Sobald er etwas tun soll, wird er wütend. Wenn er nicht bekommt, was er will, dann dreht er durch. Das kann die kleinste Kleinigkeit sein, wenn ihm etwas im Weg liegt oder er seine Schuhe nicht so anziehen kann, wie er möchte. Entweder schließt er sich in sein Zimmer ein, wirft sich hin und schreit oder er geht auf die anderen los. Es braucht ganz wenig, um ihn wütend zu machen.

Jesper: Ihm geht es nicht gut mit der Familiensituation. Darum flüchtet er in seine Fantasie und macht dort eine Pause. So etwas tun wir Erwachsene auch. Um euer Leben in den Griff zu bekommen, müsst ihr zuerst die Schwierigkeiten an der Spitze lösen, dann könnt ihr euch um den Rest kümmern.

Sven: Ich habe Probleme, zu reden, wenn mich etwas frustriert. Ich kann nicht richtig wütend werden oder zanken. Aber in den Zeitungen steht immer, wie wichtig es ist, sich zu streiten.

Jesper: Es gibt andere Möglichkeiten, zu diskutieren, ohne gleich streiten zu müssen.

Sven: Trotzdem. Wenn ich das besser könnte, könnte ich besser für meine Sache kämpfen.

Jesper: Wenn Mira um 18:15 Uhr die eine Sache sagt und kurz darauf ihre Meinung ändert und will, dass du übernimmst, Sven, dann sagst du zu ihr: „Jetzt machen wir es auf meine Weise. Wenn du damit nicht zufrieden bist, können wir darüber ein anderes Mal sprechen, aber nicht jetzt." Du kannst natürlich auch sagen: „Kinder, hört mir zu. Wir sind jetzt müde und brauchen unsere Ruhe. Wenn ihr fünf Sekunden vor dem sicheren Tod seid, könnt ihr zu uns kommen, sonst nicht..." Ihr müsst aufpassen, dass ihr nicht eure gesamte Energie einsetzt, bis ihr nichts mehr übrig habt. Erst müsst ihr euch um den Chef kümmern, später könnt ihr über die Fortsetzung diskutieren.

Sven: Aber ich glaube, Frauen haben ein großes Bedürfnis, zu streiten.

Jesper: Nein, Frauen haben ein großes Bedürfnis nach Dialog.

> **Aber ich glaube, Frauen haben ein großes Bedürfnis, zu streiten.**
> **SVEN**

> **Nein, Frauen haben ein großes Bedürfnis nach Dialog.**
> **JESPER**

Mira: Streiten? Ich weiß nicht. Aber ich gebe zu, dass es manchmal toll wäre, wenn ich mehr bekommen würde als ein Ja, wenn ich etwas anspreche. Ich will ja, dass Sven dabei ist und mehr mitbestimmt, aber das ist nicht einfach. Er sagt nicht, was er will. Wenn ich zum Beispiel sage: „Wollen wir baden gehen?" Dann antwortet er nur mit einem Ja.

Sven: Für mich bedeutet baden zu gehen, eine Tasche mit Handtüchern und Schwimmbrillen zu packen. Für Mira bedeutet das einkaufen gehen, Essen in eine Kühltasche packen...

Jesper: Euer Ziel sollte sein, an der Spitze Ruhe einkehren zu lassen. Man wird keine 100 Prozent schaffen, aber im Moment sprechen wir von 80 Prozent.

Jesper Juuls Tipps für Mira und Sven

- Eine große Familie benötigt einen funktionierenden Anführer. Ansonsten gibt es zu viele Willensbekundungen und keine Zusammenarbeit.

- Es ist wichtiger für die Eltern, sich über eine Zusammenarbeit als über das Wie einig zu sein.

- Familien brauchen Teamgeist. Der entsteht, wenn die Kinder das Gefühl haben, dass die Eltern zusammenarbeiten.

- Wenn die Eltern den Umgang des anderen mit Konflikten und Haushaltsfragen respektieren, lernen die Kinder, dass man sich gegenseitig und seine Umwelt respektiert.

- Um eine Zusammenarbeit zu aktivieren, bedarf es zweier Dinge: Der eine Elternteil muss Verantwortung abgeben, der andere Elternteil muss aktiv werden und sich Verantwortung nehmen.

- Erst wenn das akute Stadium überstanden ist, kann man sich zusammensetzen und im Detail diskutieren, wie die Familie funktionieren soll.

181

RÜCKBLICK

Mira: Direkt nach dem Coaching fühlte ich mich sehr niederge-schlagen, es war nicht so, wie ich es erwartet hatte. Aber mitt-lerweile habe ich einen anderen Blickwinkel angenommen und festgestellt, dass wir viel von dem Coaching profitiert ha-ben.

Sven: Ich dachte, wir würden direkt auf das Problem mit Kalle zu sprechen kommen, und nicht auf die Beziehung von Mira und mir. Gleichzeitig verstehe ich sehr wohl, dass wir unsere Konflikte mit Kalle nicht lösen können, bevor wir nicht unsere eigenen gelöst haben.

Mira: Ja, es war hart, so direkt zu hören, dass es Kalle nicht gut geht. Seit wir bei Jesper Juul waren, hat vor allem Sven sich mehr Zeit für ihn genommen.

Sven: Ich versuche, mich häufiger mit Kalle zu unterhalten, ich kann jetzt schon ganz deutlich sehen, dass es ihm besser geht. Da ich auch das mittlere Kind war, kann ich mich ganz gut mit ihm identifizieren.

Mira: Was die Aufteilung der Verantwortung bei uns zu Hause anbetrifft, ist es nach wie vor nicht so, dass Sven sich verant-wortlich erklärt und sie zu 100 Prozent übernimmt. Auf der anderen Seite versuche ich, mehr an mich zu denken: „Jetzt ist Sven zuständig, jetzt darf er es so machen, wie er will."

Sven: Ich hatte den Eindruck, dass Jesper die ganze Schuld für die Umstände bei Mira sah. Aber wir sind ja beide daran beteiligt. Ganz bestimmt. Ich gebe zu, dass ich manchmal ein bisschen zu „nett" bin. Was die Kinder anbetrifft, da verlasse ich mich ganz und gar auf Mira. Ich habe vollen Respekt für sie. Wir gehen seit einer Weile regelmäßig zu einem Familientherapeu-ten, und es läuft immer besser und besser bei uns zu Hause. Und Mira und ich versuchen, einander mit mehr Respekt zu begegnen.

Erik ist fast fünf und macht sich noch in die Hose

Anna und Marko sind die Eltern von Erik, 4,5 Jahre, und Linn, 2 Jahre.

Erik, viereinhalb Jahre, macht sich täglich in die Hose. Seine Mutter Anna und sein Vater Marko befürchten, dass es ihm nicht gut geht und dass er damit Signale sendet. Sie haben auch Angst, dass seine Freunde ihn deswegen hänseln könnten.

Anna und Marko haben uns geschrieben, weil sie sich um ihren Sohn Erik Sorgen machen. Erik scheint ein fröhlicher, aber sehr nachdenklicher Junge zu sein, der während des Coachings still dabei sitzt und vor sich hin spielt. Die Eltern haben Angst, dass es Erik nicht gut geht, dass ihn etwas stresst oder unglücklich macht und er sich darum einnässt. Bevor die Familie zum Coaching kommt, wird Erik medizinisch untersucht, damit eine physische Ursache ausgeschlossen werden kann.

Es wird eine lange Sitzung, es wird viel geredet – aber auch viel gelacht. Außerdem zeigte es sich später, dass Erik sehr aktiv an dem Coaching teilgenommen hat, ohne dass es jemandem aufgefallen war.

Anna: Ich möchte vor allem sagen, dass ich ein schlechtes Gefühl habe, dass wir uns immer aufgeregt und Erik ausgeschimpft haben, wenn er sich in die Hose gemacht hat. Es gab Phasen, in denen das sehr oft passiert ist, und andere, in denen es fast gar nicht vorkam. Als er zweieinhalb Jahre alt war, gab es eine Phase, da war er windelfrei; der Übergang von Windeln zu windelfrei ging eigentlich ziemlich schnell. Damals haben wir ihn oft aufgefordert, auf die Toilette oder auf den Topf zu gehen. Eigentlich warst du viel konsequenter mit dem Topf, Marko,

183

als ich. Ich war ein bisschen nachlässig. Es gab immer wieder kleine Malheure, aber wann es anfing, häufiger zu passieren, weiß ich nicht mehr.

Marko: Ich glaube, das war, als er etwa drei wurde, als wir anfingen, mit ihm zu trainieren. Wir haben versucht, ihm Routinen

Hilf uns, Jesper Juul!

Unser Sohn, viereinhalb Jahre, macht sich ständig in die Hose. Manchmal ist es nur ein feuchter Fleck, aber mehrmals in der Woche landet alles in der Unterhose. Fast jede Nacht ist auch das Laken ein- bis zweimal durchnässt. Er will keine Windeln tragen. Manchmal habe ich den Eindruck, es ist ihm egal, dass alles nass wird und anfängt zu riechen.

Das Toilettenthema hatte einige Hochs und Tiefs. Mit zweieinhalb war er fast ganz windelfrei, da passierte nur alle Woche mal ein kleines Malheur. Dann aber (wir wissen nicht mehr, wann es angefangen hat) bekamen wir vom Kindergarten immer häufiger vollgepinkelte Hosen in einer Plastiktüte mit nach Hause. In den Nächten war alles in Ordnung. Bevor wir ins Bett gingen, haben wir ihn noch einmal auf den Topf gesetzt.

Als er fast drei Jahre alt war, bekam er eine kleine Schwester. Das ist ja keine leichte Veränderung, aber wir haben uns wirklich bemüht, ihm zu zeigen, dass wir ihn genauso lieben wie zuvor.

Im Alter von eineinhalb bis vier Jahren hat er eine normale Kindertagesstätte besucht, aber da gab es Probleme, die wir nicht lösen konnten. Darum haben wir ihn vor drei Monaten in einem Montessori-Kindergarten angemeldet, wo er es viel besser hat! Am Anfang lief alles super, keine nassen Hosen, aber jetzt hat es wieder angefangen. Ich weiß nicht, ob das ein Zufall ist? Auch in den Nächten ging es wieder los.

Er sagt oft, dass er nicht auf Toilette muss, und dann landet alles in der Hose. Hat das was mit uns zu tun? Liegt es an etwas anderem? Will er uns damit etwas sagen? Oder müssen wir einfach akzeptieren, dass es so ist, wie es ist?

Freundliche und hoffnungsvolle Grüße von Anna und Marko

beizubringen: ihn auf die Toilette gehen zu lassen, ihm nachts nur Stoffwindeln anzuziehen. Da merkte er ja sofort, wenn er nass wurde, das war auch viel unangenehmer. Und dann war er windelfrei. Aber dann wurde es im Kindergarten so schlimm, eine schreckliche Stimmung, und da fing er an, sich in die Hose zu machen. Es wurde immer schlimmer. Wir dachten, dass es nur eine Phase ist, die vorübergeht, doch es wurde immer schlimmer und schlimmer. Wie lange ging das?

Anna: Das ist schwer zu sagen. Wir dachten ja auch, dass es bestimmt nicht leicht für ihn ist, plötzlich eine kleine Schwester zu haben. So was kann ganz schön hart sein. Darauf hatten wir uns und auch Erik vorbereitet. Irgendwann hatten wir dann den Kindergarten in Verdacht. Diese Phase, vor etwa einem Jahr, war ganz schön anstrengend, er hat tagsüber und nachts eingenässt. Da war uns klar, dass es ihm nicht gut geht.

Marko: Am Tag hat er zwei, drei Hosen vollgemacht und nachts das Bett.

Jesper: Das Problem war also nicht die Unruhe im Kindergarten, sondern dass er sich in die Hose gemacht hat?

Anna: Doch, wir haben schon begriffen, dass im Kindergarten irgendetwas nicht stimmte. Marko war in Elternzeit. Und Erik wollte nicht in den Kindergarten gehen. Er mochte die Erzieherin nicht. Wir mussten feststellen, dass es keine ausgebildeten Erzieherinnen waren und sie ziemlich oft zu Supernanny-Methoden griffen. Eines Tages, zur Abholzeit, saß Eriks Freund Otto im Flur und war unglücklich. Sie hatten ihn ausgesperrt, ihn auf den „stillen Stuhl" gesetzt und die Tür zum Gruppenraum abgeschlossen. Die arbeiteten tatsächlich noch mit dem stillen Stuhl und so etwas. Auch Erik hatte uns das erzählt.

Marko: Im Frühling gingen die Windpocken rum und alle Kinder blieben ein paar Wochen zu Hause. Wir haben sofort gemerkt, wie er ruhiger wurde und es ihm besser ging. Da stellten wir fest, dass die gesamte Familie auf diesen Kindergarten reagierte und es uns allen besser ging. Als es wieder losging, sagte Erik: „Ich will da nicht hin." Zuerst dachte ich, wir sollten noch warten und es dann wieder versuchen. Ich hatte in deinen Büchern gelesen, dass man das Kind zu Hause lassen soll, dann merkt es schnell, dass es dort gar nicht so toll ist. Ich war ja in Elternzeit und zu Hause war nicht besonders viel los, ich dachte, er würde schon sehen, wie langweilig es zu Hause war. Er fand das okay, ich merkte aber schon, dass er seine Freunde vermisste.

Anna: Ihr seid ja ein paarmal in den Kindergarten gegangen, damit er seine Freunde treffen konnte, aber er wollte nicht bleiben, sondern immer mit dir nach Hause gehen. Darum sind wir der Meinung, dass diese Kindergartengeschichte viel damit zu tun hat, aber ganz sicher sind wir uns nicht.

Marko: Mittlerweile ist er in einem anderen Kindergarten. Das war auch eine große Sache, und es war so turbulent, dass wir alle Routinen vernachlässigt haben. Davor habe ich mit ihm „geübt", ihn an den Toilettengang erinnert und so. Ich dachte, er würde selbst merken, wann er gehen muss. Aber obwohl wir im neuen Kindergarten angefangen haben, gab es keine Verbesserung. Er macht sich nach wie vor in die Hose, bestimmt ein- bis zweimal am Tag. Da dachte ich: „Okay, ich gebe auf, er darf selbst bestimmen, wann er auf Toilette gehen muss und wann er dann trocken ist." Zu dem Zeitpunkt haben wir dir auch den Brief geschickt, wir wussten nicht mehr weiter. Wir wollten aufgeben.

Anna: Ich hatte das Gefühl, ihn zu erniedrigen, wenn ich ihn gezwungen habe, Windeln anzuziehen und mitten in der Nacht auf die Toilette zu gehen. Wir haben ihn auf den Topf gesetzt, bevor er ins Bett gegangen ist, und auch in der Nacht noch einmal. Eine Zeit lang ging das ganz gut.

Jetzt hat er zusammen mit seiner Schwester Linn in dem neuen Kindergarten angefangen, das ist ein so toller Ort. Die beiden fühlen sich da sehr wohl, aber das Problem besteht nach wie

> Ich hatte das Gefühl, ihn zu erniedrigen, wenn ich ihn gezwungen habe, Windeln anzuziehen und mitten in der Nacht auf die Toilette zu gehen.
> ANNA

vor. Die Erzieher sagen, dass Erik sich sehr wohlfühlt, aber offenbar noch seinen Platz in der Gruppe sucht.

Marko: Ende des Jahres waren wir beim Arzt, um auszuschließen, dass es eine physische Ursache gibt, ob er Schmerzen beim Wasserlassen hat oder so. Aber er hat nichts. Wir haben festgestellt, dass es häufiger passiert, wenn um ihn herum Hektik und Unruhe herrschen. Wenn es ruhig und gemütlich ist, funktioniert es viel besser.

Jesper: In der Tat gibt es einen organischen Befund, den man durchaus bei vielen Kindern feststellen kann. Vielleicht hat Erik eine zu kleine Blase, in diesem Fall wäre es sehr klug, die Routinen, von denen du eben sprachst, Marko, auch einzuhalten. Denn unter solchen Umständen muss die Blase häufiger geleert werden als üblicherweise. Das haben dänische Forscher vor ein paar Jahren entdeckt. „Okay, ich habe eine kleine Blase, die muss ich öfter leeren als andere Kinder." Dadurch wird es etwas ganz anderes, es ist mit ganz anderen Gefühlen gekoppelt, auch für Erik. Denn dann ist das eine Tatsache. Und vielleicht fällt es dann leichter, damit umzugehen: Es hat eine physische Ursache.

Aber Marko, ich würde dich gerne eine Sache fragen. Ich habe den Eindruck, dass Erik und du ein sehr enges Verhältnis habt, dass ihr euch ähnlich seid. Stimmt das?

Marko: Von der Persönlichkeitsstruktur, ja. Er sieht zu mir auf.

Anna: Er ähnelt Marko definitiv sehr. Das kannst du selbst nicht so sehen, Marko, aber ihr seid euch sehr ähnlich.

Jesper: Es gibt nämlich noch einen Ansatz, über den ich gerne mit dir reden würde. Ich weiß, dass er sehr sensibel ist. Worüber ich nachgedacht habe, Marko, ist nun, ob es in deinem Leben – ich weiß, dass das ehemalige Jugoslawien früher kein besonders friedlicher Ort war –, ob es in deiner Vergangenheit ein traumatisches Erlebnis gibt, das noch Einfluss auf dich hat? Ist dir im Krieg etwas Besonderes, etwas Traumatisches zugestoßen?

187

Marko: Vielleicht. Ich habe viel darüber nachgedacht, vor allem, nachdem ich Bücher über das Elternsein gelesen habe. Wir haben viel gelesen, weil wir Erik helfen wollten. Aber, wenn du auf den Krieg anspielst, habe ich nicht mehr erlebt als andere. Ich bin ganz gut klargekommen. Ich hatte meinen Militärdienst kurz vor Ausbruch des Krieges absolviert, wir waren auch einige Monate eingeschlossen, aber das waren alles Sachen, mit denen wir zurechtgekommen sind. Ich leide heute nicht mehr darunter. Ich habe das oft analysiert, aber ich hatte keine besonders traumatischen Erlebnisse.

Aber klar, ich bin nicht gerne mit meinen ehemaligen Landsleuten zusammen. Ich habe keine Lust, die Geschichten immer wieder durchzukauen, das habe ich deutlich gemerkt, als ich nach Schweden kam. Endlich bin ich in einem normalen Land, habe ich gedacht.

Anna: Wir haben oft darüber gesprochen, Marko und ich. Du hast mir mal erzählt, dass dein Vater sich eine Tochter gewünscht hatte und dich auch manchmal in Mädchenkleider gesteckt hat. Vielleicht hast du als Kind das Gefühl gehabt, im Weg zu sein?

Marko: Aber das ist nichts, an dem ich heute noch zu knabbern hätte. Außerdem ist es auch nicht so oft gewesen. Im Vergleich zu anderen Vätern aus meinem Heimatland und aus dieser Generation – ich bin in den 70ern groß geworden – war mein Vater ein sehr guter Zuhörer und hat uns immer in allem bestärkt. Er hat oft mit mir über meine Zukunft gesprochen und mich gefragt, was ich werden will, wenn ich groß bin.

Jesper: Ich habe mich gefragt, ob du etwas tief in deinem Inneren eingekapselt hast. Einen Schmerz, der auf das Kind übertragen werden kann. Aber das scheint nicht der Fall zu sein. Kinder sind in der Lage, den verborgenen Schmerz der Eltern zu spiegeln.

188 *Marko:* Nein, das Gefühl habe ich nicht.

Jesper: Erik wirkt sehr reif für sein Alter, sehr intelligent und sensibel.

Anna: Das ist eine sehr treffsichere Beschreibung von ihm.

Jesper: Ich finde, ihr solltet euch mit Erik zusammensetzen und darüber sprechen. Sagt ihm, dass er jetzt viereinhalb Jahre alt ist und ihr die verschiedensten Sachen ausprobiert habt, um ihm zu helfen, damit er sich nicht mehr in die Hose macht. Sagt ihm, dass er jetzt alt genug ist, um selbst bestimmen zu können, ob er weiter in die Hose machen will oder nicht. Dass er selbst bestimmen kann, wann und wo er pinkeln will.

Sagt ihm, dass die Entscheidung bei ihm liegt. Dann macht eine Pause, damit sich eure Worte setzen können. Beobachtet, wie er reagiert. Wenn er erleichtert wirkt, dann ist alles gut. Dann könnt ihr sagen: „Wenn du Hilfe brauchst, kannst du uns fragen. Du weißt, dass wir dir helfen können und dir gerne helfen." Aber es ist wichtig, dass ihr genau hinseht, wie er reagiert, wenn ihr das mit der Selbstbestimmung sagt. Sagt, ihr habt versucht, die Verantwortung zu übernehmen, aber dass es nicht gut gegangen ist. Wenn ihn das traurig macht, war es nicht der richtige Weg. Dann müsst ihr was anderes probieren. Dann könntet ihr zum Beispiel Hilfe bei Ärzten suchen oder einen genauen Plan über die Routinen erstellen, die euch helfen. Macht die Sache nicht größer, als sie ist, seid nicht zu ambitioniert. Es geht vielmehr darum, dass ihr eine Zusammenarbeit entwickelt.

Ihr solltet auch nicht, so klang das in eurem Brief an, eure Besorgnis mit ihm besprechen, dass er in der dritten oder vierten Klasse von seinen Mitschülern gehänselt werden könnte, weil er sich in die Hose gemacht hat.

Anna: Du meinst, wir sollten das gar nicht ansprechen?

Jesper: Nein, das solltet ihr nicht, denn was soll er mit dieser Information anfangen?

Auf der anderen Seite ist es sehr wichtig für ihn, zu wissen,

> „
> Sagt ihm, dass er jetzt alt genug ist, um selbst bestimmen zu können, ob er weiter in die Hose machen will oder nicht.
> JESPER

189

Auf der anderen Seite ist es sehr wichtig für ihn, zu wissen, dass er von euch relevante Hilfe bekommen kann, unter seinen Bedingungen und auf seine Initiative.
JESPER

dass er von euch relevante Hilfe bekommen kann, unter seinen Bedingungen und auf seine Initiative.

Anna: Es ist also wichtig, dass wir ihm nicht die Verantwortung abnehmen?

Jesper: Genau, dass weder Mama noch Papa über ihm stehen und sagen: „Oh, du armer, kleiner Kerl." Und dass ihr nicht verärgert seid.

Anna: Tja, das ist beides durchaus schon passiert…

Jesper: Ja, natürlich ist es passiert. Kinder brauchen keine perfekten Eltern.

Marko: Gerade an diesem Punkt, dass Kinder keine perfekten Eltern brauchen, daran arbeiten Anna und ich sehr hart…

Jesper: Er wird begreifen, dass es seine Verantwortung ist. Er wird auch erkennen, dass Verantwortung kein anderer, kein lediglich diplomatischer Ausdruck für Schuld ist. Er wird verstehen, dass Verantwortung wichtig ist, ohne dass er Schuldgefühle entwickeln muss.

Anna: Aber es ist doch auch wichtig, dass wir als Eltern unsere Verantwortung übernehmen?

Jesper: Ja, aber fokussiert euch nicht zu sehr auf die Dinge, die er nicht kann. Er soll nicht denken: „Oh nein, jetzt haben sich meine Eltern so viel Mühe gegeben, dass ich mir nicht in die Hose mache, und jetzt ist es trotzdem passiert…"

Anna: Wie sollen wir es denn formulieren? „Wir glauben, dass du es alleine schaffst, darauf achtzugeben?"

Jesper: Verwendet ruhig das Wort „Verantwortung". Sagt ihm: „Wir dachten, dass es unsere Verantwortung ist, aber jetzt haben wir festgestellt, dass wir nicht gut darin sind, darum wollen wir gerne, dass *du* nun die Verantwortung dafür übernimmst."

Dann kommt die entscheidende Pause: „… aber wir helfen dir gerne." Und da ihr ihm Hilfe anbietet, klingt es für ihn nicht wie: „So, jetzt musst du alleine damit klarkommen."

Anna: Wir haben uns gewundert, dass es Erik offensichtlich nicht stört, nass zu sein. Das muss doch unangenehm sein?

Jesper: Nein, Kindern ist das nicht unangenehm. Es wird erst belastend, wenn man über sechzig und inkontinent geworden ist.

Marko: Davor habe ich große Angst, dass er gehänselt wird, wenn er in die Schule kommt.

Anna: Aber wenn es nicht klappt, was sollen wir denn sagen, wenn er in seinen nassen Hosen rumrennt. Sollen wir ihn in Ruhe lassen? Oder sollen wir eingreifen und sagen: „Jetzt ist die Hose wieder nass, jetzt übernehme ich."

Jesper: Lasst ihn in den nassen Hosen herumlaufen, solange er will. Es geht um Verantwortung, das ist eine pädagogische Strategie mit einem konkreten Ziel. Und je mehr ihr euch Sorgen macht, dass es nicht gelingen könnte, desto größer ist die Wahrscheinlichkeit, dass es nicht gelingt. Eure Botschaft wird dadurch unklarer. Er benötigt aber euer Vertrauen.

Anna: Aber wenn wir irgendwo eingeladen sind, dürfen wir ihn daran hindern, sich aufs Sofa zu setzen, wenn die Hose nass ist?

Jesper: Ja, wenn er sich in die Hose gemacht hat, könnt ihr sagen: „Du kannst dich mit deiner nassen Hose nicht auf das Sofa setzen." Das ist keine Kränkung, sondern eine ganz natürliche Konsequenz von Verantwortung. Es ist auch keine Strafe, denn aus demselben Grund darf er sich zum Beispiel auch nicht mit einer schmutzigen Hose aufs Sofa setzen.

Marko: Wenn er fernsieht, zum Beispiel, ist er so versunken, dass er nicht merkt, wenn er sich in die Hose macht. Können wir da etwas Vorbeugendes unternehmen?

Jesper: Nein, denn Verantwortung übernehmen heißt wirklich Verantwortung übernehmen. Aber wenn er euch um Hilfe bittet, muss er auch wirklich eure Hilfe bekommen. Dann könntet ihr sagen: „Vielleicht brauchst du beim Fernsehengucken ein bisschen Hilfe von uns." Dann kann er selbst wählen, ob er Hilfe will oder nicht. Ihr solltet ihn auch nicht loben, wenn

191

er von allein auf die Toilette geht. Erik ist intelligent, sensibel und scheint ein Junge zu sein, der auch nicht gleich beim ersten Versuch aufgibt. Ich vermute, er wird ziemlich erleichtert sein, wenn ihr ihm die Verantwortung übertragt, aber vermutlich wird er nach einer Weile zu euch kommen und sagen: „Jetzt möchte ich eure Hilfe."

Anna: Wir sollen also zur Verfügung stehen, uns aber nicht einmischen?

Jesper: Ja, und es ist ganz einfach. Wenn er 45 Minuten ferngesehen hat, wisst ihr, dass er auf die Toilette gehen muss. Dann könnt ihr ihm helfen, aber nur, wenn er das will. Denn Verantwortung übernehmen heißt wirklich Verantwortung übernehmen! Obwohl er sehr sensibel ist, hat er meiner Meinung nach keinerlei Tendenz, ein Opfer zu werden.

Marko: Mir fällt das schwer, man muss sich die ganze Zeit ermahnen, nicht zu viel zu machen.

Jesper: Macht auch kein großes Ding aus eurem Toilettengang: „Jetzt muss ich aber auf die Toilette gehen!" So tun es viele Eltern. Und auch nicht loben. Es ist ein vollkommen natürliches Bedürfnis und ein natürlicher Vorgang, auf die Toilette zu gehen. Nichts, was künstlich überhöht werden muss.

Jesper Juuls Tipps für Anna und Marko
- Gebt dem Kind nicht die Schuld, dass es sich ab und zu in die Hose macht!
- Macht kein großes Ding aus seinem Gang zur Toilette, wenn er sich in die Hose gemacht hat oder wenn ihr selbst auf die Toilette gehen müsst.
- Überlegt, ob das Kind großer Unruhe oder Turbulenz ausgesetzt ist. Gab es vor Kurzem eine dramatische Veränderung in seinem Leben?

- Lasst das Kind von einem Arzt untersuchen. Wenn eine physische Ursache zugrunde liegt, gibt es viele Möglichkeiten, Kindern zu helfen.
- Setzt euch in Ruhe zusammen und erklärt, dass es euch bisher nicht so gut gelungen ist, ihm zu helfen. Fragt euren Sohn, ob er die Verantwortung übernehmen will. Sagt ihm, dass ihr ihm gerne helfen wollt, aber dann muss er euch Bescheid geben, wenn er Hilfe will.
- Wenn das Kind die Verantwortung übernehmen will, dann ist es auch wirklich selbst verantwortlich. Vertraut darauf, dass es zu euch kommt, wenn es Hilfe braucht.

RÜCKBLICK

Anna: In unserem Kopf schwirrten die Gedanken nur so durcheinander nach dem Coaching, aber es hat uns gut getan, mit Jesper Juul über uns zu sprechen.

Wir entschieden uns, ein paar Wochen zu warten, bevor wir mit Erik sprachen, und wollten den vielen Worten vom Coaching Zeit geben, sich zu setzen. Zwei Gründe hatten wir für unser Zögern: Zum einen wollten wir uns ganz sicher sein, wie wir es machen wollen, zum Zweiten wollten wir den richtigen Augenblick abpassen. Das Merkwürdige war, dass wir das Gespräch mit Erik eigentlich gar nicht mehr führen mussten. Seit wir beim Coaching waren, hat Erik keinen einzigen Tropfen in seine Hose gemacht.

Wir entschieden uns trotzdem ein paar Wochen später, mit ihm zu sprechen. Wir fingen damit an, dass wir ihm erklärten, wie doof wir es fanden, dass wir ihn ausgeschimpft haben, wenn er sich in die Hose gemacht hat, und dass wir ab jetzt die Verantwortung dafür ganz ihm überlassen würden. Da antwortete Erik: „Ihr findet also, wir sollten das so machen, wie Jesper gesagt hat?" Wir waren der Ansicht gewesen, dass nur wir mit Jesper zusammengesessen und geredet hatten. Aber da wurde uns klar, dass zwischen Erik und Jesper eine zweite, unsichtbare Kommunikation stattgefunden hatte...

Mittlerweile haben wir das Gefühl, Erik ist daran beteiligt, das Problem zu lösen. Dass wir richtig zusammenarbeiten.

Wir beendeten unser Gespräch mit Erik damit, dass wir ihm unsere Hilfe anboten, wenn er das wollte. Doch diesen Hunger schien er nicht zu haben. Am darauffolgenden Abend aber kam er zu uns und bat um eine Windel. Am nächsten Morgen war auch dort kein einziger Tropfen drin.

Als die Zwillinge auf die Welt kamen, verstummte der große Bruder

Karin und Patrick sind die Eltern von Adam, 6 Jahre, und den Zwillingsschwestern Klara und Lilly, 4 Jahre.

Zu Hause bei Karin und Patrick und ihren drei Kindern herrscht Chaos. In der wachen Zeit – und sie sind viel wach – bestimmen Streit und Tränen den Alltag. Niemandem in der Familie geht es gut. Als die Familie zum Coaching kommt, steht sie kurz vor dem Zusammenbruch.

Als Karin und Patrick zum zweiten Mal Eltern wurden und die Zwillinge Klara und Lilly bekamen, verwandelte sich ihr Leben in ein kleines Inferno. Die Schwangerschaft war kompliziert, schon in der siebten Woche hatte Karin starke Blutungen und fürchtete, die Kinder zu verlieren. Die gesamte Schwangerschaft über hatte sie Blutungen und wurde schließlich mehrere Wochen vor der Geburt ins Krankenhaus eingeliefert.

Die Mädchen kamen zu früh, schon in der 26. Woche, und mussten nach der Geburt fast vier Monate lang im Krankenhaus bleiben. Zu Hause wartete ihr großer Bruder Adam, damals zweieinhalb Jahre alt.

Die anstrengende Schwangerschaft hatte schon so viel Kraft gekostet, dass Karin bei der Geburt sehr erschöpft war, und die erste Zeit zu Hause war schwer. Die Eltern hatten Angst um die Gesundheit ihrer Mädchen und für Adam war nicht viel Zeit übrig.

Adam entwickelte sich zu einem kleinen Jungen, der sich den Gegebenheiten fügte und keine „Probleme" machte, dafür schrien und weinten die Mädchen die meiste Zeit.

Heute sind Klara und Lilly vier Jahre alt, Adam ist sechs. Zu Hause haben Klara und Lilly das Sagen, sie bestimmen den Tages-

195

ablauf. Die gesamte Energie wird darauf verwendet, die Wutausbrüche der Zwillinge abzuwehren und zu beruhigen und sie dazu
zu bewegen, den Anweisungen ihrer Eltern zu folgen.

Für Adam bleibt kaum Zeit. Karin und Patrick erzählen, dass
sie ein schlechtes Gewissen ihrem Sohn gegenüber haben, der genau genommen nur am Samstag in Ruhe zusammen mit seinem
Vater zum Fußballtraining gehen kann.

Während des Coachings sitzt Adam die meiste Zeit stumm am
Tisch und beschäftigt sich, während die energischen Zwillinge
durch den Raum jagen.

Karin: Bei uns zu Hause herrscht ein heilloses Durcheinander, die
meiste Zeit gibt es nur Geschrei.

Patrick: Ich kann unsere Situation mit einem Wort beschreiben:
Frustration. Eine ganz typische Situation ist, dass die Kinder
zwar morgens in den Kindergarten gehen wollen, es aber trotzdem zu einem Kampf beim Anziehen kommt.

Jesper: Erzählt mir ein bisschen was, könnt ihr mir ein paar Beispiele geben?

Karin: Adam war so einfach als Kleinkind. Er war zweieinhalb Jahre alt, als die Mädchen zur Welt kamen. Ich wurde schon in
der 17. Schwangerschaftswoche ins Krankenhaus eingeliefert,
und nach der Geburt haben wir 15 Wochen im Krankenhaus
verbracht, weil sie zu früh kamen. Das war eine harte Zeit. Patrick und ich haben versucht, uns abzuwechseln und bei Adam
zu Hause zu sein. Er ging weiterhin in den Kindergarten, denn
sein Alltag sollte so normal wie möglich sein. Als dann alle zu
Hause waren, gab es viel Unruhe und Tränen. Die Mädchen sind
Frühchen, 26. Woche. Unser erstes halbes Jahr zusammen kann
man durchaus als sehr unruhig beschreiben. Dazu kam noch,
dass die Zwillinge von der Zusatznahrung Magenschmerzen bekamen.

Aber auch heute ist es mit Klara und Lilly nicht einfach …

> Ich kann unsere Situation mit einem Wort beschreiben: Frustration.
> PATRICK

196

Hallo!

Wir brauchen dringend Hilfe und ein Coaching von Jesper Juul. Wir haben drei Kinder, Adam, sechs Jahre alt, und Klara und Lilly, fast vier Jahre alt.

Unser Alltag ist bestimmt von Angst und Konflikten, vor allem mit unseren Mädchen. Unser Junge leidet unter den vielen Streitereien und darunter, dass wenig Zeit für ihn bleibt.

Lilly und Klara sind Frühchen. Sie kamen in der 26. Woche auf die Welt und wir haben große Probleme, den Alltag zu meistern. Nach einer komplizierten und schweren Schwangerschaft, einer langen, schwierigen Neonatalperiode und einer anstrengenden ersten Zeit mit den Kleinen zu Hause dachten wir, dass das Gröbste überstanden sein sollte. Aber mir scheint, es wird jeden Tag schlimmer. Alle in unserer Umgebung finden, wir sollten froh und glücklich sein, dass unsere Mädchen ihre dramatische Geburt und die kritische Phase so gut überstanden haben. Sie können nicht verstehen, wo unser Problem liegt.

Die Mädchen haben große Schwierigkeiten, zur Ruhe zu kommen und abends einzuschlafen, obwohl sie keinen Mittagsschlaf machen. Manchmal dauert es bis zu drei Stunden, sie ins Bett zu bekommen. Die Morgenstunden sind wahrhaftige, chaotische Albträume mit müden Kindern, die sich nicht anziehen wollen, nicht essen und so weiter. Es gibt viel Geschrei, viele Tränen. Es ist hoffnungslos, wir haben schon alles Mögliche versucht.

Wir kämpfen und kämpfen, und wenn ich die Kinder endlich in der Vorschule und im Kindergarten abgegeben habe, fahre ich den Tränen nahe zur Arbeit. Es geht einem schlecht, weil man als Eltern alle denkbaren Fehler begangen hat: geschrien, erpresst und gezwungen – alles, was man nie machen wollte.

Der größte Teil unserer freien Zeit mit den Kindern ist von gewaltsamen Wutausbrüchen bestimmt, die zwischen den Kindern hin- und herpendeln. Wenn die eine ruhig ist, bekommt die andere einen Anfall und umgekehrt. Im Kindergarten läuft alles prima, sagen sie, darum kann es ja nur an uns liegen.

Wir beide sind gleichberechtigte Partner und übernehmen gleich viel Verantwortung für unsere Kinder, aber wir gehen auf dem Zahnfleisch, wissen nicht mehr weiter. Wir haben kaum noch Energie, etwas zu unternehmen oder Freunde zu treffen, weil wir total am Ende sind. Wir benötigen Hilfe und Anleitung, wie wir mit unseren Kindern umgehen sollen, damit wir besser miteinander auskommen.

Wir freuen uns auf eure Antwort.

Mit freundlichen Grüßen
Karin und Patrick

Patrick: Es gibt viel Geschrei, die ganze Zeit. Geschrei, wenn sie in den Kindergarten sollen, Geschrei, wenn sie ins Bett müssen.

Karin: Am Anfang hatten wir große Sorge, dass sie nicht überleben, weil sie so früh gekommen sind. Dann sah alles gut aus, aber wir hatten natürlich trotzdem Angst, welche Auswirkungen die frühe Geburt auf sie hatte, wegen des Sauerstoffmangels und so weiter. Alle um uns herum, die Ärzte, Freunde, Familie haben gesagt: „Das wird die Zeit zeigen." Aber manchmal fragen wir uns das schon.

Die ganze Zeit liest man davon, dass Frühchen ein erhöhtes Risiko haben, ADHS zu bekommen und vieles andere. Wir fragen uns, ob das die Erklärung für ihr Verhalten ist. Oder ob es an Patrick und mir liegt. Irgendwie arbeiten wir nicht als Team zusammen.

Patrick: Die Zwillinge gehen zu regelmäßigen Kontrolluntersuchungen im Krankenhaus, um ihre Entwicklung zu verfolgen. Und die sagen, dass es gut aussieht.

Jesper: Der Film, den ich gerne sehen würde, handelt von einem ganz gewöhnlichen Morgen bei euch zu Hause. Wie war es zum Beispiel gestern Morgen?

Karin: Wir stehen früher auf als die Kinder und machen uns fertig. Dann, gegen Viertel vor sieben, wecken wir die Kinder. Wir bringen sie ins Wohnzimmer – sie sind morgens furchtbar müde, alle drei, und können noch nicht in der Küche sitzen. Es wird ein symbolisches Frühstück gegessen, sie bekommen morgens nichts runter. Wir sind alle fünf wahnsinnig müde und haben wenig Geduld. Dann gibt es viel Geschrei, was sie anziehen sollen. Es wird immer später. Als Nächstes gibt es Stress, wenn die Mädchen sich ins Auto setzen sollen. Adam zieht sich selbst an, er muss immer auf seine Schwestern warten. Er steht dann schon neben dem Auto und wartet auf uns. Im Auto geht das Geschrei weiter, aber wenn wir den Kindergarten erreicht haben, hört es meistens auf.

Nur in Ausnahmefällen geht es ohne Geschrei. Und dann denken wir immer: „Oha, jetzt wendet sich das Blatt. Ab jetzt wird es gut!"

Patrick: Wenn es mal gut geht, denken wir oft: „Oh, so einfach und schön kann es in einer Familie sein?"

Karin: Abends wiederholt sich das Szenario. Unser Geduldsfaden reißt die ganze Zeit. Es gibt viel Geschrei, viele Tränen. Zwei Stunden später sind sie dann endlich eingeschlafen. Patrick und ich wissen, dass wir das falsch machen. Wir werden auch wütend und brüllen rum.

Patrick: Wir können ihnen ansehen, wie müde sie sind. Sie sind so müde, dass sie eigentlich ins Bett fallen und sofort einschlafen müssten. Wir sehen, dass sie den Schlaf benötigen. Aber sie stacheln sich gegenseitig an.

(Die Mädchen sitzen auf dem Boden, einen Haufen Spielsachen vor sich. Sie streiten um ein Auto, das beide haben wollen.)

Karin: Die Kinder streiten auch viel untereinander. Sie streiten nicht nur mit Patrick und mir, sondern auch untereinander und mit Adam.

Sie wollen zum Beispiel unbedingt denselben Ball, dasselbe Fahrrad, obwohl jeder eines besitzt. Bei uns zu Hause gibt es nur Geschrei und Konflikte. Die Zeiten ohne Zank und Konflikte, diese ruhigen und harmonischen Stunden, von denen man träumt, die sind so selten, dass sie eigentlich nicht existent sind.

Jesper: Habt ihr euch schon einmal Gedanken darüber gemacht, was schiefläuft?

Karin: Wir haben viel darüber geredet, aber wir können kein Muster entdecken und auch keine Lösung finden.

Patrick: Nichts hilft, wir haben wirklich vieles versucht ...

Karin: Ich werde dann so furchtbar wütend, schlage mit den Türen, brülle und schreie rum. Patrick ist nicht ganz so lautstark wie ich.

> Sie streiten nicht nur mit Patrick und mir, sondern auch untereinander und mit Adam.
> KARIN

Patrick: Ich bin wahrscheinlich zu schwach, gebe zu schnell nach, zieh mich zurück.

Karin: Stimmt, Patrick ist ein bisschen weicher, als ich es bin. (Lilly und Klara streiten erneut. Sie wollen beide an der magnetischen Weißwandtafel etwas malen und Lilly will unbedingt allein an die Malfläche kommen, was rein physisch unmöglich ist. Sie dreht durch und schreit und tritt um sich. Die Eltern versuchen auf alle erdenklichen Weisen das Kind zu beruhigen.)

Jesper: Kinder brauchen Eltern, die wie eine Art Leuchtturm fungieren und ihnen sagen, was sie machen sollen und wie sie sich in den unterschiedlichsten Situationen verhalten sollen. Bei euch aber, in eurer Familie, sitzen die Kinder im Leuchtturm, und ihr sitzt im Boot auf dem Wasser und seht zu, was sie machen. Ihr müsst die Rollen tauschen.

Patrick: Stimmt, in unserer Familie ist es genau andersherum. Wir springen sofort auf und versuchen alles Mögliche. Wie jetzt gerade, als Lilly so wahnsinnig wütend wurde, weil sie nicht allein an die Tafel kommt, auf der sie malen will. Du hast ja gesehen, dass Karin und ich alles Mögliche versucht haben und es total unmöglich war. Eigentlich war es ganz gut, dass sie ausgerechnet hier einen Wutausbruch bekommen hat, obwohl es noch schwieriger für uns wird, uns in Ruhe zu unterhalten.

Jesper: Man sieht Lilly an, dass sie jetzt nicht ansprechbar ist.

Karin: Ja, aber es wäre auch keine Lösung, ihr eine Leiter, einen Stuhl, einen Hocker oder was auch immer zu geben. Wir versuchen immer, alles zu machen, damit es gut ausgeht, damit es keinen Konflikt gibt. Doch eigentlich wissen wir nicht, wie wir mit solchen Situationen umgehen sollen.

Jesper: Ihr müsst euer ganz eigenes Ritual entwickeln. Einen Rat, den ich oft gebe und den ich auch euch gerne geben möchte, ist, dass ihr euch alle fünf zusammen hinsetzt. Allerdings ist es sehr wichtig, dass ihr beide euch vorher entschieden habt, dass ihr ab jetzt „der Leuchtturm" seid. Wenn ihr mit den Kin-

> Kinder brauchen Eltern, die wie eine Art Leuchtturm fungieren und ihnen sagen, was sie machen sollen und wie sie sich in den unterschiedlichsten Situationen verhalten sollen. Bei euch aber, in eurer Familie, sitzen die Kinder im Leuchtturm, und ihr sitzt im Boot auf dem Wasser und seht zu, was sie machen.
> JESPER

201

dern sprecht, formuliert ausdrücklich, dass nicht sie Fehler begangen haben, sondern ihr. Sagt ihnen: „Ihr müsst nicht unbedingt zufrieden mit den Änderungen sein, aber so ist es ab jetzt." Sagt deutlich, dass es nicht in Ordnung ist, wenn es zwei Stunden dauert, sie ins Bett zu bringen. Sagt, dass ihr ihnen eine halbe Stunde, 45 Minuten gebt, und wenn sie das nicht wollen, könnt ihr auch rausgehen.

So, wie es im Moment ist, sind sie genauso frustriert wie ihr. Sie leben in einer konstanten Frustration. Wenn sich Lilly so verhält, wie sie es eben gerade getan hat, könnt ihr sie fragen: „Okay, was willst du?", oder: „Sag uns Bescheid, wenn du weißt, was du willst, wenn du dich entschieden hast." Und danach müsst ihr den Kontakt unterbrechen, geht aus dem Zimmer. Wenn ihr nicht den Raum verlasst, dann übertragt ihr die Verantwortung auf das Kind.

(Die Schwestern schreien und streiten miteinander. Adam sitzt schweigend ein Stück von ihnen entfernt und spielt mit irgendetwas. Der Geräuschpegel ist sehr hoch, da die Familie aber offenbar daran gewöhnt ist, wird das Gespräch unbeirrt fortgesetzt.)

Karin: Meinst du, ihr Verhalten hat was mit ihrem nicht ganz einfachen Start ins Leben zu tun?

Jesper: Das ist schwer zu sagen.

Patrick: Im Kindergarten sind sie ja überhaupt nicht so. Auch nicht beim Babysitter.

Jesper: Ich müsst euch überlegen, was ihr wollt. Stellt keine Fragen wie: „Willst du dir Schuhe anziehen?", „Wollen wir zum Kindergarten fahren?", „Wollen wir dir was anziehen?" und Ähnliches. Das sind Floskeln, als Fragen verkleidet, auf die unsere Kinder aber eigentlich gar nicht antworten sollen. Denn sie sollen sich ja die Schuhe und Kleidungsstücke anziehen und dann in den Kindergarten gehen. Sagt stattdessen: „Ich möchte gerne, dass du jetzt dies oder das machst."

> So, wie es im Moment ist, sind sie genauso frustriert wie ihr. Sie leben in einer konstanten Frustration.
> JESPER

Karin: Du meinst, sich nicht mehr so viel anpassen?

Jesper: Genau. Sag, was du willst, und geh dann für eine Weile aus dem Zimmer.

Karin: Aber wenn ich sage, dass sie schlafen sollen und dann aus dem Zimmer gehe, dann spielen sie einfach weiter.

Jesper: Ja, am Anfang werden sie das tun. Aber in der Regel dauert es nicht so lange, bis sie sich daran gewöhnen. Das Muster muss durchbrochen werden. Es ist in Ordnung, mal zu brüllen und zu schreien und laut zu rufen, wenn ihr genervt seid.

Aber versucht, freundlich zu sagen, was ihr wollt. „Ich will, dass ihr euch ins Bett legt." Dann werden Lilly und Klara eventuell antworten: „Aber das wollen wir nicht." Eure Antwort lautet: „Okay, aber ich will." Und dann gehst du raus. Sonst schafft ihr es nicht, freundlich zu bleiben. Wenn man „Nein" sagt, meint man „Nein" und nicht „Vielleicht". Bestechung ist auch keine gute Lösung.

Mit euren Mädchen ist alles in Ordnung, sie wissen, was sie wollen und was sie brauchen. Zum einen kann ich ihnen das ansehen, außerdem wisst ihr ja auch, dass es manchmal unter bestimmten Umständen mit ihnen ohne Weiteres funktioniert.

Karin: Im Kindergarten funktioniert es tadellos.

Jesper: Der Kindergarten ist für Lilly und Klara der reinste Urlaub ...

Karin: Aber genügt das wirklich, was du vorschlägst? Dass wir einfach gehen sollen, den Raum verlassen, um dem Konflikt aus dem Weg zu gehen?

Jesper: Sagt ihnen vorher: „Morgen fangen wir an." Und dann: „Wir müssen einen neuen Weg finden, eure Eltern zu sein." Dann wissen die beiden, dass Mama und Papa ab morgen strenger und weniger kompromissbereit sein werden. Dann empfinden sie das nicht als Strafe, sie haben nicht das Gefühl, es sei ihre Schuld, sondern ihr habt lediglich eure Art, Eltern zu sein, geändert.

> Mit euren Mädchen ist alles in Ordnung, sie wissen, was sie wollen und was sie brauchen.
> JESPER

203

Karin: Ich kann mir nicht vorstellen, dass es einem von uns gut geht, die ganze Zeit gibt es Streit. Wir haben oft darüber gesprochen und sind immer davon ausgegangen, dass die Kinder sich anders, also falsch verhalten. Du aber sagst jetzt, dass der Fehler eigentlich bei uns liegt, dass es eine Frage des falschen Umgangs ist?

Patrick: Könnte man auch sagen, dass an der Führung etwas nicht stimmte?

Jesper: Jetzt seid ihr an der Reihe, trotzig zu sein und Nein zu sagen.

Karin: Wir beide müssen beruflich viel reisen, was bedeutet, dass dann einer von uns mit den Kindern alleine ist. Wenn wir ganz ehrlich sind, können wir beide uns bei der Arbeit richtig erholen.

Jesper: Natürlich, am Arbeitsplatz fühlt man sich auch meistens kompetent.

Karin: Wir haben ein paarmal darüber nachgedacht, ob wir nicht beide weniger arbeiten können, damit wir mehr Zeit für die Kinder haben.

Jesper: Wir reden hier nicht von Zeit oder von Autorität: „Wenn du das nicht machst, wirst du bestraft." Darum geht es nicht.

Karin: Und wenn es trotzdem so weitergeht? Wenn sie nicht tun, was wir sagen?

Patrick: Sollen wir dann rausgehen?

Jesper: Ja. Lasst euch nicht auf einen Machtkampf ein. Sagt ihnen: „Das will ich so." Die Kinder sind nicht verpflichtet, jedes Mal Ja zu sagen. Aber es muss glasklar sein, was ihr beide wollt. Ich glaube, das wird gut gehen, ich glaube, ihr werdet eure Kinder zum Mitmachen bewegen können.

Seht euch Lilly jetzt an. Sie hat sich wieder beruhigt und sieht fast zufrieden aus. Ich bin überzeugt, dass euer Problem zum Großteil damit zusammenhängt, was wir hier in der letzten Stunde besprochen haben.

> Wir beide müssen beruflich viel reisen, was bedeutet, dass dann einer von uns mit den Kindern alleine ist. Wenn wir ganz ehrlich sind, können wir beide uns bei der Arbeit richtig erholen.
>
> KARIN

Jesper Juuls Tipps für Karin und Patrick

- Ihr Eltern müsst euch darüber im Klaren sein, was ihr möchtet, bevor ihr die Situation ändern wollt. Setzt euch zusammen und geht die verschiedenen Szenarien durch, die immer wieder zu Hause entstehen, und besprecht, wie ihr sie lösen wollt.
- Sagt den Kindern: „Mama und ich haben uns entschieden, dass ab morgen dies und jenes Gültigkeit hat. Das hat nichts mit euch Kindern zu tun, sondern damit, dass Mama und ich bisher nicht die Eltern waren, die wir sein wollten."
- Stellt keine Fragen, auf die eure Kinder gar nicht mit Nein antworten „dürfen". So zum Beispiel: „Willst du jetzt Abendbrot essen?", „Wollen wir in den Kindergarten fahren?", Es ist schon 21 Uhr, soll ich dich ins Bett bringen?". Sagt stattdessen: „Ich will jetzt, dass du ..." Wenn ihr ihnen Fragen stellt, müsst ihr darauf vorbereitet sein, dass sie euch auch wirklich sagen, was sie wollen, weil ihr ihnen diesen Spielraum gegeben habt.
- Lasst euch nicht auf Diskussionen ein. Sagt, was ihr wollt, und unterbrecht dann für eine Weile den Kontakt.
- Ihr habt zu Hause „das Steuer in der Hand", ihr seid diejenigen, die bestimmen. Den Kindern Kompromisse anzubieten und sie bestimmen zu lassen ist weder großzügig noch nett, den Kindern tut die große Verantwortung, die damit einhergeht, nicht gut.

RÜCKBLICK

Karin: Patrick ist am Anfang sehr skeptisch gewesen, zum Coaching bei Jesper Juul zu fahren. Er hatte wohl die Befürchtung, dass es so ein „Psychologengeschwätz" wird. Aber ich hatte

Juuls Bücher vorher gelesen; ich wusste, wie gut er ist, und war darum ganz überzeugt.

Unmittelbar nach dem Coaching haben Patrick und ich uns darüber unterhalten. Wir fanden beide, dass Jesper wahnsinnig schnell seine Schlussfolgerungen gezogen und den Nagel auf den Kopf getroffen hat. Wie genau er unsere Situation erkannt hat! Wir waren beide sehr beeindruckt. Das Gespräch mit Jesper hat uns so erleichtert und dazu geführt, dass unsere Zusammenarbeit besser funktioniert und wir uns einiger sind, wie wir handeln wollen. Es war wahnsinnig gut, dass wir ihn treffen konnten!

Als Lilly ihren Wutanfall während der Sitzung bekam, hat mich das zuerst sehr gestresst. Ich dachte: „Wie soll das jetzt gehen? Wie sollen wir das Gespräch weiterführen?" Aber im Nachhinein war es gar nicht so schlecht, so konnte sich Jesper ein besseres Bild davon machen, wie es bei uns zu Hause zugeht.

Wir haben viel über seine Worte nachgedacht, vor allem über dieses Bild vom Leuchtturm, und wir haben versucht, Strategien zu entwickeln, wie das Zusammenleben funktionieren soll. Wir kämpfen, jeden Tag, und jeden Tag gibt es Gefechte. Doch es wird immer besser. Wir haben auch schnell einen Erfolg gesehen, es schien fast so, als wären die Mädchen ein bisschen erleichtert darüber gewesen, dass wir endlich das Kommando übernehmen. Aber wir sind darauf vorbereitet, dass es viel Zeit braucht.

Wir versuchen, deutlicher zu sagen, was wir wollen: „Ich finde das hier nicht in Ordnung. Ich will, dass du dies oder jenes machst." Uns hat der Rat von Jesper auch sehr geholfen, bei Konflikten den Kontakt zu unterbrechen. Zu sagen, was wir wollen, und dann zu gehen. Das fällt schwer. Ich werde so schnell wütend und dann richtig kindisch und sage leicht die falschen Dinge. Außerdem stecke ich mit meiner Wut die gesamte Familie an. Ich versuche, sie umzulenken, und das funktioniert im Moment ganz gut. Wir bemühen uns, nicht auf jeden Konflikt einzugehen, das hat sich als eine gute Strategie erwiesen. Doch besonders der Rat, den Kontakt zu unterbrechen, wenn man gesagt hat, was man will, hat sich bei uns als ein sehr gutes Mittel erwiesen.

Das Zubettgehen dauert nach wie vor zu lange, aber auch da sind wir auf einem guten Weg.

Im Moment fühlt es sich so an, als würden wir alle fünf unser Bestes geben, wir haben ein gemeinsames Ziel. Aber natürlich haben wir noch einen langen Weg vor uns.

Lasst den Gefühlen der Kinder freien Lauf

von Jesper Juul

Ist es schon länger so oder hat sich das Phänomen erst in den letzten drei, vier Jahren so weit verbreitet? Ich weiß es nicht, aber ich kann feststellen, dass ich immer mehr Eltern, aus ganz Europa, treffe, die Probleme mit den emotionalen Reaktionen ihrer Kinder haben.

Eine Mutter schilderte mir, dass sie ihrer Zweijährigen jeden Morgen eine Tüte mit Himbeerbonbons versprechen muss, damit sie von der Haustür bis zum Auto läuft und sich in den Wagen setzt. Alles hatte damit begonnen, dass die Tochter an ein paar aufeinanderfolgenden Tagen frustriert, wütend oder traurig war und nicht in den Kindergarten wollte. In ihrer Verzweiflung kam der Mutter die Idee, die Tochter mit Bonbons zu locken. Sie wollte nun wissen, was ich davon hielt und was sie alternativ versuchen könnte. Ich schlug ihr ganz einfach vor, das Mädchen freundlich, aber bestimmt ins Auto zu tragen und die ganze Straße ihre Proteste hören zu lassen. Diesen Vorschlag wies sie mit dem Gedanken an einen möglichen Gefühlsausbruch ihrer Tochter ab. „Ich will doch, dass sie harmonisch aufwächst", lautete ihre Begründung.

Alle diese Eltern haben einen gemeinsamen Wunsch: Ihre Kinder sollen fröhlich, harmonisch, nett und vernünftig sein. Wenn ich einen meiner erfolglosen pädagogischen Versuche starte und diese Eltern frage, ob sie selbst denn auch immer nett und harmonisch seien, antworten sie häufig: „Nicht immer, aber ich versuche, ein positives Vorbild zu sein." Diese Tendenz ist ebenso traurig wie beängstigend. Sie ist traurig, weil wir, nur eine Generation nachdem das menschliche Gefühlsleben aus dem neurotischen Gefängnis der Anständigkeit befreit wurde, auf dem Weg dahin sind, es wieder zu verbieten. Ein offener Gefühlsaustausch ist von großer Bedeutung für die Qualität zwischenmenschlicher Beziehungen, die das Familienleben so wertvoll machen. Das gilt für das gesamte emotionale Spektrum, inklusive der irrationalen und unergründlichen Gefühle. Darum ist es traurig, wenn Eltern nur die harmonischen Töne in der Vielfalt des Gefühlsrepertoires befürworten, wenn sie sich nur dann als erfolgreiche Eltern begreifen, wenn ihre Kinder wie Teletubbies sind. Beängstigend ist die Tendenz, weil die Folgen so ernst zu nehmen sind. Die Hälfte dieser Kinder kooperiert (sie passen sich den Erwartungen und Forderungen der Eltern an), indem sie jene Gefühle unterdrücken, die dem Selbstbild oder dem Image der Eltern nicht entsprechen. Aber so können sie weder ein gesundes Selbstwertgefühl entwickeln noch jene Lebenskenntnis erwerben, die so unentbehrlich ist. Bei einem gesunden Selbstwertgefühl geht es um zwei Sachen: wie gut wir uns selbst kennen, unsere Gedanken, Wertvorstellungen, Gefühle und Reaktionen, und wie wir uns dazu verhalten. Wenn Eltern den Kindern signalisieren, dass die meisten Gefühle unerwünscht sind, dann behindert das diese beiden Prozesse. Das Resultat zeigt sich oft in der Pubertät, wo das Kind die aufgestauten Gefühle in einem destruktiven Chaos freilässt, vielleicht in Depressionen und Selbstmordgedanken versinkt, weil sich das Leben trostlos und sinnlos anfühlt. Oder es fängt an, sich zu verletzen, um auf diese Weise wenigstens *ein* Gefühl spüren zu können – den Schmerz. Die andere Hälfte der Kinder kooperiert, indem sie die ganze Zeit schlecht gelaunt sind, frustriert und in endlose Machtkämpfe mit den Eltern verstrickt – Machtkämpfe, bei denen es eigentlich nur um das Recht des Kindes geht, fröhlich, traurig, ängstlich, wütend oder verzweifelt sein zu dürfen, ohne dass es für die Eltern ein Problem ist. Diese Kinder haben keine Möglichkeit, einen Grundstein für ein gesundes Selbstwertgefühl zu legen.

Ich versuchte, der Mutter mit den Himbeerbonbons zu erklären, dass die Voraussetzung einer harmonischen Entwicklung das Vorhandensein von Raum für das Unharmonische ist und vor allem seine Akzeptanz. Dass nur Kinder, die im Laufe ihres Lebens die Gelegenheit hatten, ihr gesamtes Gefühlsrepertoire auszudrücken, eine Chance haben, sich so zu entwickeln, dass sie wissen, wie sie ihr inneres Gleichgewicht und die Ruhe wiederherstellen können, wenn sie den Boden unter den Füßen verloren haben. Ich versuchte ihr auch zu erklären, dass Eltern keine von Gott gegebene Pflicht haben, „positive" Vorbilder für ihre Kinder zu sein. Meiner Auffassung nach gibt es keine positiven Vorbilder. Es gibt nur Vorbilder, und unsere Kinder lernen genauso viel und genauso gut von dem, was wir können, wie von dem, was wir eben nicht können. Jene Mutter und die vielen anderen Eltern, die diesen unerbittlichen und unangemessenen Anspruch an sich und ihre Kinder haben, dass alle am liebsten nett, harmonisch und klug sein und das für alle Zeit bleiben sollen, können ruhig allen, auch ihren eigenen, Gefühlen freien Lauf lassen. Kinder nehmen keinen Schaden, wenn sie die unterschiedlichen Gefühle ihrer Eltern erleben, auch nicht die grausamen und irrationalen. Genau genommen ist das nämlich die einzige Möglichkeit für das Kind, sein angeborenes Empathievermögen auszubauen, was wiederum ein großer Teil dessen ist, was Pädagogen „soziale Kompetenz" nennen. Wie sollen sie lernen, andere Menschen zu verstehen, wenn ihre eigenen Eltern sich selbst das Recht verwehren, menschlich zu sein? Wie sollen sie lernen, andere Menschen und deren Gefühle zu respektieren, wenn sie noch nicht einmal ihre eigenen kennenlernen dürfen? Nur, weil sie nicht in das elterliche Bild passen, wie eine Familie zu sein hat? Eltern müssen sich in Geduld üben. Erst wenn das Kind eine tiefe Kenntnis seiner Gefühle und Reaktionen entwickelt und auf diese Weise den Grundstein für ein gesundes Selbstwertgefühl gelegt hat, kann es sich als Jugendlicher und Erwachsener anderen gegenüber verhalten, ohne von unbewussten Gefühlen gesteuert zu werden. Eine normale und gute Kindheit umfasst Tausende von bitteren Rückschlägen, Hunderte von Verlusten mit anschließender Trauer und Verzweiflung, Tausende von Konflikten, die uns wütend zurücklassen, und hoffentlich auch eine Menge Dinge, die uns fröhlich, euphorisch, glücklich machen und uns sicher fühlen lassen. Eltern haben nicht die Aufgabe, das Gefühlsleben ihrer Kinder zu steuern. Es ist ihre Pflicht und ein Privileg, sich für sie zu interessieren und von ihnen zu lernen.

Ich weiß, dass viele dieser harmoniefixierten Eltern nach reiflicher Überlegung, ernsthaften Diskussionen und in aufrichtig empfundener Liebe zu ihren Kindern so handeln, wie sie es tun. Ich bitte sie, noch einmal darüber nachzudenken. Andere entscheiden sich für diese Herangehensweise, weil es der Weg des geringsten Widerstandes ist. Entweder können sie keine Konflikte ertragen oder wissen nicht, was sie damit anfangen sollen, oder aber sie sind ganz einfach faul und wollen auf schnellstem Wege ihren Frieden haben. Die bewussten oder unbewussten Motive jener Eltern, die sich für die Harmonie als Ideal entscheiden, spielen eine wichtige Rolle sowohl für ihr eigenes Wohlbefinden als auch für die Entwicklung ihrer Kinder. Leider ist diesen Ansätzen gemeinsam, dass ihren Kindern am Ende jene grundlegende Lebenskenntnis fehlen wird, die es ihnen ermöglicht, in Verbindung mit anderen Menschen zu treten.

Die Entscheidung, Kinder zu bekommen, ist zuerst einmal ein selbstbezogener Entschluss, und zwar im neutralen Sinne des Wortes. Wir bekommen Kinder uns zuliebe. Nachdem das Kind geboren wurde, muss so schnell wie möglich ein Gleichgewicht zwischen der elterlichen Selbstbezogenheit und dem Interesse für das Kind hergestellt werden, seinem einzigartigen Temperament und seiner Existenz. Eltern täten gut daran, ihre Kinder als Gäste aus einer fremden Kultur zu betrachten, mit denen man Bekanntschaft schließen muss. Jedes Mal, wenn sie einen Entschluss fassen oder eine Richtung vorgeben und das Kind korrigieren, sollten sie darüber nachdenken, ob sie es für das Kind tun oder für ihr eigenes Selbstbild. Wenn wir bestimmte Gefühle verbieten, kappen wir die Verbindung zu dem Feedback, das unsere Kinder uns geben, und damit zu unserer einzigen Chance, als Eltern Erfolg zu haben.

ELTERN-BEZIEHUNGEN

mit JESPER JUUL

Eine frisch getrennte Mutter macht sich Sorgen um ihre Kinder

Sabrina ist die Mutter von Hugo, 5 Jahre, und Marie, 3 Jahre.

Christian und Sabrina haben zwei Kinder. Einen Abends eröffnet Christian Sabrina vollkommen unerwartet, dass er sich scheiden lassen will. Sabrina gerät in einen Schockzustand. Wie bewältigt man eine Scheidung, und ist der Umgang mit beiden Eltern immer die beste Lösung für die Kinder?

Vor ein paar Monaten teilte Sabrinas Mann Christian ihr völlig überraschend mit, dass er nicht mehr zusammen mit ihr und den Kindern leben wolle. Er könne es nicht mehr aushalten. Sabrina hatte nicht den Eindruck, dass sie eine besonders schlechte Beziehung geführt hatten, und war total geschockt. „Ich hatte gedacht, uns geht es so wie ‚allen anderen‘, mal besser und mal schlechter. Alle Beziehungen haben doch Hochs und Tiefs, und so hätte ich auch unsere beschrieben“, erzählt Sabrina, als sie in der Redaktion anruft und darum bittet, gecoacht zu werden.

Am Anfang war Sabrina davon überzeugt, dass Christian zurückkommen würde. Obwohl es schwer war, wirklich mit ihm zu reden, dachte sie lange, „dass es vorbeigeht“, dass er in eine irgendwie geartete, aber vorübergehende Krise gestürzt war. Aber die Monate verstrichen und Christian kam nicht zurück.

Christian, der zurzeit in der Wohnung eines Freundes lebt, hat bisher auch kein gesteigertes Interesse an einer Aussprache gezeigt. Sabrina hatte die unangenehme Aufgabe, den Kindern Hugo und Marie zu erläutern, wo sich ihr Vater aufhält.

Während des vergangenen halben Jahres, seit Christian ausgezogen ist, hat er die Kinder nur gelegentlich gesehen. Sabrina hat begriffen, dass es nicht zu einer Versöhnung kommen wird, und hat die Scheidung eingereicht. Sie hatten mehrere Termine bei einem Familientherapeuten bekommen, aber das brachte sie nicht weiter, weil Christian sich weigerte, an den Gesprächen teilzunehmen. Mittlerweile ist es so weit gekommen, dass die gesamte Kommunikation über einen Familienangehörigen von Sabrina läuft, weil alle Gespräche in üble Beschimpfungen ausarten.

Als Sabrina von dem Coachingtermin mit Jesper Juul erfährt, ruft sie Christian an und bittet ihn mitzukommen. Er verspricht zu kommen, taucht aber nicht auf. Später begründet er sein Verhalten damit, dass er nicht vor fremden Menschen zu hören bekommen will, dass er an allem schuld ist. Als Sabrina beim Coaching erscheint, wirkt sie sehr niedergeschlagen und traurig, aber auch fest entschlossen, einen Ausweg für sich und ihre Kinder zu finden. Beide Kinder begleiten sie zum Termin und beschäftigen sich leise mit den Spielsachen, die zur Verfügung stehen. Sabrinas Sohn Hugo beobachtet jedoch unablässig das Verhalten seiner Mutter, und als sie im Laufe der Sitzung weint, kommt er zu ihr und tröstet sie.

Jesper: Wenn ich es richtig verstanden habe, hast du in der Redaktion angerufen und deshalb habe ich keinen Brief vorliegen, nur ein paar Gesprächsnotizen. Magst du mir erzählen, warum du hier bist?

Sabrina: Vor etwa einem halben Jahr ist der Vater der Kinder aus unserem Haus ausgezogen. Es war vollkommen unerwartet. Eines Abends nach einer ganz normalen Diskussion, an deren Inhalt ich mich gar nicht mehr erinnern kann, sagte er nur, dass er nicht mehr wolle, und packte seine Tasche. Eine Woche lang hat er nichts von sich hören lassen. Seitdem haben die Kinder erst zweimal bei ihm übernachtet und zweimal mit ihm Mittag gegessen. Häufiger haben sie sich nicht gesehen, obwohl damals die Ferien angefangen hatten.

Ich war total schockiert und habe sofort Kontakt zu einem Psy-

> **Eines Abends, nach einer ganz normalen Diskussion, an deren Inhalt ich mich gar nicht mehr erinnern kann, sagte er nur, dass er nicht mehr wolle, und packte seine Tasche.**
> **SABRINA**

chotherapeuten und einem Anwalt aufgenommen, um Hilfe zu bekommen. Unser Kontakt im vergangenen Frühling lief nur noch über eine Verwandte von mir, weil ich nicht mehr mit ihm sprechen konnte, nachdem ich begriffen hatte, dass er es ernst meinte. Es ist unmöglich, mit ihm zu sprechen, er hat kein Interesse an einem Austausch.

Ich habe in der Zeit gearbeitet, obwohl ich auch lange krankgeschrieben war. Meine Mutter und eine Verwandte sind sofort gekommen und haben bei mir gewohnt.

Die Kinder und ich wohnen nach wie vor in unserem Haus, das gibt uns Geborgenheit. Wir haben einen sehr guten Kontakt zu den Nachbarn und ein gut funktionierendes soziales Netz.

Hugo und Marie sehen ihren Vater zurzeit nicht, aber wir rufen ihn jeden Abend an und sagen: „Gute Nacht, schlaf gut!", und sie erzählen, was tagsüber passiert ist. Er ruft uns nie an, darum tun wir es, ich habe den Eindruck, dass es für die Kinder wichtig ist. Obwohl auch das ihn zu nerven scheint, denn er macht die ganze Zeit Andeutungen, dass ich nur anrufe, um ihn zu kontrollieren. Aber ich mache es nur, damit die Kinder wenigstens einmal am Tag mit ihm reden können.

Ich habe große Schwierigkeiten, zu akzeptieren, dass meine Kinder Scheidungskinder werden. Ich dachte, so etwas könnte uns niemals passieren. Wir kennen niemanden in unserer näheren Umgebung, der geschieden ist, keiner in meiner Verwandtschaft ist geschieden. Es dauerte sehr lange, bis ich endgültig begriff, dass er es wirklich ernst meinte. Ich war ganz lange davon überzeugt, dass er zu uns zurückkommt.

Jesper: Das glaubst du jetzt nicht mehr?

Sabrina: Nein, die Grenze ist jetzt erreicht. Aber ich kann verstehen, dass die Kinder ihren Vater vermissen.

Jede winzige Kleinigkeit, die zu Hause passiert, wenn die Kinder sich streiten, traurig sind oder laut werden, schiebe ich sofort auf die Scheidung. Den Kindern geht es schlecht, darum tun sie das.

Aber ich habe es auch Freunden und Nachbarn erzählt, und alle sagen, dass auch ihre Kinder sich so verhalten und dass es ganz normal sei. Wie es im Moment aussieht, habe ich die ganze Verantwortung für die Kinder. Und ich kann ihnen ansehen, dass es ihnen nicht gut geht. Ich habe eine solche Angst davor. Wie soll das weitergehen, wie sollen wir das schaffen?

Jesper: Meinst du mit Angst die Ungewissheit, was in Zukunft passieren wird?

Sabrina: Genau, ich mache mir Sorgen, was geschehen wird. Meine finanzielle Situation zum Beispiel. Ich kann nicht mehr Vollzeit arbeiten, wenn ich die Kinder bald wieder selbst jeden Tag zum Kindergarten bringen und sie abholen muss.

(Hugo kommt zu seiner Mutter und legt ihr den Arm um die Schulter. Das macht er mehrmals im Laufe des Gesprächs, wenn er merkt, dass es ihr schlecht geht.)

Sabrina: Hugo ist mir eine große Hilfe gewesen! Er hat sich sehr um mich gekümmert und sagt mir nette Sachen, wenn ich traurig bin.

Jesper: Über die Zukunft können wir nichts sagen. Im Moment geht es um die Gegenwart, da müssen wir Ordnung schaffen. Hast du noch andere, dringende Fragen?

Sabrina: Ich habe tausend Fragen! Ich möchte so gerne, dass es den Kindern gut geht. Und ich will, dass sie eine gute Beziehung zu ihrem Vater haben.

Jesper: Haben sie das denn?

Sabrina: Das weiß ich nicht.

Jesper: Weißt du, was er will, in puncto Kinder?

Sabrina: Nein. Als wir zusammengewohnt haben, war er eigentlich auch meistens ziemlich unbeteiligt. Er hat nie Zeit mit ihnen verbracht oder uns auf einen Ausflug in den Vergnügungspark begleitet. Auch nicht, als sie kleiner waren. Darum überrascht es mich nicht besonders, dass er sich nicht weiter engagiert, seit wir getrennt sind. Es würde mich wahrscheinlich auch nicht

> Jede winzige Kleinigkeit, die zu Hause passiert, wenn die Kinder sich streiten, traurig sind oder laut werden, schiebe ich sofort auf die Scheidung.
> SABRINA

217

sonderlich verwundern, wenn er entscheidet, dass er die Kinder nur jede dritte Woche oder jedes zweite Wochenende oder so etwas in die Richtung sehen will. Wenn es anders kommt, liegt es bestimmt nur daran, dass seine Freunde und die Umgebung sein Verhalten merkwürdig finden: Er würde sich nicht ändern, weil er sich plötzlich unbedingt engagieren will.

Jesper: Hat er etwas versprochen?

Sabrina: Nein. Doch, vor Kurzem hat er versprochen, dass er Hugos Geburtstag bei ihm ausrichten will. Wie das gehen soll? Ich mache mir auch große Sorgen, dass Hugo ein so geringes Selbstvertrauen hat, und schiebe das alles auf die Situation zu Hause.

Jesper: Das kann durchaus ein Risiko sein. Darum finde ich, dass ihr eine Struktur für euch finden müsst. Wird der Kindsvater in derselben Stadt wohnen bleiben?

Sabrina: Ja, das wird er. Aber mehr weiß ich auch nicht. Finanziell ist er gut aufgestellt. Wenn ich er wäre, würde ich mir eine eigene Wohnung in der Nähe meiner Kinder suchen. Das würde ich so schnell wie möglich machen und nicht in einer fremden Wohnung leben, so wie er es im Moment macht. Auf der anderen Seite: Er hat zu keinem Zeitpunkt gesagt, dass er die Kinder haben will, er hat nur gesagt, dass er das Boot haben will.

Meine größte Angst am Anfang war, dass er die Kinder jede zweite Woche haben will. Da wäre ich gestorben… Ich kann nicht 50 Prozent meines Lebens ohne sie verbringen, ich war ja die meiste Zeit mit ihnen zusammen. Aber davon ist nie die Rede gewesen.

Die Kinder haben sich verändert: Wenn man sich Hugo jetzt ansieht, ist er nicht mehr so schüchtern wie früher. Seine Schwester hingegen sehr. Sie ist sehr ängstlich, trennt sich morgens im Kindergarten schwer von mir. Aber meine Freunde sagen trotzdem, dass sich die Kinder nicht verändert haben. Obwohl Hugo mit fast allem einer der Ersten war – er hat

> Er hat zu keinem Zeitpunkt gesagt, dass er die Kinder haben will, er hat nur gesagt, dass er das Boot haben will.
> SABRINA

von den Kindern in unserer Straße als Erster Fahrrad fahren gelernt, konnte als Erster lesen, schwimmen und so weiter –, sagt er, wie schlecht er darin ist, wie wenig er kann, und dass niemand ihn mag.

Jesper: Wie habt ihr, Christian und du, mit euren Kinder über die Trennung gesprochen? Darüber, dass er ausgezogen ist?

Sabrina: Weder Christian noch ich haben mit ihnen gesprochen. Aber ich glaube, sie haben mir zugehört, wenn ich mit anderen über die Sache geredet habe. Außerdem haben sie ja auch mitbekommen, dass Christian nicht mehr bei uns wohnt.

Jesper: Warum sprichst du nicht mit den Kindern?

Sabrina: Ich weiß nicht, was ich sagen soll. Am Anfang war ich nur traurig, aber das bin ich jetzt nicht mehr. Sie haben damals ja gesehen, dass ich traurig war. Wenn ich erst jetzt mit ihnen darüber sprechen würde, das wäre irgendwie komisch. Sie haben mich ja mit anderen reden hören, haben gehört, dass ich wütend war und enttäuscht. Es wäre echt ein Problem für mich.

Jesper: Was würdest du ihnen denn sagen wollen? Kannst du ihnen nicht einfach geradeheraus sagen, dass du wütend auf Christian bist?

Sabrina: Doch, ich habe ihnen gesagt, dass ich sauer auf ihn bin, so wie sie manchmal auf ihre Freunde sauer sind.

Jesper: Ich finde, du solltest unbedingt mit ihnen sprechen, das ist sehr wichtig.

Sabrina: Wie soll ich das machen, den Tag zu strukturieren? Ich kann ihren Vater doch nicht zwingen, Zeit mit ihnen zu verbringen?

Jesper: Nein, das kannst du nicht.

Sabrina: Früher hatte ich alles im Griff, meine Familie und alles drum herum. Ich habe Bücher über das Elternsein gelesen, bei uns gab es keine Süßigkeiten und wir haben gesunde Sachen gegessen. Jetzt kaufe ich fast jeden Tag Süßes oder Spielsachen für die Kinder, ich habe so ein schlechtes Gewissen und will sie damit trösten. Ich liege auf dem Boden zu Hause und bin einfach nur müde und traurig.

Jesper: Ich kann es den Kindern ansehen, dass sie sehr verunsichert sind und nicht wissen, wie es dir geht. Ich glaube, es ist wichtig, dass du ihnen sagst, wie es dir geht, dass du von deinen Plänen berichtest. Hugo will seiner Mama so gerne helfen, aber er darf auf keinen Fall der neue Mann im Haus werden. Das ist zu viel Verantwortung.

Wenn ich dich richtig verstehe, kaufst du Süßigkeiten und Spielsachen, weil du …

Sabrina: Weil mir die Kinder leidtun.

Jesper: Aber du bist selbst gar nicht von der Richtigkeit deines Verhaltens überzeugt. Du findest es eigentlich gar nicht gut. So wie ich das sehe, bist du auch nicht mehr traurig, sondern wütend? Wie sieht es mit deinem sozialen Netz und deiner finanziellen Situation aus? Ist das noch ungeklärt?

Sabrina: Es dauert etwa ein halbes Jahr, bis so eine Scheidung durch ist. Dann müsste das rein Praktische geschafft sein, aber wir müssen auch noch die Fragen zur Gütertrennung und zum Sorgerecht klären.

Jesper: Hast du einen Anwalt?

Sabrina: Ja.

Jesper: Wie lange kennst du Christian schon?

Sabrina: Wir sind ein Paar, seit ich 19 bin, also seit ungefähr 15 Jahren. Ich bin jetzt in einer Psychotherapie und habe schon viele gute Ratschläge bekommen. Wenn ich zum Beispiel nicht einschlafen kann, soll ich ruhig mal eine Schlaftablette nehmen, denn ich muss ja Schlaf bekommen. Die Therapeutin hat auch gesagt, dass es gut für mich ist, weiterhin zu arbeiten, das würde mir eine Struktur geben; ich sollte nur nicht zu viel arbeiten. Ich weiß, dass wir im Haus wohnen bleiben können. Meine Eltern haben mir auch Hilfe zugesagt, wenn ich finanzielle Probleme bekommen sollte.

> „Hugo will seiner Mama so gerne helfen, aber er darf auf keinen Fall der neue Mann im Haus werden. Das ist zu viel Verantwortung.
> JESPER

221

Jesper: Ist das für dich in Ordnung, von deinen Eltern Hilfe anzunehmen?

Sabrina: Ja. Ich muss nicht um jeden Preis alleine klarkommen. Und für mich ist die Sicherheit wichtig, dass wir hier wohnen bleiben können.

Jesper: Im Moment arbeitest du Vollzeit. Hast du die Möglichkeit, zu reduzieren?

Sabrina: Ja. Ich habe mit der Personalabteilung gesprochen und da gäbe es keine Schwierigkeiten. Aber wenn ich in Zukunft das Haus finanzieren will, dann muss ich Vollzeit arbeiten.
Ich habe im Frühling einen neuen Mann kennengelernt. Er hat auch Kinder, im selben Alter wie meine. Wie soll ich das mit meinen Kindern machen?

Jesper: So diskret wie möglich.

Sabrina: Okay. Das habe ich nicht getan.

Jesper: Du solltest zumindest versuchen, vor den Kindern keine neue Familienbeziehung zu etablieren, bevor es bei euch zu Hause wieder ganz stabil ist.
Aber lass uns noch einmal darauf zurückkommen, wie euer Familienleben früher ausgesehen hat. Wenn ich dich richtig verstanden habe, dann war der Vater der Kinder auch früher nicht besonders engagiert?

Sabrina: Nein. Ich habe auch das meiste im Haushalt erledigt. Der größte Verlust für die Kinder war wahrscheinlich die Morgenroutine mit ihrem Papa. Da ich früh zur Arbeit muss, haben sie die Morgenstunden immer mit Christian verbracht, haben zusammen gefrühstückt und sind in den Kindergarten gefahren. Die Freizeitaktivitäten habe ich immer alleine unternommen.

Jesper: Wie ist es mit deinem neuen Freund? Möchtest du mit ihm eine neue Familie gründen?

Sabrina: Im Moment habe ich noch nicht genug Vertrauen für eine neue Partnerschaft. Das wird eine Weile dauern. Aber es läuft ganz gut, obwohl es sowohl emotional als auch rein praktisch nicht ganz einfach ist. Ich muss unbedingt eine Struktur entwickeln.

Jesper: Auf mich wirkst du noch wie benommen und tief erschüttert von dem, was passiert ist?

Sabrina: Vor ein paar Monaten befand ich mich noch in einem Schockzustand, aber jetzt hat sich das Schlimmste langsam gelegt. Obwohl, jetzt am Samstag hat Hugo ja Geburtstag und früher haben wir an den Kindergeburtstagen immer ein großes Familienfest gemacht, mit Verwandten und Freunden. Aber so wie es im Moment ist, will ich Christian auf keinen Fall sehen. Ich werde so wütend, wenn ich ihn nur zu Gesicht bekomme. Ich finde, man muss sich in einer Familie an gewisse Regeln halten, zum Beispiel in Sachen Kindererziehung. Aber mit Christian gibt es so etwas nicht.

Jesper: Ich glaube, dass du immer Schwierigkeiten haben wirst, dich mit Christian auf Regeln zu einigen, auch jetzt nach der Trennung. Du wirst die Konsequenzen tragen müssen, dieser Mann lebt offensichtlich in seiner eigenen Welt. Und es scheint mir, dass es immer so gewesen ist. Abgesehen von den Morgenstunden zusammen mit ihrem Vater, scheint alles andere konstant geblieben zu sein. Der Unterschied ist, dass du der alleinige Kapitän zu Hause bist, das war dir früher nicht möglich, weil du dich auch immer zu Christian verhalten hast.

Ich sehe, dass du zwei fantastische Kinder hast. Ich würde an deiner Stelle versuchen, aus der Trennung kein allzu großes Problem werden zu lassen. Das Wichtigste für Kinder in diesem Alter ist, dass du versuchst, ein gutes Leben zu führen. So gut es geht. Dass du dich um dein Leben kümmerst. Du wirkst auf mich wie ein Mensch, der sehr viel Kraft hat.

Sabrina: Ja, das habe ich auch, glaube ich. Ich hatte schon immer den Ruf, tatkräftig zu sein. Aber ich brauche Menschen um mich herum. Ich will nicht allein sein.

Jesper: Aber du hast deine Familie, die dich unterstützt? Du hast

> **Das Wichtigste für Kinder in diesem Alter ist, dass du versuchst, ein gutes Leben zu führen. So gut es geht.**
> **JESPER**

vorhin erzählt, dass deine Mutter und eine Verwandte bei dir wohnen und dass deine Eltern dir Hilfe angeboten haben?

Sabrina: Ja, ich bekomme viel Hilfe.

Jesper: Hast du irgendwelche konkreten Vorstellungen über die Zukunft? Hast du mit Christian beispielsweise über das Sorgerecht gesprochen?

Sabrina: Zurzeit gibt es überhaupt keine klaren Vereinbarungen. Es kommt vor, dass er anruft und ankündigt, die Kinder am nächsten Tag abzuholen. Wenn ich ihm dann beispielsweise sage, dass sie auf einen Geburtstag eingeladen sind und es darum nicht passt, fängt er sofort an, mit dem Jugendamt zu drohen, und beschimpft mich, ich würde ihn daran hindern, seine Kinder zu sehen. Wir hatten die Vereinbarung, dass die Kinder jede dritte Woche bei ihm sein sollten, aber mein Anwalt hat gesagt, dass es zu wenig sei. Jede dritte Woche, jedes zweite Wochenende und einmal in der Woche wäre besser. Aber bisher haben sie nur zweimal bei ihm übernachtet, und jedes Mal riefen sie bei mir an und wollten nach Hause. Ich war zu Freunden gefahren und habe ihnen gesagt, dass ich gar nicht zu Hause sei, aber da hat Christian angeboten, die Kinder dorthin zu fahren, und ich musste ihnen dann erklären, dass es nicht geht.

Jesper: Er wirkt auf mich wie ein Teenager, der einerseits keine Verantwortung übernehmen will, andererseits aber auch ungeheuer stolz ist.

Sabrina: Heute wollte er ja auch nicht mitkommen, obwohl wir das verabredet hatten. Er hat befürchtet, wir würden hier nur sitzen und darüber reden, was für ein schlechter Vater er ist. Er kommt auch nicht zu den Sitzungen bei der Familientherapie, obwohl wir da Hilfe angeboten bekommen haben.

Jesper: Er erscheint mir sehr manipulativ. Als Mutter kannst du da leider nicht viel ausrichten.

Es wäre besser, wenn du deine Energie darauf verwendest, eine gute Beziehung zu deinen Kindern aufzubauen, statt dich um die Beziehung der Kinder zu ihrem Vater zu kümmern. Auf der anderen Seite sollst du den Kontakt natürlich auch nicht verhindern, aber Christian muss selbst Engagement aufbringen. Du musst nicht auch noch seinen Job erledigen. Die Energie, die du dafür benötigst, kostet dich viel Kraft, die du eher in deine Kinder investieren solltest. Das Beste für die Kinder ist es, den Vater zu haben, den sie haben, und nicht einen Vater, den die Mutter sich wünscht. Konzentriere deine Energie lieber auf euer Leben, damit es so gut wie nur möglich funktioniert.

Sehr viele haben diese romantische Vorstellung, dass das Kind auf jeden Fall einen guten Kontakt zu seinem Vater haben sollte. Das soll es auch, natürlich, aber es hängt selbstverständlich davon ab, was für ein Vater er ist. Wenn er Kontakt halten will, dann muss er diesen Kontakt herstellen! Dann muss er sich darum kümmern.

> **Es wäre besser, wenn du deine Energie darauf verwendest, eine gute Beziehung zu deinen Kindern aufzubauen, statt dich um die Beziehung der Kinder zu ihrem Vater zu kümmern.**
> **JESPER**

Jesper Juuls Tipps für Sabrina

- Nimm jede Hilfe von außen an, von Freunden und Familie.
- Sprich mit den Kindern, was in naher Zukunft geschehen wird, sie müssen eingeweiht werden.
- Kümmere dich um dich selbst, so gut und sooft es geht, denn für Kinder ist es wichtig, dass es ihren Eltern gut geht.
- Konzentriere deine Energie auf dich und deine Kinder – nicht darauf, das Verhältnis der Kinder zum anderen Elternteil aufzubauen. Diesen Job muss der andere Elternteil selbst erledigen.
- Es ist nicht immer das Beste, dass Kinder mit beiden Elternteilen Kontakt haben. Wenn der Vater Kontakt haben will, muss er ihn herstellen. Das Beste für die Kinder ist es, den Vater zu haben, den sie haben, und nicht einen Vater, den die Mutter sich wünscht, oder vice versa.

RÜCKBLICK

Sabrina: Das Gespräch hat mir sehr gutgetan, und ich habe definitiv nicht das Gefühl gehabt, Christian zu hintergehen, weil wir über ihn geredet haben. Er hat selbst entschieden, nicht aufzutauchen, obwohl er es versprochen hat. Außerdem war das, was Jesper mir gesagt hat, sehr persönlich, und ich sehe keine Veranlassung, Christian von dem Coaching zu erzählen. Jesper hat mehrfach betont, dass ich mich um mich kümmern muss. Ich bemühe mich. Es tat mir gut, zu hören, dass ich mich auf die Kinder und mich konzentrieren soll und nicht darauf, dass der Kontakt zwischen Christian und den Kindern reibungsfrei verläuft. Dafür ist er verantwortlich. In meiner Verantwortung liegt es, mich um uns drei zu kümmern und darum, dass es den Kindern gut geht. Ich war sehr erleichtert, als Jesper gesagt hat, dass es den Kindern gut zu gehen scheint und es nicht schlimm um sie steht, denn das hatte mich sehr beschäftigt.

Seit dem Gespräch mit Jesper Juul habe ich versucht, ein paar Routinen in unserem Alltag zu entwickeln, und ich glaube, wir haben das ganz gut gemeistert. Gerade im Moment haben wir eine gute Phase, die Kinder wirken ausgeglichen, und auch ich fühle mich wohl. Meine Mutter wohnt noch bei uns, sie entlastet mich sehr und ich kann neue Kraft tanken. Um noch mehr Kraft zu bekommen, habe ich beschlossen, mir immer wieder ein paar Tage freizunehmen und nicht arbeiten zu gehen.

Aber für das ernste Gespräch mit den Kindern fehlten mir bisher der Mut und die Energie, obwohl Jesper so oft betont hat, wie wichtig es wäre. Ehrlich gesagt weiß ich nicht, wie ich es anstellen soll, es fühlt sich so schwer und mühevoll an.

Zurzeit warte ich darauf, dass die Fragen zur Gütertrennung geklärt werden, danach werde ich sofort die Sorgerechtsfrage in Angriff nehmen. Worauf ich mich am meisten freue, ist, wenn die Scheidung durch ist und wir endlich weitergehen können.

Einsam in der Partnerschaft

Yvonne und Martin sind die Eltern von Finja, 11 Monate

Als Yvonne und Martin Eltern wurden, veränderte sich ihre Beziehung total. Yvonne fühlt sich vernachlässigt und einsam. Sie überlegt, ob die Beziehung unter diesen Umständen noch bestehen kann.

Als Yvonne und Martin vor drei Jahren als Paar zusammenkamen, wurde aus ihrer früheren Freundschaft eine leidenschaftliche und sehr liebevolle Beziehung.

Gleichzeitig mit der Nachricht, dass Yvonne schwanger ist, bekam Martin seinen Traumjob angeboten. Martin konzentrierte sich immer mehr auf seinen Job und nicht auf seine Frau und das ersehnte Baby. Yvonne hatte das Gefühl, dass sie und das Baby im Bauch nur an der Peripherie existierten und immer erst an zweiter Stelle standen.

Yvonne hatte große Angst vor der Entbindung, und diese Angst wuchs zu einer fast unkontrollierbaren Panik an. Aber Martin nahm ihre Angst und die Panikattacken in ihren Augen nicht ernst genug. Er war nicht für sie da. Da sein Job sehr viel Zeit und Kraft in Anspruch nahm, hatte er weder Energie noch Lust, Yvonne vor der Geburt zu unterstützen.

Als die kleine Familie zu Jesper Juul kommt, herrscht eine eisige Stimmung zwischen den Eltern. Yvonne fühlt sich von ihrem Mann im Stich gelassen, und Martin weiß nicht, wie er es anstellen soll, ihr Vertrauen zurückzugewinnen. Es wird ein gefühlsgeladenes Gespräch, und Jesper Juul stellt sehr schnell fest, dass die beiden zwei unterschiedliche Sprachen sprechen.

Yvonne: Wir kennen uns schon seit zehn Jahren. Als wir uns dann schließlich entschieden, ein Paar zu werden, ging alles ganz schnell. Als ich schwanger wurde, arbeitete Martin noch an

227

Hallo!

Das hier ist meine Geschichte. Ich weiß gar nicht, wie ich anfangen soll, verzeiht, wenn alles ein bisschen durcheinander ist. Vor drei Jahren fand ich den wunderbarsten Mann der Welt, einen richtigen Mr Right. Er hatte alles und ergänzte mich vollkommen.

Wir planten sorgfältig, eine Familie zu gründen, und als ich schwanger wurde, bekam er seinen Traumjob angeboten. Jeden Tag pendelte er zwei Stunden (einfache Strecke) und sagte mir immer, dass er beide Reiseziele – also mich und den Job – gleichermaßen liebte. Aber das Pendeln raubt sehr viel Energie, darum hatte er keine mehr für „uns" übrig. Mir ging es hundeelend in den ersten 22 Wochen der Schwangerschaft, doch ich bin trotzdem jeden Morgen aufgestanden und habe ihm Frühstück gemacht. Meine große Hoffnung war, dass er es auch ein einziges Mal für mich machen würde.

Mein Bauch wurde immer größer und damit wuchs auch meine Angst vor der Entbindung. Fünfmal habe ich ihn mitten in der Nacht geweckt, weil ich die Angst nicht mehr ausgehalten habe. Jedes Mal knurrte er, dass er schlafen wolle, weil er morgens früh raus- und zur Arbeit müsse.

Er hat mich zu allen Kursen und Sonstigem begleitet, zu denen man so hingehen kann: Ultraschall, Geburtsvorbereitungskurs, doch ansonsten war es so, als würde mein Bauch überhaupt nicht existieren. Er streichelte ihn und sprach mit ihm nur, wenn ich ihn dazu aufforderte. Meine Panik machte mich wütend und zickig und wir haben uns viel gestritten.

Dann kam Finja, das schönste und wunderbarste Kind, das je das Licht der Welt erblickt hat! Ich war so stolz auf mich und dachte, dass er das auch sein würde. Das sagte er auch, aber er hat mir noch nicht einmal Blumen ins Krankenhaus gebracht. Alle anderen frischgebackenen Mütter haben Halsketten, Blumen und so weiter bekommen...

Es ist jetzt acht Monate her, seit Finja auf die Welt kam, und ich bin schlecht gelaunt, verbittert und zickig. Ich fühle mich im Stich gelassen. Als ich Halt gebraucht habe, der Wind am stärksten war und ich die größte Angst ausstehen musste, da war er nicht für mich da. Mein Vertrauen ist weg. Gleichzeitig habe ich dieses starke Gefühl, dass ich die Situation selbst bewältigt, die Angst überwunden und dafür das größte Geschenk bekommen habe (Finja). Ich brauche ihn gar nicht mehr. Er hat nicht teilgenommen, als es am härtesten war, will aber jetzt die Elternzeit mit mir teilen. (Das ist egozentrisch von mir, ich weiß!)

Ich weiß genau, dass ich mich lächerlich, kindisch und egoistisch verhalte, aber ich weiß nicht, wie ich das abschalten kann. Ich weiß nicht einmal, ob ich es wirklich will.

Ich bin es leid, wütend, traurig und enttäuscht zu sein.

Grüße von Yvonne

seinem alten Arbeitsplatz. Dann bekam er ein neues Jobangebot, seinen Traumjob, und dann verschwand er. Oder, na ja, wir haben ja weiterhin zusammen gewohnt, aber es fühlte sich so an, als wäre er verschwunden.

Ich hatte die ganze Zeit furchtbare Angst vor der Entbindung. Fünfmal habe ich ihn nachts geweckt, weil ich solche Angst hatte. Und er sagte bloß: „Ich kann jetzt nicht, ich muss schlafen." Er hat seine Karriere und ich werde langsam verbittert und unausstehlich.

Jesper: Das war nicht gerade wenig...

Martin: Aber es war eine gute Zusammenfassung. Ich bin viel unterwegs im Job, habe viel um die Ohren.

Yvonne: Er überlässt alles mir. Er kommt am Wochenende nach Hause, macht was im Haushalt und dann haut er ab. Ich sehe keinen Sinn darin, das so weiterzumachen.

Jesper: Aber du findest das, Martin?

Martin: Mir geht es ja gut. Ich finde, die beste Zeit in der Woche sind die Stunden, in denen ich zu Hause bin. Ich will immer so schnell wie möglich nach Hause.

Yvonne: Aber wenn du zu Hause bist, arbeitest du weiter. Du bist nie für uns da.

Martin: Ich versuche, immer erst zu arbeiten, wenn Finja schläft.

Jesper: Aber du, Yvonne, redest eher davon, dass er nicht für euch da ist?

Yvonne: Ich fühle mich allein gelassen, wir kommen immer erst an zweiter Stelle.

Jesper: Aber du meinst damit gar nicht den geografischen Abstand, Yvonne, oder? Sondern dass er nicht für euch da ist? Wenn ich richtig zugehört habe, ist es so von Anfang an gewesen, stimmt das?

Yvonne: Ich kannte Martin schon lange, bevor wir zusammenkamen. Aber damals war ich eine starke Persönlichkeit, man verändert sich, wenn man Kinder bekommt. Ich finde, ich nörgele

Aber wenn du zu Hause bist, arbeitest du weiter. Du bist nie für uns da.
YVONNE

nur noch. Es gibt nichts Schönes, Lustiges mehr. Auch Martin hat sich verändert.

Jesper: So denken Frauen oft: „Das, was ich von ihm bekomme, was er mir da am Tresen anbietet, das ist mir nicht genug. Da muss es noch mehr geben, hinterm Tresen, im Lager." Aber so ist das ganz oft leider nicht. Ich verstehe, dass du dich allein fühlst und gar nicht nur wie eine alleinerziehende Mutter. Auf der anderen Seite höre ich Martin sagen: „So ist es nun einmal."

Martin: Ich kann ja den Job wechseln ...

Jesper: Aber das hier hat nicht nur mit dem Job zu tun.

Yvonne: Wenn er zu Hause ist, will ich, dass er wirklich zu Hause ist. Ich brauche die Zurückgezogenheit und die Einsamkeit, ich finde es gut, dass er diese Arbeit hat und sie ihm Spaß macht. Ich will ja gar nicht, dass er die ganze Zeit bei uns zu Hause ist.

Jesper: Du meinst, dass Martin zwar da ist, aber mental nicht präsent? Verstehst du, wovon Yvonne da spricht, Martin?

Martin: Nein, so habe ich das nie verstanden.

Jesper: Aber es ist wichtig, Martin, dass du wirklich verstehst, wie Yvonne das meint. Dieses Gespräch ist aussichtslos, wenn jeder nur von seiner Sache redet.

Yvonne: Aber ich habe ihm das schon tausend Mal gesagt. Ich heule, schreie und brülle.

Jesper: Aber vielleicht kannst du es ein Mal anders sagen?

Yvonne: Er hat mich verlassen, als ich das Kind in mir trug und ich so furchtbare Angst hatte. Und seitdem ist er nicht wieder zurückgekehrt.

Jesper: Das eine ist diese Enttäuschung, das andere ist die Tatsache, dass du eigentlich eine alleinerziehende Mutter bist.

Martin: Letzten Herbst war das besser, da hatte ich immer einen Tag frei und konnte Zeit mit Finja verbringen. Hoffentlich klappt es und ich kann es so organisieren, dass ich an bestimmten Tagen freihabe.

230

Yvonne: Das war so wichtig für dich, mit Finja zu Hause zu sein.

Ich wollte ja gar nicht wieder anfangen zu arbeiten. Aber dann hast du sie einfach bei den Nachbarn abgegeben, weil du losmusstest …

Martin: Der Grund, warum ich Elternzeit mache, ist, dass wir das weit vor Finjas Geburt beschlossen hatten. Aber wenn bei meiner Arbeit gerade ein großes Geschäft abgewickelt wird, dann kann ich nicht einfach Nein sagen. Das ist praktisch unmöglich.

Jesper: Merkst du, Martin, wie du mit jeder deiner Antworten Yvonnes Worte nur bestätigst?

Martin: Ich habe mich bemüht, Prioritäten zu setzen. Es können tagsüber Sachen dazwischenkommen, und ich schaffe es nicht, pünktlich nach Hause zu fahren. Ich habe beispielsweise vorgehabt, gegen vier oder fünf loszufahren, es klappt dann aber nicht.

Jesper: Ich glaube, da irrst du dich. Es wäre viel einfacher, wenn du tatsächlich für Yvonne da wärst, wenn du zu Hause bist. Denn dann wärst du wirklich für sie da, und nicht mit deinen Gedanken woanders.

Yvonne: Ich kann mich nie auf ihn verlassen. Er sagt, er will dies oder das erledigen, tut es dann aber nicht.

Jesper: Aber es geht nicht darum, Aufgaben zu erledigen. Es geht nicht darum, wer wie viele Stunden mit Finja verbringt. Es geht darum, Verantwortung zu tragen. Die einzige Möglichkeit, die ich sehe, ist, dass du versuchst, Martin zu sagen, wie es dir geht, und nicht darüber zu reden, was er tut und was nicht. Sage, was in dir vorgeht, sprich nur von dir.

Yvonne: Ich stecke fest, kann nur noch meckern.

Jesper: Ich möchte gerne, Martin, dass du ganz genau zuhörst, wie es der Frau geht, mit der du verheiratet bist. Wie geht es ihr, was geht in ihr vor? Wenn Yvonne jetzt fünf Minuten davon sprechen darf, wie es in ihr aussieht, dann finden wir vielleicht einen Weg. Beschreibe, wie du dich fühlst, Yvonne.

> **Es wäre viel einfacher, wenn du tatsächlich für Yvonne da wärst, wenn du zu Hause bist. Denn dann wärst du wirklich für sie da, und nicht mit deinen Gedanken woanders.**
> JESPER

231

Yvonne: Ich fühle mich im Stich gelassen. Ich habe keine Probleme damit, allein zu sein. Ich genieße das, Finja und ich gehen in so eine offene Kinder-Eltern-Gruppe, ich habe meine „Latte-Treffen". Aber wenn Martin da ist, soll er ganz da sein!

Jesper: Martin, hast du eine Vorstellung, wovon Yvonne da spricht?

Martin: Ich habe das offensichtlich immer missverstanden. Ich dachte, es geht darum, dass ich so viel unterwegs bin. Aber so wie ich es jetzt verstehe, geht es ihr um eine totale Teilnahme, und zwar nicht nur eine physische Teilnahme.

Jesper: Glaubst du, dass dir das möglich ist, Martin?

Martin: Das müsste es doch. Allerdings weiß ich nicht so richtig, wie ich das machen soll. Ich hatte das bisher so verstanden, dass meine physische Abwesenheit das Problem ist.

Jesper: Dann würde ich jetzt gerne auf die Schwangerschaft zurückkommen. Hattest du damals einen Anhaltspunkt, was du hättest tun können, als Yvonne so ängstlich und panisch war?

Martin: Wir haben ja alles versucht, wir waren bei der Hebamme, die auf Entbindungsängste spezialisiert war. Wir waren bei der Vorsorge und bekamen einen Termin für einen Kaiserschnitt.

Yvonne: Er hat mich zu allen Leckerbissen begleitet: Ultraschall, Vorsorge... Aber bei allem anderen, als ich die Angstzustände hatte...

Martin: Das ist mir schwergefallen. Ich wusste nicht, wie ich mit Yvonnes Angst umgehen sollte.

Yvonne: Es hätte schon gereicht, wenn du mir zugehört hättest.

Jesper: Martin, was würdest du machen, wenn Finja Angst hätte?

Martin: Ich würde sie in den Arm nehmen und sie trösten.

Jesper: Ganz genau.

Yvonne: Ich bin aber auch viel kratzbürstiger als Finja.

Jesper: Aber ist deine Kratzbürstigkeit nicht eher eine Einbildung?

Yvonne: Ich weiß nicht. Wir hatten das ja alles vor der Schwangerschaft. Vorher fühlte ich mich so geborgen bei Martin.

> **Ich habe das offensichtlich immer missverstanden. Ich dachte, es geht darum, dass ich so viel unterwegs bin.**
> MARTIN

232

Jesper: Aber hattet ihr das wirklich, bevor du schwanger wurdest, Yvonne? Als ihr zusammengekommen seid und euch frisch verliebt habt, wart ihr beide unter dem Einfluss von Hormonen. Als Frischverliebte kann man nicht wirklich beurteilen, wie eine Beziehung ist und sein wird.

Yvonne: Du solltest einen Impftermin für Finja vereinbaren, aber noch nicht einmal das hast du getan. Ich kann mich einfach nicht auf dich verlassen.

Martin: Bei der Arbeit kommen so oft akute Sachen dazwischen, die sofort gelöst werden müssen. Und dann verschiebe ich meine privaten Angelegenheiten, die ich auch später erledigen kann. Aber ich sehe ein, dass man das so nicht machen kann, wenn man eine Familie hat.

Yvonne: Es endet immer damit, dass ich alles alleine erledigen muss, und dann meckere ich, weil er es nicht gemacht hat. Außerdem verpasst er so viel, weil er Finja so selten sieht. Gleichzeitig denke ich dann, es geschieht ihm recht. Da werde ich ganz egoistisch.

Jesper: Wenn man die Tendenz hat, alles unter Kontrolle haben zu wollen, dann wird man niemals zufrieden sein. Aber kannst du versuchen, diese Bitterkeit zu überwinden, denn die sitzt ziemlich tief?

Yvonne: Ich weiß es nicht. Ich weiß noch nicht einmal, wo ich anfangen soll.

Jesper: Ich weiß auch nicht, wo du anfangen sollst, aber ich würde mir wünschen, dass du Martin sagst, was er tun kann, damit er noch eine Chance bekommt.

Yvonne: Ich weiß es nicht. Ich glaube, es ist zu spät.

Jesper: Wenn du das so sagst, da frage ich mich, ob du ehrlich bist und es wirklich zu spät ist oder ob du es selbst nicht definitiv sagen kannst?

Yvonne: Ich habe das Gefühl, dass nichts von mir übrig ist. Ich habe den Menschen satt, zu dem Martin mich gemacht hat.

Jesper: Es gibt zwei Möglichkeiten: Entweder hörst du auf, ein Opfer zu sein, und beschließt, der Mensch zu werden, der du sein willst. Oder aber du sagst Martin, dass Schluss ist.

Yvonne: Ich weiß in beiden Fällen nicht, wie ich es machen soll. Ich kann mir keine Zukunft mit ihm vorstellen und keine ohne ihn. Neben Finja ist er das Beste, was mir im Leben passiert ist.

Jesper: War oder ist er das Beste?

Yvonne: Ich hoffe, er ist das Beste.

Jesper: Aber Martin ist auch der Mensch, der er ist.

Yvonne: Aber so war er nicht, als wir ein Paar geworden sind.

Jesper: Ich glaube, dass er schon immer so gewesen ist.

Yvonne: Nein, so ist er nicht gewesen. Und wenn er so gewesen ist, habe ich es nicht erkennen können.

Jesper: Deine Theorie ist also, dass er dir einfach nicht mehr das gibt, was du vorher bekommen hast? Martin, was sagst du dazu?

Martin: Wir verbringen jedenfalls nicht mehr so viel Zeit zusammen. Das war ja anders, bevor wir Finja bekommen haben. Da konnten wir viel mehr Sachen unternehmen.

Yvonne: Das ist mir gar nicht so wichtig. Aber wenn du nach Hause kommst, setzt du dich sofort an den Computer. Ich habe mein ganzes Leben auf dich gewartet …

Jesper: Yvonne, versuche zu sagen, was du willst. Ich weiß, wie schwer das ist, aber du musst die Verantwortung für dich selbst übernehmen und sie nicht auf Martin übertragen. Ich weiß, dass es schwer ist, darüber zu reden, praktisch unmöglich, denn es steht so viel zwischen den Zeilen. Es geht nicht darum, ihm zu sagen, dass er nicht am Rechner sitzen soll. Sag, was du haben willst.

Yvonne: Aber dann bin ich nur enttäuscht, wenn er es nicht macht. Was soll ich denn dann machen?

Jesper: Du musst ihm sagen: „Okay, ich bin da, aber du musst mich verführen, wenn du mich haben willst." Aber du sollst ihm nicht sagen, wie er es machen soll. Da muss er sich selbst etwas einfallen lassen.

Ich habe noch nicht einmal eine Blume zur Geburt bekommen.

YVONNE

Yvonne: Ich habe noch nicht einmal eine Blume zur Geburt bekommen. Ich war so stolz, dass ich das ohne Kaiserschnitt geschafft habe.

Martin: Ich habe alles eingekauft, außer Blumen …

Jesper: Und du sagst, dass er gar nicht so ist. Aber Yvonne, er ist so!

Yvonne: Aber dann kann ich ja bis in alle Ewigkeit darauf warten, dass sich mein Traumbild erfüllt.

Jesper: Ja. Darum sage ich doch, dass ich mir wünschte, du würdest morgen anfangen zu leben. Und zwar das Leben, das du leben willst. Und dann liegt es an Martin – mir fällt leider kein besseres Wort ein –, dich zu verführen.

Yvonne: Ich soll mich also einfach zurückziehen? Und warten.

Jesper: Was du jetzt machst, ist dumm, so wirst du nur überfahren. Wie die meisten Männer hatte Martin keinen Schimmer, wovon du sprichst.

Yvonne: Aber ich sage doch, was ich denke.

Jesper: Aber Martin glaubt, es hat damit zu tun, dass er so viel unterwegs ist. Was willst du: Du willst ihn haben, du willst, dass er für euch da ist, alles andere ist nur Symbolik. Er muss etwas tun! Er muss in sich gehen und entscheiden, was er tun will. Er muss eine Seite in sich entwickeln, die du schon von Anfang an entfaltet hast.

Und dabei geht es nicht um praktische Dinge, sondern darum, dass er für euch da ist. Das nämlich ist das Problem. Er hat einen neuen Job angefangen, ihr habt ein Kind bekommen. Aber wenn du, Yvonne, der Kapitän an Bord sein sollst, dann musst du auch das Gehalt eines Kapitäns beziehen. Aber so ist das nicht. Da kommen die Blumen wieder ins Bild. Oder sehe ich das falsch?

Yvonne: Nein, du hast recht.

Jesper: Was denkst du, Yvonne?

Yvonne: Ich fühle mich gerade noch viel einsamer als zu der Zeit als Single. Ich weine am laufenden Band. Was sollen wir jetzt machen?

Martin: Wir machen doch weiter?

Yvonne: Genau das habe ich gefragt.

Jesper: Es gibt noch eine Möglichkeit: Ihr fangt eine Paartherapie an. Aber Martin muss dafür die Initiative ergreifen. Ansonsten ist es für ihn nur so, als hätte seine Mutter einen Termin für ihn organisiert.

Yvonne: Ich fühle mich wie die Mutter eines Teenagers, dessen dreckige Wäsche ich zusammensammle. Er ist zu Hause und doch nicht zu Hause.

Jesper: Wenn ich dich richtig einschätze, Martin, bist du ein Mensch, der seine Zeit braucht, um Entscheidungen zu treffen. Du brauchst Zeit, nachzudenken?

Martin: Ja.

Yvonne: Wir sind irgendwie auf dem Sandkastenniveau gelandet. Ich sage furchtbare Dinge und denke manchmal: „Lieber Gott, was hast du da gesagt? Wie konntest du nur so etwas Furchtbares sagen?"

Jesper: Das ist sehr destruktiv. Vor allem für dich selbst. Yvonne, du solltest dich sehr viel mehr um dein eigenes Wohlergehen kümmern.

Yvonne: Wir kennen uns seit neun Jahren und sind seit dreieinhalb Jahren ein Paar. Bedeutet das, dass ich aufhören soll, zu meckern?

Jesper: Nein, du musst überhaupt nicht aufhören, zu meckern. Aber du solltest dich um dein Wohlbefinden kümmern. So wie du dich jetzt verhältst, verlierst du nur deinen Stolz.

Yvonne: Aber wenn ich von Martin nichts mehr erwarte, dann führen wir doch keine Beziehung. In einer Beziehung hat man doch Erwartungen aneinander.

Jesper: Das werden wir sehen. Martin hat die Begrenztheiten und die Qualitäten, die er hat. Da müsst ihr ansetzen.

Yvonne: Ich weiß nicht, wie ich mich davon frei machen kann, ich bin festgefahren in einem Verhalten, aus dem ich nicht ausbrechen kann.

Martin: Das Problem ist vor allem, dass ich das alles bisher nie richtig verstanden habe.

Jesper: Ihr beide habt offenbar Schwierigkeiten, konkret und offen miteinander zu sprechen. Ihr lebt doch zusammen, da fragt man sich doch mal: Ist hier etwas für mich dabei, will ich das so haben?

Yvonne: Ich will auf jeden Fall nicht mit einem guten Freund zusammenwohnen. Denn ich will mich für einen Freund nicht so massiv verbiegen.

Jesper: An diesem Punkt steht ihr jetzt also. Wenn ihr Hilfe wollt, müsst ihr euch kontinuierliche psychotherapeutische Unterstützung besorgen, ein paarmal im Monat und das mindestens ein halbes Jahr lang. Ich glaube, dass du, Martin, einen Weg finden musst, um Yvonne zu verführen. Und das nicht nur einmal, sondern jeden Tag aufs Neue. Denn du weißt, was sie will. Sie will, dass du für sie da bist, nicht zuletzt durch deine Anteilnahme.

> Ihr beide habt offenbar Schwierigkeiten, konkret und offen miteinander zu sprechen. Ihr lebt doch zusammen, da fragt man sich doch mal: Ist hier etwas für mich dabei, will ich das so haben?
>
> JESPER

> Ich glaube, dass du, Martin, einen Weg finden musst, um Yvonne zu verführen. Und das nicht nur einmal, sondern jeden Tag aufs Neue.
>
> JESPER

Jesper Juuls Tipps für Yvonne und Martin
- Wenn du merkst, dass deine Botschaft den Empfänger nicht erreicht, versuche, sie anders zu formulieren, auch wenn du das Gefühl hast, überdeutlich zu werden.
- Sage deutlich, wie du es haben willst. Was soll dein Partner machen, um dich zufriedenzustellen?
- Erwarte nicht, dass dein Partner spürt, wie es dir geht oder was du haben willst, wenn du nichts sagst.

> - Eine Paartherapie kann vielen Paaren helfen, eine geeignete Kommunikationsform zu finden.
> - Begib dich nicht in die Opferrolle, wenn du dich missverstanden fühlst. Bemühe dich vielmehr, an dich selbst zu denken und dein Leben so zu leben, wie du das willst, unter deinen Bedingungen.

RÜCKBLICK

Yvonne: Die Dinge sind sowohl besser als auch schlechter geworden nach dem Coaching. Direkt nach dem Gespräch hatte ich das Gefühl, es hat mir überhaupt nichts gebracht. Martin hingegen fand es sehr ergiebig. „Warum hast du mir das so nie gesagt?", fragte er. Und ich hatte den Eindruck, ich hätte es ihm genau so mindestens hunderttausend Mal gesagt.

Jetzt ist er sich der Sachen bewusst, die er falsch macht, und das ist gut. Das Tragische daran ist aber leider, dass er nichts dagegen tut. Im Moment ist er noch seltener zu Hause als früher, und das fühlt sich jetzt wie eine doppelte Enttäuschung an. Er verteidigt sich damit, dass er nicht anders kann und so viel zu tun sei.

Eine Sache ist allerdings wirklich besser geworden: Wenn er da ist, ist er da. Wenn wir uns tatsächlich mal sehen, dann haben wir eine gute Zeit und er ist für uns da. Er weiß also jetzt auf jeden Fall, wovon ich die ganze Zeit geredet habe.

Martin: Seit wir das Treffen mit Jesper Juul hatten, gab es gute und schlechte Momente. Damals haben wir schon darüber gesprochen, wie viel ich arbeiten muss, und das ist leider nicht besser geworden, im Gegenteil. Ich arbeite mehr als je zuvor.

Im vergangenen Monat habe ich nicht mehr als acht Nächte zu

Hause verbracht und da habe ich die Wochenenden mitgezählt. Ich fühle mich wie in einem Hamsterrad, aber ich glaube, in ein paar Monaten sieht es wieder besser aus. Ich muss bei der Arbeit einfach auch mal Nein sagen, so ist das.

Es war merkwürdig, festzustellen, dass Yvonne und ich aneinander vorbeigeredet haben. Das Coaching hat mir eine ganz neue Perspektive auf unser Problem gegeben. Jetzt fühlt es sich an, als würden wir am selben Strang ziehen, Yvonne und ich. Das Treffen hat sich wirklich gelohnt!

Katharinas Mann „hilft nicht mit" im Haushalt

Katharina und Pasquale sind die Eltern von Robin, 2,5 Jahre.

Katharina und Pasquale streiten sich dauernd über die Arbeitstei-
lung zu Hause. Katharina ist der Auffassung, dass sie sich die Ver-
antwortung für den gemeinsamen Sohn teilen sollten, und hat den
Eindruck, dass Pasquale ihr Studium nicht ernst genug nimmt. Pas-
quale findet, dass er genug mit seiner Arbeit zu tun hat.

Katharina und Pasquale sind seit fünf Jahren ein Paar, aber seit sie
vor zweieinhalb Jahren ein Kind bekommen haben, ist ihre Beziehung aus den Fugen geraten.

Katharina, die Vollzeit studiert, hat das Gefühl, alles zu Hause bleibt an ihr hängen. Sowohl die Betreuung des gemeinsamen
Sohnes als auch der Haushalt. Pasquale hat eine eigene Firma und
ist der Auffassung, er muss so viel in der Firma arbeiten, dass er
weder Kraft noch Lust hat, sich an Haushalt und Kinderbetreuung
mehr zu beteiligen, als er es tut.

Katharina und Pasquale verbringen mittlerweile den Großteil
ihrer Freizeit damit, aufeinander rumzuhacken und sich gegenseitig anzumeckern. Sie streiten viel und fühlen sich beide missverstanden.

Als das Paar zum Coaching erscheint, sind sich beide darüber
einig, dass sich etwas ändern muss. Es wird ein Vormittag der starken Gefühle und ein Coaching, das sehr hohe Wellen geschlagen
hat. Als wir diese Sitzung in unserer Zeitschrift veröffentlichen,
löste das eine Flut von Leserbriefen aus, deren Absender fast alle
auf Katharinas Seite standen.

Nach dem Coaching sagte Jesper: „Solange Katharina nicht
explizit sagt, was sie will, wird sie keinen Durchbruch erzielen.

Schon gar nicht in einer Beziehung zu einem Mann, der nie gelernt hat ‚seiner Mutter Nein zu sagen', sondern sich immer mit Charme zu seinem Ziel geschmeichelt hat. Wie so viele Frauen ist Katharina mit einem zu großen Teenager verheiratet, und es erfordert die Hilfe einer starken Frau, damit diese Männer erwachsen werden können. Solange Pasquale nicht für sich selbst Verantwortung übernehmen kann, wird er auch keine Verantwortung für die Gemeinschaft tragen können. Er lebt in einer Gesellschaft, deren Moral verlangt, dass auch Männer sich um Kind und Haushalt kümmern. Pasquale muss sich entscheiden, ob er eine Mutter oder eine erwachsene Frau und Partnerin haben will. Dieses Coaching kann beiden die Möglichkeit geben, erwachsen zu werden."

Jesper: Ich habe euren, deinen Brief gelesen, Katharina. Pasquale, hast du ihn auch gelesen?

Pasquale: Nein.

Jesper: Darin steht ja sehr deutlich, womit du unzufrieden bist, Katharina.

Katharina: Mittlerweile ist es ein bisschen besser geworden. Aber früher hatte ich das Gefühl, dass Pasquale die ganze Verantwortung mir überließ, weil er so viel in seiner Firma zu tun hat. Er ist der Ansicht, dass er viel härter arbeitet als ich. Aber ich will auch manchmal freihaben, abends zum Beispiel. Er lässt mich auch nie ausschlafen; wenn unser Sohn aufwacht, muss immer ich aufstehen. So empfinde ich das. Oder ...

Pasquale: Hmm ...

Jesper: Du bist der Meinung, es geht um den Job? Dass eure Situation mit der Arbeit zu tun hat?

Katharina: Außerdem finde ich, dass wir keine schöne Art haben, miteinander zu reden. Wir müssen lernen, besser zu kommunizieren.

242 *Jesper:* Wie lange seid ihr schon zusammen?

Hallo!

Du hast immer so gute und konkrete Ratschläge für Familien in Schwierigkeiten, darum hoffe ich, dass du auch uns helfen kannst, unsere Situation zu verbessern. Ich streite mit meinem Partner die ganze Zeit, über alles, und wir wissen nicht, wie wir diese Spirale durchbrechen können. Ich finde meinen Typen ziemlich unpädagogisch, was mich sehr irritiert. Er schiebt immer alles auf, er verspricht, den Abwasch zu machen, und schiebt es dann den ganzen Abend lang vor sich her, dann hat er keine Lust mehr und lässt es bis zum nächsten Tag stehen. Dann aber soll ich es machen.

Ich finde, er hilft zu wenig im Haushalt, stattdessen lässt er überall seine Sachen liegen. Er findet, dass er hart arbeitet und ich „nur" studiere und darum den Hauptanteil tragen muss, was ich auch tatsächlich tue. Aber ich meine, dass er trotzdem mithelfen kann, doch wenn ich ihn bitte, beschwert er sich immer.

Wenn wir Gäste bekommen, schiebt er das Aufräumen bis zur letzten Sekunde auf, und dann wird er unerträglich, weil er gestresst ist. Mir ist es nicht so wichtig, dass er staubsaugt, wenn er es nicht schafft, aber dann beschwert er sich und sagt, dass ich total eklig bin und sowieso nie ordentlich putze. Ich versuche ihm zu erklären, dass er auch hier wohnt und mithelfen kann, aber er beschwert sich trotzdem immer über mich.

Mein Freund scheint nicht dazu erzogen worden zu sein, anderen Menschen mit Respekt zu begegnen. Er beschwert sich darüber, was ich alles nicht mache, selbst aber macht er keinen Finger krumm. Ich kann noch hinzufügen, dass er aus Südamerika stammt, aber schon seit vielen Jahren in Schweden lebt. Er sagt zwar einerseits, dass Frauen in Südamerika nicht gerecht behandelt werden und nicht gleichberechtigt sind, andererseits schlägt er vor, dass ich mich bei ihnen erkundige, denn „südamerikanische Frauen wissen, wie man sich um einen Mann kümmert". Dabei vergisst er, dass sich auch jemand um mich kümmern muss. Er sagt immerzu, dass er müde ist, aber ich bin auch müde. Ich koche, wasche ab, kümmere mich um meinen Sohn und studiere.

Wir benötigen dringend Hilfe, damit wir anders miteinander kommunizieren. Er sorgt dafür, dass ich mich dumm fühle und frustriert bin. Und er scheint nicht zu begreifen, dass Männer und Frauen unterschiedlich denken.

Vielen Dank im Voraus.
Katharina

Katharina: Seit fünf Jahren.

Jesper: Worüber wollt ihr heute sprechen?

Katharina: Wie wir eine anständige Kommunikation hinbekommen. Und wie wir uns unserem Sohn gegenüber verhalten sollen. Darüber streiten wir auch die ganze Zeit. Der Kleine will immer nur zu mir, ich war ja auch in Elternzeit. Zum Beispiel als er gestern auf den Topf gehen sollte, da wollte er sich nur von mir helfen lassen. „Nein, du gehst jetzt mit Papa ins Bad", habe ich gesagt. Und auch Pasquale hat gesagt: „Jetzt kommst du mit Papa." Aber er wollte partout nur mit mir gehen. Da wurde Pasquale wütend, und ich habe mich gezwungen gefühlt, mich einzumischen. Denn wenn Papa immer wütend wird, will er am Ende nie wieder mit ihm gehen. Und eventuell will er dann auch nicht mehr auf den Topf. Eigentlich will ich mich nicht einmischen, außerdem ist das ja auch eine Sache zwischen Pasquale und seinem Sohn, aber ich hatte das Gefühl, dass ich musste. Der Kleine hat gerade angefangen mit dem Topf, daher muss man sofort gehen, wenn er etwas sagt, sonst landet es gleich in der Hose. Darum lag das doch in meiner Verantwortung.

Immer bin ich diejenige, die springt. Allerdings ist es in letzter Zeit zum Beispiel mit dem Zubettgehen besser geworden, jetzt kann auch Pasquale das mal übernehmen. Aber dann kommen diese Rückschläge wieder dazwischen.

Jesper: Wenn ich es richtig verstehe, ist das ein alter Konflikt zwischen euch. Wer die Verantwortung hat und wie viel mithilft. Warum sagst du nicht Ja oder Nein, Katharina? Willst du zu Hause die alleinige Verantwortung tragen?

Katharina: Ich will, dass wir uns gegenseitig helfen. Aber genau in diesem Punkt sind wir unterschiedlicher Ansicht.

Jesper: Wenn ich dich richtig verstanden habe, hast du schon oft protestiert und es ist nichts passiert.

Katharina: Ich will, dass wir uns einig sind, aber das sind wir

> **Ich will, dass wir uns gegenseitig helfen. Aber genau in diesem Punkt sind wir unterschiedlicher Ansicht.**
> „
> **KATHARINA**

244

nicht. Ich will, dass wir uns gegenseitig helfen. Ich will nicht sagen müssen: „Kannst du das übernehmen?" Und dann antwortet er: „Nein, das kann ich nicht." Ich will, dass wir die Verantwortung zusammen tragen. Dass wir gemeinsam beschließen und uns einig darüber sind, was getan werden muss. Aber das passiert einfach nicht.

Jesper: Du hast das schon oft gesagt, aber nie die Antwort erhalten, die du hören willst.

Katharina: Ja, und das verunsichert mich. Vielleicht liege ich ja falsch?

Jesper: Hier geht es nicht um Richtig und Falsch.

Katharina: Aber wir sind uns nicht einig. Das ist ja unser Hauptproblem.

Jesper: Pasquale, du trägst die Verantwortung für deine Firma, richtig? Du musst dich darum kümmern, dafür bist du verantwortlich. Du findest, du hast genug um die Ohren mit deiner Firma?

Pasquale: Ich bin total erledigt, wenn ich abends nach Hause komme.

Jesper: Und du bist der Auffassung, für den Haushalt und alles andere ist Katharina verantwortlich?

Pasquale: Nein, ich bin nicht der Meinung, dass nur sie dafür verantwortlich ist. Ich finde ja, dass ich mithelfe.

Jesper: Aber ich habe nicht gefragt, ob du mithilfst. Wir sprechen nicht über Hilfe im Haushalt. Wir reden von Verantwortung übernehmen. Hilfe kann man sich an jeder Ecke kaufen. Ich will Klarheit darüber, wo ihr steht. Ich weiß jetzt, wo du stehst, Katharina, aber nicht, wo du stehst, Pasquale. Du bist bereit mitzuhelfen, aber nicht mehr. Du willst dich um deine Firma kümmern.

Pasquale: Genau. Gestern zum Beispiel, da sollte mein Sohn was zu essen bekommen. Katharina musste ein Buch durcharbeiten – ich verstehe ja, wie wichtig das für ihr Studium ist –, aber

> **Ich finde ja, dass ich mithelfe.**
> PASQUALE

> **Wir sprechen nicht über Hilfe im Haushalt. Wir reden von Verantwortung übernehmen. Hilfe kann man sich an jeder Ecke kaufen.**
> JESPER

245

ein Buch mit meiner Firma zu vergleichen! Die stehen nicht auf derselben Stufe. Ein Buch lesen, okay, das kann man jederzeit tun, aber ich muss in der Firma sein, ich schufte jede Stunde meiner Zeit. Wer ist müder von uns beiden, wenn wir nach Hause kommen? Ich weiß nicht, was am wichtigsten ist.

Jesper: Ich kann verstehen, dass du müde bist. Ich wundere mich darüber, dass du ihm nicht zuzuhören scheinst, Katharina. Er sagt seit fünf Jahren Nein, aber du hörst nicht hin.

Katharina: Aber ich finde, wir sind beide verantwortlich für die Aufgaben zu Hause.

Jesper: Das darfst du auch finden, wie du willst. Aber du lebst in einem Traumgebilde, nicht in der Wirklichkeit. Das muss furchtbar frustrierend sein.

Pasquale: So empfinde ich das auch. Sie geht immer davon aus, dass ich ihr nur das Leben versauern will, sie versteht mich nicht.

Katharina: Das glaube ich dir schon, dass du mir nicht das Leben versauern willst. Aber du musst respektieren, dass mein Studium mich auch ziemlich erschöpft. Wenn ich nach Hause komme und noch drei Bücher durcharbeiten muss… ich bin auch müde von der vielen Arbeit für die Uni.

Pasquale: Also ich kann dir sagen, ich bin total fertig abends.

Katharina: Ich habe den Eindruck, er hört mir überhaupt nicht zu.

Jesper: Es geht nicht um Verstehen, damit hat es nichts zu tun. Du musst sagen, was du willst. Du hörst nicht hin, wenn er Nein sagt. Natürlich willst du, dass er Ja sagt. Du redest die ganze Zeit davon, was du nicht bekommst, statt davon, was du willst. Er sagt: „Ja, vielleicht ein andermal, ich bin müde!" Er sagt nicht Ja, du scheinst nicht hinzuhören, dass er die ganze Zeit Nein sagt. Und natürlich frustriert dich das.

Katharina: Ich arbeite auch an den Wochenenden, sowohl im Haushalt als auch für mein Studium. Er aber muss sich ausruhen, denn er war ja arbeiten! Aber ich will mich auch ausruhen. Er hört mir nicht zu und versteht mich nicht. Ich bin auch müde.

Jesper: Das ist eine Illusion. Du willst, dass er dich versteht, das muss ein furchtbarer Zustand sein, in dem du dich befindest.

Pasquale: Das finde ich auch.

Jesper: Für mich sieht es so aus, dass du, Katharina, die ganze Zeit Aufgaben erledigst, von denen du findest, dass du sie nicht allein bewältigen solltest, sondern ihr beide gemeinsam. Aber so läuft das bei euch zu Hause nicht. Du hast folgende Möglichkeit: Hör auf damit, frustriert zu sein, und sage dir stattdessen: „Ich habe diesen Mann, so ist er nun einmal. Will ich mit ihm zusammenleben oder nicht?" Niemand kann sagen, ob ein Ja oder ein Nein die richtige Antwort ist. So ist es nun einmal. Von heute an akzeptierst du, dass es so ist: „Haushalt, Kind, Essen, dafür bin ich verantwortlich."

Katharina: Aber ich habe Schwierigkeiten, es so anzunehmen. Denn wenn ich mal müde bin und nicht mehr kann, ist da keiner, der übernimmt und macht, was gemacht werden muss. Mir fällt es schwer, das zu akzeptieren.

Jesper: Ich würde das auch nicht akzeptieren. Doch du bist nicht ich. Wir sind verschieden. Darum finde ich aber – ich weiß es sogar –, dass es viel angenehmer ist, in der Wirklichkeit zu leben als mit dieser ewigen Frustration. Das ist euer Vertrag miteinander, so sieht es heute aus. Überlege dir und spüre nach, ob genug Platz für deine Bedürfnisse da ist. Dann bist du wenigstens nicht jeden Tag frustriert.

Oder sag Pasquale: „Nein, das will ich so nicht mehr haben!" Sag ihm: „Fünf Jahre lang habe ich versucht, dich davon zu überzeugen, dieses oder jenes zu tun ..."

Pasquale: Aber so war es früher nicht. Da haben wir auch beide gearbeitet.

Jesper: Wenn man keine Kinder hat, ist so ein Leben, wie ihr es

> " Hör auf damit, frustriert zu sein, und sage dir stattdessen: „Ich habe diesen Mann, so ist er nun einmal. Will ich mit ihm zusammenleben oder nicht?"
> JESPER

247

führt, leichter zu bewältigen. Sobald man eine Familie gegründet hat, verändert sich die Lage, dann kann man das nicht mehr machen.

Ich finde, du solltest versuchen, mit dem Mann zu leben, den du da hast, und zu sehen, wie es läuft. Wie ist es, mit einem Mann zu leben und ihn zu lieben, der nicht dasselbe will wie ich? Man kann einen Menschen nicht dazu zwingen, ein anderer zu werden. Ihr wollt beide verschiedene Dinge. Er will eine Frau haben, die sich um Kind und Haushalt kümmert. Für ihn ist es auch in Ordnung, dass sie sich weiterbildet, wenn sie die zusätzliche Energie dafür hat. Diesen Mann hast du, so denkt er. Und er würde auch so denken, wenn er nur von 10 bis 16 Uhr arbeiten würde.

Pasquale: Nur weil ich ein Immigrant bin, denke ich doch nicht automatisch: „Du bist eine Frau und musst zu Hause bleiben." Ich finde auch, dass man sich gegenseitig helfen soll. Aber ich habe keine Kraft dazu. Wenn ich die ganze Zeit zu Hause wäre, könnte ich viel mehr helfen.

Katharina: Aber ich bin doch nicht zu Hause. Ich studiere doch! Deswegen sage ich auch, dass du mich nicht verstehst. Ich habe auch viele Sachen zu erledigen, das ist wie ein Job.

Pasquale: Natürlich finde ich, dass du studieren und dich weiterbilden sollst, aber du kannst doch dein Buch auch mal für eine halbe Stunde beiseitelegen, um unserem Sohn etwas zu essen zu machen.

Katharina: Aber ich mache auch die Wäsche und putze. Wann soll ich es bitte schaffen, diese Bücher zu lesen und mich um mein Studium zu kümmern? Ich finde, deine Ansprüche an mich sind zu hoch.

Pasquale: Wie ich schon gestern gesagt habe: Du sagst, dass du die Wäsche machst und putzt, aber ist es nicht wichtiger, dass unser Sohn etwas zu essen bekommt? Gestern hat er erst um halb neun Uhr abends gegessen.

> **Wie ist es, mit einem Mann zu leben und ihn zu lieben, der nicht dasselbe will wie ich?**
> JESPER

Katharina: Weil wir zu Ikea gefahren sind, und das ist nicht meine Idee gewesen!

Jesper: Aber du sagst auch nicht: „Nein, das will ich nicht!" Du sagst, was er falsch macht, aber selbst sagst du nicht Nein. So verlierst du den Respekt vor dir selbst, ich weiß nicht, ob du das merkst, Katharina. Du wirst zu einer Nörglerin, verschwendest deine Kraft, lässt dich auf Argumentationen ein. Du weißt genau, was Pasquale sagen wird, und er weiß, was du sagen wirst.

Katharina: Ja, es endet immer gleich.

Jesper: Genau, es endet immer gleich und das ist bedrückend. Ihr habt ein fundamentales Kommunikationsproblem, was früher oder später in jeder Beziehung entsteht. In den meisten Fällen dauert das allerdings länger als fünf Jahre, so sechs bis sieben Jahre.

Man muss sagen, was man will, genau zuhören und dann beobachten, ob man bekommt, was man möchte. Du könntest zum Beispiel sagen: „Okay, ich will, dass du ... Willst du das auch?" Danach muss man Stellung zu der Antwort beziehen, die man erhält. In einem klaren Nein steckt mehr Respekt als in einem „Ich habe keine Zeit". Er versucht sehr nett zu sein, manchmal sogar geradezu diplomatisch.

Katharina: Aber genau darauf reagiere ich doch auch!

Jesper: Pasquale hat fünfzig verschiedene Arten, Nein zu sagen! Aber er sagt nie explizit Nein. Und du hast fünfzig Arten, zu sagen, was du willst, aber du sagst ebenfalls nicht deutlich, was du haben willst! Es geht nicht darum, ob du ein Buch liest oder nicht, es geht darum, was du willst. Und dann kannst du Pasquale fragen: „Willst du das auch? Ja oder Nein?"

Unterschreibe einen Vertrag mit dir selbst. Du weißt ja, was er will. „Okay, so ist er nun einmal." Entscheide, wie lange du es ausprobieren willst, ein halbes Jahr lang oder ein ganzes Jahr. „Ich bin ab jetzt für mich verantwortlich." Komme dann zu dem Schluss, ob du ausreichend oft ein Ja hörst oder ob du

> „Man muss sagen, was man will, genau zuhören und dann beobachten, ob man bekommt, was man möchte. Danach muss man Stellung zu der Antwort beziehen, die man erhält.
> JESPER

249

zu oft ein Nein bekommst. Du entscheidest. Danach kannst du klarer sagen, dass du sein Verhalten falsch findest. Alle Paare, die zusammenleben, müssen dieses eine lernen: zu sagen, was sie wollen, und dann zu überprüfen, was sie bekommen. In einer Familie muss es die Möglichkeit geben, sagen zu können, was man will. Aber es ist nicht immer möglich, das, was man will, auch zu bekommen. Wenn ihr beiden auf dieser Ebene miteinander kommuniziert, werden mehrere Dinge passieren. Zum einen wird es deutlicher, was euch beide verbindet. Zum anderen wird es weniger Streit geben, Gezeter, das zu einem Teufelskreislauf werden kann.

Frauen haben seit Jahrtausenden so gesprochen, weil sie nie das Recht hatten, laut zu sagen, was sie wollen. Aber du hast dieses Recht, Katharina. Du hast es. Aber so, wie es jetzt ist, verlierst du dich selbst, deine Kraft, auch deine Weiblichkeit und deinen Respekt vor dir selbst. Du spielst eine Rolle, wirst wütend. Die Kommunikationsform, von der ich hier spreche, ist wie ein kleines Wunder. Als würde man in einen Laden gehen, der 24 Stunden geöffnet hat, und fragen: „Ich will dies oder jenes haben. Haben Sie das? Ja oder Nein?" Da gibt es auch keinen Grund, ein schlechtes Gewissen zu haben, wenn das Produkt mal ausverkauft ist. Das müsst ihr beide lernen. Was da zwischen euch passiert, daran ist an sich nichts falsch, es ist nur eine unglückliche Kombination: Du, Katharina, bist dir sehr im Klaren, was du haben willst, und du, Pasquale, bist dir sehr im Klaren darüber, was du nicht willst. Pasquale muss lernen, dass er Nein sagen kann, wenn du, Katharina, gesagt hast, was du willst.

Pasquale: Ich muss das wohl versuchen. Es ist so anstrengend, wenn wir beide die ganze Zeit genervt sind. Und sobald sie anfängt loszulegen und zu meckern, mache ich zu.

Jesper: Wenn sie damit anfängt, was du meckern nennst, dann frag sie doch: „Okay, was willst du haben?" Und du, Katharina, musst lernen, deutlich zu sagen, was du willst. „Ich will dies oder jenes. Bekomme ich es?" Es gibt keinen Grund, über deinen Wunsch zu streiten, da gibt es nichts zu diskutieren. Du willst das haben, was du haben willst. Doch es ist sehr wichtig, zu fragen: „Bekomme ich das?" Dann erhältst du ein Ja oder ein Nein als Antwort. Das Emotionale kommt dann später, doch das hier ist auch wahnsinnig wichtig.

Aber die Kommunikation muss einfach sein. So kommunizieren Kinder miteinander, das können wir ihnen nachmachen. Es ist auch für euren Sohn ganz gut, damit er euch zusehen kann, wie ihr miteinander redet. Er weiß ja, dass Mama zu Hause der Boss ist.

Ihr beide stammt aus verschiedenen Verhältnissen, ihr lebt in einer multikulturellen Familie: Katharina, du bist ein sehr nordischer Typ, und du, Pasquale bist ein richtiger Südländer. In so einer Beziehung kann es manchmal so sein, als würde man mitten in einer dramatischen Oper leben. Ich weiß das sehr genau, weil meine Frau ein sehr südländisches Temperament hat. Du, Katharina, könntest ein ganzes Buch damit vollschreiben, was du *nicht* bekommst, aber es wäre besser, wenn in dem Buch stünde, was du bekommen willst. Aber du musst auch auf dich aufpassen, denn dein Mann ist charmant.

Wisst ihr, was ich mit alledem meine? Diese Art der Kommunikation ist unverstellt, trotzdem weiß niemand, wie das Ergebnis aussieht. Vielleicht gibt es häufiger ein Ja, vielleicht auch häufiger ein Nein. Probiert das ein paar Monate lang aus.

Pasquale: Das ist schwer.

Jesper: Ja, aber so konkret und direkt ist es nun einmal in einer guten Beziehung.

Jesper Juuls Tipps für Katharina und Pasquale

- Sag, was du willst, und füge die Frage hinzu: „Bekomme ich das?" Dann ist dein Partner gezwungen, Stellung zu beziehen und zu antworten. Die Kommunikation wird transparenter.
- Sorge dafür, dass du auf deine Frage und dein Bedürfnis ein Ja oder ein Nein als Antwort erhältst. Dann ist es dir möglich, eine Haltung dazu einzunehmen.
- Kannst du es aushalten, wenn du nicht bekommst, was du wolltest? Manchmal ist es weniger frustrierend, die Wirklichkeit zu akzeptieren, als vergeblich zu versuchen, einen Menschen zu ändern. Denn das gelingt nicht.
- Überlege dir, ob du ein Leben mit einem Partner führen willst, der nicht dasselbe will wie du.

RÜCKBLICK

Katharina: Für mich fühlte es sich so an, als hätte Jesper Juul gesagt, dass nur ich mich ändern soll. Ich hatte gehofft, dass er auch Pasquale ein paar Tipps geben würde, wie wir das schaffen können, die Situation ändern können.

Wir wollen uns ja nicht trennen. Ich will Pasquale nicht verlassen, aber vielleicht stimmt es – wie Jesper gesagt hat –, dass man Pasquale nicht ändern kann. Dass er so ist, wie er ist, und ich das entweder aushalte oder ihn verlasse. Und trotzdem fühlte es sich nach dem Coaching irgendwie besser an. Ich habe begriffen, dass ich ein Recht habe, zu sagen, was ich will, und dass ich auch das Recht habe, Nein zu sagen. Also, unmittelbar danach lief es besser. Allerdings sind wir jetzt gerade in einem echten Tief, haben aber beschlossen, dass wir es auf jeden Fall noch einmal miteinander versuchen wollen.

Pasquale: Ich fand das Coaching sehr gut. Das sollten wir ausprobieren, habe ich gedacht. Es ist seitdem auch ein bisschen besser geworden mit unserer Kommunikation.

Besonders gut hat mir gefallen, jemandem zu begegnen, der versteht, wie es mir geht, wie ich fühle.

Papa ist nur eine Stimme am Telefon

Laura ist die Mutter von Olivia, 3,5 Jahre, und Luis, 1,5 Jahre.

Als Laura gerade zum zweiten Mal Mutter wurde, reiste der Vater der Kinder vorübergehend in die USA. Er ruft zwar ab und zu an, ist aber seit fast anderthalb Jahren noch nicht zurückgekehrt. Inmitten von Trauer und Wut scheint er dennoch nach wie vor den Alltag der Familie zu beherrschen.

Eine müde, stille und sehr niedergeschlagene Laura kommt mit ihren beiden Kindern Olivia und Luis zum Coaching. Der Vater der Kinder hat die Familie verlassen und ist ans andere Ende der Welt gezogen. Ab und zu lässt er von sich hören, aber er bestimmt, unter welchen Voraussetzungen, und seinen Sohn hat er nicht mehr gesehen, seit dieser vier Wochen alt war. Obwohl Olivia ihren Vater vermisst, hat sie vergessen, wie er aussieht und wer er eigentlich ist.

Laura bemüht sich sehr, die Familie und den Alltag zu meistern, aber der Geist des Vaters schwebt über ihr und den Kindern. Sie richten alles nach ihm aus, obwohl er weder für sie da ist noch irgendetwas für die Familie tut.

Ein halbes Jahr ist vergangen, seit Laura ihren Brief an das Büro des Elterncoachings geschrieben hat. Laura weint ununterbrochen, ihre Kinder sitzen still in unserer Nähe und beschäftigen sich mit den Spielsachen.

Jesper: Du hast deine Situation in deinem Brief sehr genau beschrieben. Seitdem hat sich auch nichts geändert? Er kommt nicht wieder zurück, um bei euch zu leben?

Laura: Nein, er wird nicht wieder zurückkommen. Am Anfang hieß es noch, er würde dort nur eine Zeit lang arbeiten, aber das ist jetzt anderthalb Jahre her. Nach etwa einem Jahr traf

Hallo!

Ich bin eine alleinerziehende Mutter eines Mädchens, drei Jahre, und eines Jungen, ein Jahr alt, deren Vater in Kalifornien lebt, seit der Kleine etwa einen Monat alt ist. Mein Leben ist sehr anstrengend, ich bekomme wenig Schlaf und leide unter einem konstanten inneren und äußeren Stress, der immer häufiger auf unseren Alltag Einfluss nimmt.

Ich bin einfach nicht die Mutter, die ich für meine Kinder sein will. Viel häufiger, als ich mir eingestehen will, habe ich einen zu scharfen Ton und bin ungeduldig.

Ich habe vollkommen die Fähigkeit verloren, unseren Alltag und den Ernst des Lebens mal hinter mir zu lassen. Ich kann mich nicht richtig auf die Kinder einlassen, mit ihnen spielen oder einfach mit ihnen zusammen sein, ohne gleichzeitig Wäsche zusammenzulegen, zu putzen oder Ähnliches.

Wenn ich bemerke, dass meine Tochter mein Verhalten spiegelt, bedrückt mich das. Ich will es ändern, habe aber das Gefühl, in einem Teufelskreislauf gefangen zu sein.

Ich liebe meine Kinder und habe zwei ganz fantastische Kinder, die von meinem Verhalten noch nicht völlig verdorben sind. Dennoch habe ich große Sorge, dass sie sich nicht geborgen genug fühlen.

Ich brauche einfach unbedingt Hilfe! Wenn ich sie bei euch bekommen könnte, wäre ich dafür sehr dankbar.

Mit freundlichen Grüßen
Laura

ich die Entscheidung, dass es so nicht weitergeht. Er wird nicht hierher zurückkommen und wir werden nicht zu ihm ziehen. Das würde nicht funktionieren. Seit über einem Jahr ist er nicht mehr hier gewesen. Und ich hatte den Kindern versprochen, dass er zu Besuch kommen würde, aber er kam nicht. Ich kann einfach nicht aufhören zu weinen. Wenn ich anfange, darüber zu sprechen, muss ich sofort weinen. Das war meine größte Befürchtung, dass ich hier sitzen würde, in einem fort heule und nicht sprechen kann.

Jesper: Das macht nichts.

Laura: Damals also habe ich beschlossen, dass es so nicht weitergeht. Er wollte sein Geld lieber in ein Seminar investieren, als uns zu besuchen. Er wollte sein Geld nicht für ein Flugticket zu uns ausgeben. Ich wünsche mir, wegen der Kinder, dass er eines Tages vielleicht ein bisschen näher zu uns zieht. Ursprünglich stammt er aus Europa. Luis kennt seinen Vater ja praktisch überhaupt nicht. Er hat seinen Vater in seinem Leben insgesamt nur zwei Monate lang gesehen. Einen Monat war er alt, als sein Vater zum ersten Mal in die USA flog. Und Olivia, sie weint und hat Angst. Sie sagt, dass sie sich nicht mehr an ihren Vater erinnern kann.

Was mir so schwerfällt, ist, die Balance zu finden. Gleichzeitig die zu sein, die alles im Griff hat, aber auch diejenige, die sich am Leben der Kinder beteiligt. Die sich entspannen kann, mit ihnen Quatsch macht und auf dem Boden liegt und spielt und mal alle Pflichten vergisst. Das fällt mir so schwer, ich bin so gestresst. Es ist wie ein Teufelskreislauf. Denn wenn man gestresst ist, wenn es einfach zu viel wird, dann kann man ja auch nicht mehr klar denken.

Ich habe lange darüber nachgedacht, was ich heute erzählen will, wobei ich Hilfe benötige. Ich will diesen Kreislauf durchbrechen, Eskalationen und Geschrei vermeiden. Dass ich zum Beispiel in Stresssituationen nicht brülle: „Du setzt dich jetzt sofort in den Wagen, sonst gibt es am Samstag keine Süßigkeiten." Das ist so schwer.

Jesper: Wie sieht euer Alltag aus? Arbeitest du?

Laura: Ich mache gerade ein Fernstudium. An einem normalen Tag wacht Luis gegen sieben Uhr auf und isst sein Frühstück in seinem Gitterbettchen zusammen mit seinen Kuscheltieren. Olivia frühstückt vor dem Fernseher. Ich habe meine zehn Mi-

> Er wollte sein Geld nicht für ein Flugticket zu uns ausgeben.
> **LAURA**

nuten in aller Ruhe bei Kaffee und Brot in der Küche. Zuerst gehen wir eine Runde mit dem Hund, danach in den Kindergarten. Die Kinder sind zwischen 9.30 und 15.00 bis 15:30 Uhr in der Kindertagesstätte. In der Zeit studiere ich, arbeiten werde ich dann nach Abschluss des Studiums.

Ich versuche auch den Haushalt und den Einkauf zu erledigen, während sie dort sind, damit sie nicht dabei sein müssen. Dann hole ich die zwei in der Kita ab, wir gehen wieder eine Runde mit dem Hund, dann kommen wir nach Hause und ich mache Essen. Danach bade ich beide Kinder und anschließend lese ich ihnen in Olivias Bett ein Buch vor. Luis fällt es schwer, still zu liegen, er schläft darum auch in einem Gitterbett neben meinem Bett. Sie sind ziemlich früh im Bett, schon so gegen sieben Uhr. So ungefähr sieht unser Alltag aus, mit Variationen, je nachdem ob unter der Woche oder am Wochenende.

An den Wochenenden unternehmen wir nicht besonders viel. Ich traue mich zum Beispiel nicht, mit den beiden zu irgendeiner Kinderveranstaltung zu gehen, sie überdrehen dann so schnell. Wir gehen meistens in den Park, füttern die Enten und gehen mit dem Hund spazieren. So sieht es aus. Am häufigsten kommt es morgens zu Konflikten, wenn sie sich anziehen sollen und wir losmüssen. Oder wenn ich abends Essen mache. Luis hat das alles schon sehr früh von Olivia kopiert.

Jesper: Ich weiß nicht so richtig, wie ich es formulieren soll. Wenn ich falsch liege, korrigiere mich bitte! Ganz spontan würde ich sagen, wenn ich dir so zuhöre, gibt es zwei Hauptprobleme. Das eine ist, dass...

(Die Kinder sitzen friedlich am Tisch und zeichnen, während sich Laura mit Jesper unterhält. Ab und zu bitten sie um mehr Papier und andere Stifte. Luis malt aus Versehen auf den Tisch und Olivia steht sofort auf und holt eine Serviette, um die Farbe wegzuwischen. Olivia kümmert sich sehr fürsorglich um Luis, eine sehr verantwortungsvolle große Schwester.)

257

Laura: Manchmal beunruhigt mich ihr Verhalten, vielleicht haben sie Angst und sind immer so friedlich und still, weil ich zu Hause so streng bin. Wir haben sehr viele Routinen und Regeln. Vielleicht trauen sie sich nicht, frech zu sein, aus Angst davor, dass ich wütend oder traurig werde ...

Jesper: Ich sehe zwei Dinge. Du trägst einen Schmerz in dir, unter dem du schon sehr, sehr lange leidest. Das empfinde ich, wenn ich dich ansehe und dir zuhöre.

Laura: Das stimmt. Ich habe das ganze letzte Jahr noch nicht richtig verarbeitet. Ich habe seit Luis' Geburt innegehalten, das ist gefährlich. Aber sobald ich daran denke, kommen die Tränen. Es stimmt sicher ... Ich warte darauf, dass die Zeit kommen wird und ich das aufholen kann. Ich habe das Gefühl, dass ich kein einziges Mal stehen geblieben bin, mich ausgeruht habe, nachgedacht habe. Es ist immer so, als würde ich das Problem beiseiteschieben müssen. Ich darf diese Büchse nicht öffnen. Ich darf nicht anfangen, nachzudenken.

Jesper: Und wenn man es dann doch tut, wird man so ungeheuer wütend. Aber das hat nichts mit deiner Persönlichkeit zu tun und mit deiner Art, deinen Kindern Mutter zu sein. Die andere Sache, von der ich sprach, ist meine Beobachtung, dass du irgendwo in dir ein schlechtes Gewissen hast. Du sagst, du hast Angst, zu streng zu sein. Dass du Angst hast, auf die Kinder wütend zu werden? Stimmt das?

Laura: Ja, ich traue mir nicht wirklich zu, es richtig zu machen. Wenn ich ein Kompliment bekomme, kann ich es nicht glauben und annehmen. Ich schäme mich so; wenn ich wütend werde, habe ich versagt, als wäre ich der Situation nicht gewachsen. Ich versuche, es den Kindern gegenüber zu erklären. Ich sage Olivia, dass ich zwar wütend werde, es aber nichts mit ihr zu tun hat. Es heißt nicht, dass ich sie deswegen weniger lieb habe.

Manchmal sage ich auch nur: „Wenn du jetzt nicht dieses oder

> Du trägst einen Schmerz in dir, unter dem du schon sehr, sehr lange leidest.
> JESPER

jenes machst, musst du aus dem Wagen aussteigen." Ich schreie sie an. Aber ich will so nicht sein! Ich sollte die geduldige Erwachsene sein, aber manchmal übersteigt es meine Fähigkeit, auf eine sensible Art und Weise zu reagieren. Ich denke oft, dass ich meine Kinder zerstört habe, dass sie so nett sind, weil ich sie zerstört und gebrochen habe. Dass sie sich nicht trauen, ein anderes Verhalten an den Tag zu legen, weil sie Angst haben, dass ich wütend werde. Das ist mein Albtraum.

Jesper: Das können wir, glaube ich, jetzt gleich aufklären. Kinder sind in der Lage, zu unterscheiden, ob ihre Mutter wütend ist oder ob sie traurig ist. Sie wissen, dass du dich um sie kümmerst, so gut es geht. Daran ist nichts Schlimmes. Und sie wissen, dass du wütend wirst, weil du dich um sie kümmerst.

Ich finde, du solltest den Schmerz, den du in dir trägst, mit professioneller Hilfe bearbeiten. Wir Eltern, besonders die Mütter, haben das tiefe Bedürfnis, den eigenen Schmerz vor den Kindern zu verbergen. Es ist einerseits verständlich, andererseits leider auch dumm. Kinder spüren den Schmerz nämlich, aber sie wissen nicht, wodurch er verursacht wurde. Ob er mit dem Vater oder mit ihnen zu tun hat.

Hast du Geschwister oder dir nahestehende Freundinnen, mit denen du reden kannst?

Laura: Ja, wir sind eine Clique von vier, fünf Frauen. Wir kennen uns, seit wir klein sind.

Jesper: Dann frage sie, wie du vor sechs Jahren warst im Vergleich zu heute.

Laura: Da war ich vermutlich ein ganz anderer Mensch.

Jesper: Es ist, als wärst du kleiner geworden oder amputiert, finde ich.

Laura: Ja, so fühlt es sich auch an. Ich bin mir dessen bewusst. Aber das schiebe ich vor mir her, für später, dachte ich, wenn die Kinder ein bisschen größer sind. Dann habe ich mehr Zeit für mich.

> **Ich denke oft, dass ich meine Kinder zerstört habe, dass sie so nett sind, weil ich sie zerstört und gebrochen habe.**
> LAURA

> **Kinder spüren den Schmerz, aber sie wissen nicht, wodurch er verursacht wurde. Ob er mit dem Vater oder mit ihnen zu tun hat.**
> JESPER

259

Jesper: So lange solltest du aber nicht warten. Du benötigst jetzt professionelle Hilfe, die dich dabei unterstützt, dich selbst an erster Stelle zu sehen. Auch wenn du eine Freundin hast, mit der du dich gut unterhalten kannst, benötigst du professionelle Hilfe. Die Sichtweise ist zu beschränkt, wenn du nur mit einer Freundin sprichst.

Es ist wahnsinnig wichtig für die Kinder, dass du dich um dich selbst kümmerst. Ich glaube nicht, dass deine Therapie lange dauern wird, denn du leidest an keiner geheimnisvollen oder merkwürdigen Sache. Aber du – die Mutter der Kinder – benötigst Hilfe. Und du musst dich um dich selbst kümmern, denn das tut keiner!

Laura: Nein, früher hatte ich keine Zeit dafür. Aber seit Luis auch in den Kindergarten geht, habe ich damit angefangen. Du hättest mich letztes Jahr um diese Zeit sehen sollen, mich gab es nicht. Da hat sich wirklich etwas verändert, das wird besser.

Jesper: Ich sehe, dass deine Kinder alles bekommen, was sie brauchen. Und ich sage das nicht, um dir ein Kompliment zu machen, man kann es ganz deutlich an ihnen ablesen. Es ist ganz normal, dass das älteste Kind immer ein bisschen älter wirkt, als er oder sie tatsächlich ist, wenn es mit einer alleinerziehenden Mutter oder einem alleinerziehenden Vater aufwächst. Diese Kinder werden schneller erwachsen.

Laura: Zwischendurch sagt sie: „Nee, Mama, ich bin kein großes Mädchen, ich bin ein kleines Mädchen." Sie lehnt diese Rolle also auch manchmal ab.

Jesper: Das älteste Kind ist nie so sehr Kind wie Nummer zwei, drei oder vier. Dagegen kann man nichts machen. Es ist möglich, dass sie in fünf, sechs Monaten anfängt, ein bisschen zu entspannen, wenn du dich erholt hast und es dir besser geht. Aber es ist wichtig, ihre Gefühle und die Gedanken, die sie sich über ihren Vater macht, ernst zu nehmen. Natürlich kann es sein – das wird jedoch wahrscheinlich erst in zehn, zwölf Jahren der

> Aber du – die Mutter der Kinder – benötigst Hilfe. Und du musst dich um dich selbst kümmern, denn das tut keiner!
> JESPER

Fall sein –, dass du deinen Entschluss verteidigen musst, warum du dich für ein Leben ohne ihren Vater entschieden hast.

Laura: Es ist nicht leicht gewesen mit dem Vater der Kinder. Wir haben nicht gestritten, wir haben versucht, mit ihm zu telefonieren, aber er scheint überhaupt nichts zu verstehen. Er sagt, dass er die Kinder vermisst, tja, das kann ich gut verstehen. Aber er sieht nur sich. Ich habe versucht, ihn für die Kinder begreifbarer zu machen, habe ihnen von Kalifornien erzählt, ihn gebeten, ein Foto von sich zu schicken, damit ich etwas habe und die Kinder wissen, wie er aussieht. Das war vor einem halben Jahr. Im Moment ist er nicht mehr als eine Stimme am Telefon. Außerdem spricht er nur Englisch. Ich versuche zwar, die Sprache für die Kinder lebendig zu halten, aber das ist schwer. Er ist nur eine Erinnerung.

Ich habe Angst vor der Zukunft, davor, was passieren könnte. Er redet davon, im Sommer zu kommen und uns zu besuchen. Er will auch mit den Kindern in den Urlaub fahren. Er ist ganz woanders. Vielleicht stellt er sich das so vor, dass er einfach vorbeikommen kann und alles wie immer sein wird. Dass wir wieder zusammen sind und er die Vaterrolle übernehmen kann. Aber ich bin da zwiegespalten, und manchmal finde ich fast, es wäre besser, wenn er dortbleiben würde, als dass er plötzlich da ist und es zu einem Konflikt kommt. Denn im Moment gibt es da keinen Konflikt.

Jesper: Er muss sich erst qualifizieren, bevor mit ihm gerechnet wird! Er kann nicht einfach auftauchen und sagen: „Hier bin ich!"

Laura: Nein, und er darf auch nicht Sachen fordern, nur weil es eine biologische Verbindung gibt. Denn das ist eine meiner größten Befürchtungen, ein Albtraum.

Jesper: Nun ja, der Anspruch, sowohl eine Mutter als auch einen Vater zu „haben", hängt aber auch damit zusammen, was für eine Mutter und was für einen Vater man hat. Es gibt so viele Beispiele von Vätern, die plötzlich wieder auftauchen, wenn das Kind vier, fünf Jahre alt ist, und Vater sein wollen. Manchmal ist es einfach besser, zu sagen: „Okay, jetzt müssen sie ohne Vater aufwachsen." Das ist besser, als wenn eines Tages jemand vorbeikommt und sagt: „Hallo, mein Weg hat mich nach Schweden geführt und jetzt will ich neun Tage lang Vater sein."

Laura: Ich finde, es verkompliziert alles nur.

Jesper: Ja, aber wenn du diesen Prozess abgeschlossen hast, wirst du viel klarer wissen, wo du stehst. Doch du musst dich deinem Schmerz stellen. Er beraubt dich der Energie, die du eigentlich dringend benötigst. Er ist ein Energiedieb.

Laura: Ja, ich weiß das. Ich weiß, dass ich mich dem stellen muss. Der innere Stress ist auch viel schlimmer als der äußere.

Jesper: Du bist intelligent und hast die Fähigkeit, gute Strukturen zu entwickeln. Ich sehe, dass du viele Kapazitäten hast. Es ist schwer, alleinerziehend mit zwei Kindern zu sein. Aber du befindest dich in einer konstanten Krise und bist diejenige, die immer zurückstecken muss. Darum musst du dich überwinden und anfangen, dein Leben in den Griff zu bekommen und zu lenken.

Laura: Nicht von anderen ausgehend, sondern von mir ausgehend. Aber auf diesem Weg befinde ich mich ja schon ein kleines Stück. Ich spüre eine Veränderung. Meine Zeit für mich ist sehr beschränkt, aber ich habe ein großes Bedürfnis danach. Ich habe das Gefühl, dass ich langsam wieder der Mensch werde, der ich einmal war, dass ich mehr ich selbst bin.

Jesper: Aber wie ich dich verstehe, ist die Tatsache, dass du alleinerziehend bist, für dich noch keine unumstößliche Realität. Für dich ist es ein temporärer Zustand. „Vielleicht kommen wir wieder zusammen", scheinst du mir insgeheim zu denken. Als würdest du nicht akzeptieren können, was jetzt ist. Dir fällt das sehr schwer. Doch auch wenn der Schmerz verwunden ist, bleibt die Wirklichkeit bestehen. Wenn du, wie du sagst, „we-

> **Der Schmerz beraubt dich der Energie, die du eigentlich dringend benötigst. Er ist ein Energiedieb.**
> JESPER

gen nichts" weinst, hat das mehrere Ursachen. Du musst deine Tränen loswerden. Wie siehst du das?

Laura: Wenn ich Zeit habe, nachzudenken, kommen die Tränen. Dann versuche ich, schnell an etwas anderes zu denken. Da ist ein Schmerz. Den habe ich noch nicht richtig akzeptiert... Das ist schon wahr, was du da sagst. Da ist ein Schmerz, keine Wut, und wenn ich zurückdenke, spüre ich, dass dieser Schmerz noch nicht verarbeitet ist. Da mischen sich ein bisschen Wut und Selbstmitleid dazu.

Jesper: Es geht darum, dass wir Menschen Verantwortung für uns übernehmen müssen. Wenn aber eine Seite einer Beziehung, meistens ist das der Mann, nur 50 Prozent seiner Verantwortung übernimmt, dann bleibt die Frau mit 150 Prozent Verantwortung zurück. Und sie kann nichts dagegen tun. Damit meine ich nicht nur, dass er nicht da ist und am Nachmittag vorbeikommen kann und sagt: „So, jetzt übernehme ich hier, du kannst dich ausruhen." Die Verantwortung, die er übernehmen sollte, liegt doch ebenfalls ganz bei dir. Du musst die doppelte Arbeit leisten. Denn er übernimmt überhaupt keine Verantwortung, er ist egozentrisch. Deswegen habe ich ein wenig Angst, dass du viel zu flexibel wärst, wenn er doch wieder auf der Bildfläche erschiene.

Laura: So habe ich das noch nie betrachtet. Aber jetzt, wo du es gesagt hast, verstehe ich, was du meinst.

Jesper: Dann würdest du dich nämlich nicht nur um zwei kleine Kinder kümmern, sondern auch noch um ein großes Kind, das sich nicht um sich selbst kümmern kann.

Laura: So war es auch schon, als wir noch zusammengewohnt haben. Da habe ich mich auch um ihn gekümmert. Aber ich habe nicht erkannt, dass ich mich jetzt noch immer so verhalte. Er überträgt ja nach wie vor die Schuld auf mich.

Jesper: Ganz genau so ist es. So verhält man sich, wenn man ein Kind ist.

Laura: Da ist ein großer Schmerz, dass es so ist, wie es ist. Aber auch Wut.

Jesper: Es tut weh, wenn man verlassen wird. Das raubt einem die Energie. Da ist alles möglich: Wut, Schmerz. Er sagt, er würde zu euch zurückkehren und tut es dann aber doch nicht. Wenn man ein Leben führt, das so gut strukturiert ist wie deines – die Kinder sind im Kindergarten, du studierst noch und fängst bald an zu arbeiten –, dann wird aus den Kindern eine der vielen „Aufgaben", die du noch erledigen musst, wenn du nachmittags nach Hause kommst.

Laura: Sie sind keine Aufgabe, die ich erledigen muss. Aber ich kann die Aufgaben, die ich habe, nicht liegen lassen. Ich kann den Gedanken an den Abwasch oder die Wäsche nicht loslassen. Als Luis eine Stunde Mittagsschlaf gemacht hat, hatte ich eine Stunde nur für mich, die gehörte nur mir. Diese Stunde war immens wichtig für mich. In der Zeit wollte ich nicht noch den Abwasch oder die Wäsche erledigen müssen. Ich wollte, dass alles schon gemacht war. Ich weiß, dass ich mich damit unnötig stresse, aber ich kann es nicht verhindern. Vielleicht hat das auch mit dem Schmerz zu tun. Ich habe große Schwierigkeiten, loszulassen.

Jesper: Es ist nicht nur der Schmerz. Wir alle haben das Bedürfnis, unseren Wert in Beziehung zu anderen Menschen zu erkennen. Dafür muss man sich selbst ernst nehmen. Das ist wichtig. Wenn man so behandelt wird, wie du behandelt worden bist, dann verliert man sein Gefühl für den eigenen Wert. Du wirst zu einer Funktion reduziert und bist keine Person mehr. Darum ist es wichtig, dass du zurück zu deiner Person, zu deiner Weiblichkeit findest.

Laura: Das stimmt. Darum ist es vielleicht ganz gut, wenn ich bald anfange zu arbeiten, dann werde ich wieder eine Person.

Jesper: Obwohl ihr getrennt seid, hat er nach wie vor Zugang zu deinem Bankkonto, er besitzt noch die EC-Karte. Und dann

> Wenn man so behandelt wird, wie du behandelt worden bist, dann verliert man sein Gefühl für den eigenen Wert. Du wirst zu einer Funktion reduziert und bist keine Person mehr.
> JESPER

wunderst du dich, dass du dich so arm fühlst ... Ich würde mir wünschen, dass du dich an einen Psychotherapeuten wendest, der dir weiterhelfen kann.

Jesper Juuls Tipps für Laura
- Sorge dafür, professionelle Hilfe zu bekommen, über bestimmte Sachen muss man sich mit einem Außenstehenden unterhalten.
- Kümmere dich um dich selbst. Es ist ungeheuer wichtig – auch für die Kinder –, dass es der Mutter oder dem Vater so gut wie möglich geht.
- Übernimm keine Verantwortung für andere, außer für dich und deine Kinder.

RÜCKBLICK

Laura: Als ich nach Hause fuhr, wirbelten die Gedanken nur so in meinen Kopf herum. Es dauerte ein paar Tage, das Erlebte zu verarbeiten und das Gesagte zu sortieren.

Ich befolgte den einen Rat von Jesper Juul sofort und habe mich an einen Therapeuten in der Kinder- und Jugendpsychiatrie gewandt. Es war enorm hilfreich, mit diesem Therapeuten meine Gedanken und Ideen durchzuarbeiten. Es war eine große Erleichterung, mit einem Außenstehenden über meine Gedanken zu sprechen! Es fühlte sich gut an, die Tränen liefen in Strömen. Merkwürdigerweise war es ganz wunderbar.

Auf der emotionalen Ebene habe ich, was den Vater der Kinder anbetrifft, endlich die Verantwortung losgelassen. Ich beobachte gerade an meiner Tochter, dass sie einen großen Schmerz verarbeitet. Sie spricht nach wie vor von ihrem Vater und fragt,

265

wann er nach Hause kommt. Gleichzeitig aber habe ich das Gefühl, sie hat in ihrem Inneren begriffen, dass das nicht passieren wird.

Kurz nach dem Coaching rief der Vater der Kinder an und wollte, dass wir ihn besuchen kommen. Ich zögerte und war mir unsicher, in meinen Augen ist das eine zu lange Reise für so kleine Kinder. Ich schlug darum vor, dass wir uns auf halbem Weg sehen sollten oder er nach Schweden kommen könnte. Aber das wollte er nicht. Ich fände es besser, wenn er gar nicht mehr anrufen würde, damit wir uns um unser Leben kümmern können. Ab jetzt planen die Kinder und ich unser Leben und unsere Ferien. Wir hören auf zu warten. Wir leben unser Leben hier und jetzt, er darf seines dort drüben leben.

Wir haben Schlimmes durchgemacht, aber ich habe viel Kraft aus dem Alleinsein gewonnen. Ich habe jetzt das Gefühl, mit mir im Reinen zu sein und viel mehr Zuversicht. Die Begegnung mit Jesper Juul hat mir die Kraft gegeben, meine Situation in die Hand zu nehmen und zu ändern.

Unserem Kind geht es nicht gut

von Jesper Juul

Keinem Menschen geht es zu jeder Zeit maximal gut und so ist das bei Kindern selbstverständlich auch. Zu Hause finden Veränderungen statt, die wir Erwachsenen vermeintlich im Griff haben oder deren guten Ausgang wir absehen können, die aber auf die Kinder einen großen Einfluss haben. Denn sie besitzen nicht die Fähigkeit der Erwachsenen, optimistisch in die Zukunft zu sehen. Kinder leben im Hier und Jetzt. Vielleicht ist ein neues Geschwisterkind dazugekommen oder eine neue Erzieherin im Kindergarten oder ein Lehrer in der Schule. Einigen Kindern genügt es, wenn ein Elternteil in der Nähe ist, anderen geht es erst richtig gut, wenn sich die gesamte Familie versammelt hat. Gemeinsam ist jedoch allen Kindern, dass sie eine Menge Erlebnisse und Gedanken mit sich herumtragen, von denen wir vielleicht nur ein einziges Mal zu hören bekommen und oft überhaupt nicht. Wir können das, was sie beschäftigt, nur in ihren Blicken erahnen, an ihrer Körperhaltung oder der Stimme oder daran, dass ihre Toleranzschwelle geringer ist als sonst.

Nicht selten hat die temporäre Verweigerungshaltung eines Kindes mit Dingen zu tun, die sich innerhalb der eigenen vier Wände abspielen. Beachtet bitte, dass dies nicht bedeutet, dass „die Eltern Schuld haben". Wir alle lernen unser ganzes Leben lang, und leider sind es die Fehler und Unterlassungssünden, von denen wir am meisten lernen können – sowohl über uns selbst als auch über das Leben. Wenn es einem Kind oder einem Erwachsenen in einer Familie nicht gut geht, dann ist es erst einmal uninteressant, wer daran Schuld hat. Was zählt, ist, wer die Verantwortung dafür übernimmt, dass die Angelegenheit geklärt und das Gleichgewicht wiederhergestellt wird. Und die Verantwortung liegt selbstverständlich aufseiten der Erwachsenen.

Viele Kinder müssen unter dem hektischen Alltag ihrer Eltern leiden, unter deren gestressten Körpern und Köpfen. Auch die Erwachsenen leiden, aber sie sind geübter darin, ihre Unlust zu unterdrücken und sich auf langfristige Ziele zu konzentrieren. Kinder hingegen reagieren unmittelbar und das meistens mit einem Verhalten, das Sand in das ansonsten so gut funktionierende Getriebe der Maschine wirft, die so elementar für einen funktionierenden Alltag einer Familie zu sein scheint. Wenn es morgens zu hektisch wird, reagieren Kleinkinder im Alter von einem bis vier Lebensjahren in der Regel mit Langsamkeit, sie reduzieren auf Kindertempo, das einem natürlichen, langsameren Tempo entspricht als dem der Erwachsenen. Diese Entschleunigung ist sehr frustrierend für Eltern, die nun zwei Möglichkeiten haben. Entweder ermahnen sie, schimpfen und versuchen mit ewig langen, pädagogischen Erläuterungen zu drängen, was allerdings meist dazu führt, dass das Kind sich noch mehr zurückzieht und noch langsamer wird. Oder aber sie könnten das verlangsamte Tempo als einen Ausdruck der fantastischen Fähigkeit von Kindern ansehen, mit ihren Eltern „zusammenzuarbeiten", zu kooperieren, wie ich dazu sage. Ihre Langsamkeit ist der Versuch, Folgendes auszudrücken: „Hört mir zu, liebe Eltern. Ich verstehe ja, dass ihr es eilig habt und zur Arbeit müsst, aber das hier geht mir zu schnell. Erst zerrt ihr mich aus dem Bett, bevor ich richtig wach bin. Dann wascht ihr mich, zieht mich an und setzt mich auf einen Stuhl, ich soll ganz schnell essen und danach in den Flur stürzen, um mir Jacke und Schuhe anzuziehen, um dann aus der Tür zu rennen, um den Bus zu erwischen… Ich fühle mich wie ein Paket, das von Menschen hin und her geworfen wird, denen es egal ist, wie es mir geht oder wer ich bin. Könntet ihr nicht bitte so nett sein, eine andere Lösung zu finden – für unser gemeinsames Problem –, bevor ich gezwungen bin, mich total zu verweigern, um eure Aufmerksamkeit zu bekommen?"

Erwachsene, die es immer eilig haben und furchtbar gestresst sind, können weder für sich da sein noch für den Partner oder für das Kind. Stress macht uns unzugänglich, selbstbezogen und asozial. Kinder können ohne Weiteres mit Eltern leben, die es ab und zu eiliger haben, als sie selbst es wollen. Aber da sprechen wir von Eltern, die für die Unannehmlichkeiten Verantwortung übernehmen, die sie ihren Kindern zufügen und ihnen darum sagen können: „Es tut mir furchtbar leid, mein Sohn, aber heute habe ich es so eilig, dass ich mich nicht an deinem Tempo orientieren kann. Kannst du dich bitte ein wenig mehr als sonst beeilen, dann wärst du eine echte Perle!" So etwas aber kann die gestresste Mutter oder der Vater nicht sagen, denn Stress unterdrückt Empathie und die Fähigkeit, Unstimmigkeiten zu überbrücken.

Stress ist jede Form von Belastung für Körper und Seele, die uns aus dem Gleichgewicht bringt. Es ist nicht gut, wenn dieses Ungleichgewicht zu einem permanenten Zustand wird. Kinder reagieren auch auf Stress, der zum Beispiel infolge von Konflikten und Krisen in einer Partnerschaft entsteht, als Reaktion auf eine vorübergehende Abkühlung der Liebesbeziehung der Eltern, aufgrund von individuellen Stimmungsschwankungen, Großmutters Krebserkrankung und so weiter.

Wie der Leser hoffentlich bemerkt hat, ist es nicht möglich, ein Leben zu führen, das *nicht* auf „Kosten der Kinder" geht. Darum ist Verantwortung zu übernehmen die einzige Möglichkeit, die man hat, um die Situation zu verbessern (wenn man das bewältigen kann!). Oder aber wir akzeptieren es ganz einfach als eine Tatsache, der wir uns gemeinsam stellen müssen, statt dass jeder allein in seiner Position verharrt.

Jetzt folgt eine Art Anleitung, die hoffentlich dazu beitragen kann, weder aus den Eltern noch aus den Kindern Sündenböcke werden zu lassen.

1. Es ist nie sinnvoll, sich auf das „Problem" zu konzentrieren. Sieh dir stattdessen euer tägliches Zusammenwirken an und gehe folgende Punkte durch:

- Investierst du ausreichend Zeit (mindestens eine halbe Stunde täglich), die du mit deinem Kind nach seinen Prämissen verbringst?
- Erhält dein Kind deutliche, persönliche Aussagen von dir?
- Wie oft wertschätzt du die Freude, die gemeinsamen Erlebnisse und die Lebensqualität, die dir durch dein Kind zuteil werden?
- Wie oft denkst du an dein Kind als eine „Aufgabe", eine „Belastung" oder ein Irritationsmoment im Alltag?

2. Hör dir selbst zu, wenn du mit deinem Kind sprichst, und überlege, wie es dir gehen würde, wenn eine geliebte Autorität so mit dir sprechen würde. Dein Kind darf ruhig deine Frustration, deine Wut und deinen Schmerz miterleben, aber es soll niemals die Verantwortung oder die Schuld für deine Gefühle tragen müssen.

   Bestrafe dein Kind niemals mit verbaler oder physischer Gewalt oder Isolation. Nimm dir stattdessen selbst ein Time-out, allein oder zusammen mit dem Kind, damit ihr Gelegenheit habt, die Situation noch einmal zu überdenken.

3. Frage dich, wie es dir geht und wie es euch Erwachsenen als Paar geht. Stress und Uneinigkeit zwischen Erwachsenen erzeugen Unruhe, einen Mangel an Geborgenheit und Konflikte in der ganzen Familie.

4. Überprüfe, ob dein Kind sich in der Krippe, im Kindergarten oder in der Schule wohlfühlt.

5. Wenn das Problem oder der Konflikt gelöst ist, kann man zum Beispiel eine kleine Feier veranstalten. Erzähle deinem Kind, was du aus diesem Konflikt gelernt hast, und danke ihm für seinen Einsatz.

Wenn es dir gelingt, diese Punkte über eine längere Zeit hinweg zu befolgen, aber das „Problem" trotzdem nicht verschwindet, dann musst du dir weitere Hilfe und Inspiration von außen holen.

Bücher & DVDs

Bücher

JUUL, Jesper: *Aus Erziehung wird Beziehung. Authentische Eltern – kompetente Kinder.* Hrsg. v. Ingeborg Szöllösi. Freiburg: Herder, 9. Aufl. 2005

JUUL, Jesper: *Dein kompetentes Kind. Auf dem Weg zu einer neuen Wertegrundlage für die ganze Familie.* Reinbek: Rowohlt, 4. Aufl. 2009

JUUL, Jesper *Die kompetente Familie. Neue Wege in der Erziehung.* München: Kösel, 6. Aufl. 2007

JUUL, Jesper: *Grenzen, Nähe, Respekt. Auf dem Weg zur kompetenten Eltern-Kind-Beziehung.* Reinbek: 3. Aufl. Rowohlt, 2009

JUUL, Jesper: *Nein aus Liebe: Klare Eltern – starke Kinder.* München: Kösel, 5. Aufl. 2010

JUUL, Jesper: *Unser Kind ist chronisch krank. Ein Ratgeber für Eltern.* München: Kösel, 2005

JUUL, Jesper: *Pubertät – wenn Erziehen nicht mehr geht: Gelassen durch stürmische Zeiten.* München: Kösel, 8. Aufl. 2008

JUUL, Jesper/JENSEN, Helle: *Vom Gehorsam zur Verantwortung. Für eine neue Erziehungskultur.* Weinheim und Basel: Beltz, 3. Aufl. 2009

JUUL, Jesper: *Was Familien trägt. Werte in Erziehung und Partnerschaft. Ein Orientierungsbuch.* Weinheim und Basel: Beltz, 4. Aufl. 2010

JUUL, Jesper: *Was gibt's heute? Gemeinsam essen macht Familie stark.* Weinheim und Basel: Beltz, 4. Aufl. 2010

DVDs

JUUL, Jesper/JENSEN, Helle: *Die 9. Intelligenz – die Intelligenz des Herzens.* DVD. München: familylab, 2010

JUUL, Jesper/HÜTHER, Gerald: *Erziehen mit Herz und Hirn.* DVD. München: familylab, 2008

JUUL, Jesper: *5 Grundbausteine für eine Familie.* 2 DVDs. München: familylab, 2009

JUUL, Jesper: *Pubertät ist eine Tatsache keine Krankheit. 10 Familien arbeiten mit Jesper Juul.* 2 DVDs. München: familylab, 2009

JUUL, Jesper/VOELCHERT, Mathias: *Trennung und dann ... Trennung – Kinder – 2 Zuhause. Drei Vorträge für Paare & Familien auf DVD.* München: familylab, 2010

JUUL, Jesper: *Was erzieht wirklich? »Die kompetente Familie«: Ein Vortrag von Jesper Juul auf DVD.* Weinheim und Basel: Beltz, 2010

JUUL, Jesper: *Wenn Kinder Jugendliche werden. Ein Vortrag von Jesper Juul auf DVD.* Weinheim und Basel: Beltz, 2010

JUUL, Jesper: *Werte in Familie und Partnerschaft – Was Familien brauchen und können. Ein Vortrag von Jesper Juul auf DVD.* München: familylab, 2009